STRESS

TRASFORMARE la PRESSIONE in ENERGIA POSITIVA

STRESS

TRASFORMARE la PRESSIONE in ENERGIA POSITIVA

Diane McIntosh
e Jonathan Horowitz
con Megan Kaye

DEMETRA

DK | Penguin Random House

Titolo originale: *Stress. The Psychology of managing Pressure*

Prima edizione pubblicata in Gran Bretagna nel 2018
da Dorling Kindersley Limited
80 Strand, London WC2R 0RL

Senior Editor Camilla Hallinan
Senior Art Editors Emma Forge, Karen Constanti
Designer Tom Forge
Editorial Assistant Alice Horne
Jacket Art Editor Harriet Yeomans
Producer, Pre-Production Rebecca Fallowfield
Print Producer Poppy Werder-Harris
Creative Technical Support Sonia Charbonnier
Managing Editor Dawn Henderson
Managing Art Editor Marianne Markham
Art Director Maxine Pedliham
Publisher Mary-Clare Jerram

Testi: Megan Kaye
Ilustrazioni: Keith Hagan

Per informazioni: www.dkimages.com

UN MONDO DI IDEE
www.dk.com

Per l'edizione italiana
Traduzione: Sofia Dilaghi e Cristina Verrienti
Impaginazione: Raffaele Anello
www.giunti.it

Via Bolognese 165 - 50139 Firenze - Italia
Via G.B. Pirelli 30 - 20124 Milano - Italia
Prima edizione: ottobre 2019
Prima ristampa: gennaio 2022

FSC www.fsc.org MISTO Carta da fonti gestite in maniera responsabile FSC® C016466

Stampato presso Lito Terrazzi srl - Stabilimento di Iolo

CONSULENZA PSICHIATRICA

Dott.ssa Diane McIntosh, Medico, Membro del Royal College of Physicians and Surgeons of Canada

La dott.ssa McIntosh è assistente clinico universitario presso la Facoltà di Psichiatria dell'Università della British Columbia, Canada. Conduce un'intensa attività clinica privata, oltre a dedicarsi alla formazione di medici connazionali e internazionali, soprattutto nell'ambito dell'appropriatezza prescrittiva in psichiatria. Il suo interesse clinico-scientifico si concentra sui meccanismi neurobiologici del tono dell'umore nei disturbi d'ansia. Fa parte del consiglio direttivo del CANMAT (Canadian Network for Mood and Anxiety Treatments). Tiene anche una rubrica sulla salute mentale per *The Huffington Post*.

CONSULENZA PSICOLOGICA

Dott. Jonathan Horowitz, Dottore di Ricerca

Psicologo clinico e terapeuta cognitivo certificato, il dott. Horowitz è specializzato nel trattamento dei disturbi d'ansia. Ha contribuito a progetti di ricerca finanziati dal governo canadese nell'ambito dello stress e dell'ansia, dell'abuso di sostanze e in progetti di psicologia del lavoro e delle organizzazioni. Come clinico ha esperienza decennale nel trattamento dei disturbi d'ansia. È fondatore e direttore del San Francisco Stress and Anxiety Center, che fornisce programmi di gestione dello stress e dell'ansia a individui, coppie e organizzazioni.

RINGRAZIAMENTI

L'editore ringrazia:

Toby Mann per l'assistenza editoriale; Corinne Masciocchi per la revisione; Margaret McCormack per l'indice e l'editor americana Kayla Dugger.

CONTENUTI

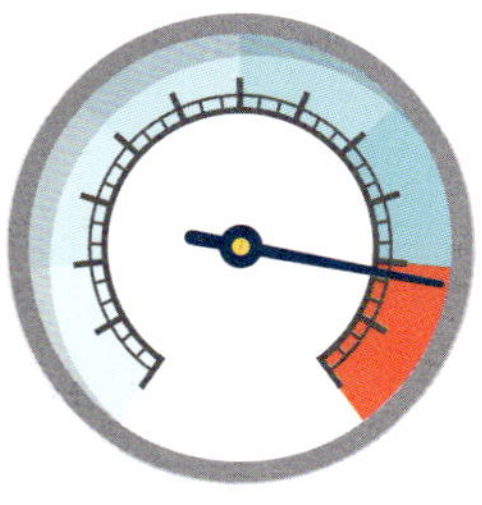

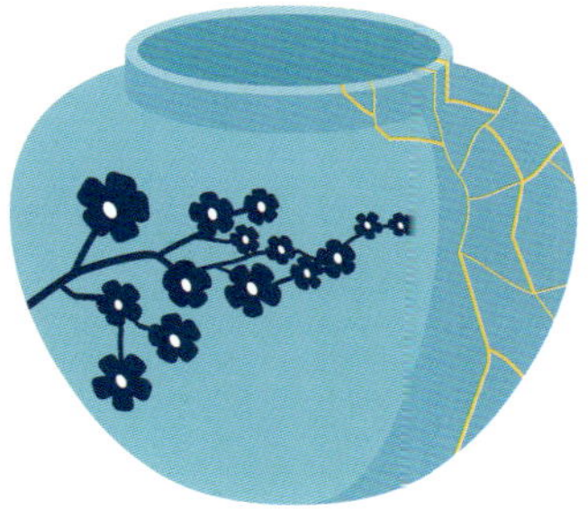

CAPITOLO 3

STRESS MOMENTANEO

TECNICHE PER AGGREDIRE LO STRESS A BREVE TERMINE

CAPITOLO 4

UNA VITA MENO STRESSATA

VIVERE CON PIÙ CALMA

CAPITOLO 5

RESILIENZA E DETERMINAZIONE

TROVARE AIUTO E DIVENTARE FORTI

INTRODUZIONE

Età, razza, sesso, soldi: niente ci protegge dalle situazioni stressanti, che talvolta possiamo percepire come complicate, se non impossibili da superare. Ed è giusto così, perché lo stress è fondamentale nella nostra vita. Si definisce "fattore di stress" qualsiasi situazione o esperienza percepita come minacciosa o opprimente. Lo stress positivo aiuta a stare concentrati sui propri obiettivi. Senza stress non potremmo ottenere grandi risultati nella vita, perché sono proprio questi di solito a risultare più stressanti e a richiedere uno sforzo maggiore. Lo stress negativo, invece, non è produttivo e può frenarti e scoraggiarti.
Questo libro ti aiuterà a gestire meglio i fattori di stress della tua vita, positivi o negativi che siano, non tanto eliminando lo stress, ma sfruttando i tuoi punti forti e aiutandoti a sviluppare nuove competenze.

I cinque capitoli del libro riportano una sintesi accurata delle più recenti e rilevanti teorie scientifiche, qui tradotte per dare modo a chiunque di utilizzarle per migliorare la propria capacità di gestione dello stress. Quando ci si trova a dover affrontare le sfide che la vita ci presenta, soprattutto le più stressanti o spiacevoli, comprendere le reazioni del corpo e del cervello e sapere come influenzarle può aiutarci ad avere un maggior controllo sulla situazione.

Il capitolo 1 tratta proprio questo aspetto: definisce lo stress e spiega la reazione fisica ed emotiva del tuo corpo di fronte alle situazioni preoccupanti. In queste pagine capirai l'origine della sensazione dello stress, che è anche il primo passo verso il controllo. Ognuno di noi reagisce a modo suo, ma chiunque può ricorrere a delle tecniche semplici ma comprovatamente efficaci, e, conoscendo i pro e i contro di ciascuna, potrà scegliere la strategia più adatta a sé. È necessario trovare la soluzione più idonea alle proprie esigenze per sviluppare una strategia realistica.

Nel capitolo 2 ti accorgerai di non essere l'unico a sentirti stressato di fronte alle incombenze della vita quotidiana. A volte si ha l'impressione di essere dei giocolieri che faticano a tenere in aria tutte le palline. Che sia nel lavoro o nella vita domestica, succede a tutti di sentirsi sotto pressione a volte, ma esistono molti approcci efficaci per aiutarci a gestire lo stress e a vivere la vita con più serenità, anche in periodi complicati e in situazioni stressanti. Affronteremo anche lo stress causato da eventi dolorosi e destabilizzanti, come l'assistenza a una persona cara malata, un lutto o un divorzio difficile.

Nel capitolo 3 imparerai che sentirsi sopraffatti, tristi o spaventati è assolutamente normale di fronte a un forte stress, ma si possono comunque acquisire le competenze e la forza necessarie a superare al meglio la tempesta.

Il capitolo 4 indaga i metodi per diminuire i livelli di stress nella tua vita con una gestione a lungo termine. Gli amici, gli animali o le attività ai quali fare riferimento quando si ha bisogno di allentare la tensione – tutti elementi che la scienza ha consacrato come antistress.

Il capitolo 5, infine, sottolinea l'importanza di riconoscere il momento in cui il livello di stress è tale da richiedere un aiuto. Questo libro può aiutarti a gestire lo stress prima che tu ti senta completamente sopraffatto, ma è bene sapere che puoi sempre ricorrere a un aiuto esterno e che non sei solo.

Questo libro tratta soprattutto della resilienza, cioè la capacità di rialzarsi dopo un periodo fortemente stressante. Se pensi alla resilienza come ai tuoi "muscoli emotivi", ti renderai conto che questi sono un po' deboli al momento. Le strategie di gestione dello stress che scoprirai in questo libro ti aiuteranno, con le tue sole forze, a rimettere in forma questi muscoli e a potenziarli, cosicché quando ti ritroverai ad affrontare lo stress – perché succederà – sarai in grado di rimetterti in piedi rapidamente e senza danni a lungo termine. Alcune persone sono più tendenti alla resilienza di altre, ma si tratta comunque di una competenza acquisibile.

Pur essendo medici ed educatori esperti, noi stessi non smettiamo mai di imparare, soprattutto dai nostri pazienti. Abbiamo deciso di raccogliere le nostre lezioni in questo libro perché riteniamo che siano propedeutiche alla felicità. Lo scopo di questo libro non è eliminare lo stress dalla tua vita, ma darti gli strumenti per gestirlo al meglio, in modo da vivere più serenamente..

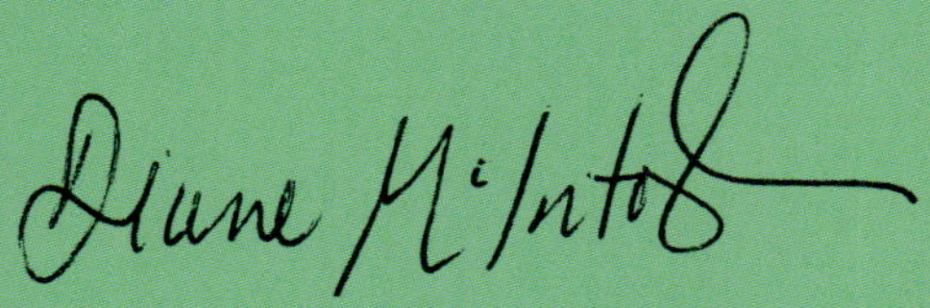

Diane McIntosh, Medico
Membro del Royal College of Physicians and Surgeons of Canada

Jonathan Horowitz
Dottore di Ricerca

CAPITOLO 1

STRESS IN PROSPETTIVA

GLI EFFETTI DELLO STRESS SUL CORPO E SULLA MENTE

COS'È LO STRESS?

COS'È E COSA NON È

Lo stress è spiacevole, ma non tutte le sensazioni spiacevoli sono stressanti, ed essere confusi su cosa si prova è di per sé un fattore di stress. Iniziamo facendo un po' di chiarezza sulle nostre emozioni.

Il termine "stress" viene usato come sinonimo di parole come preoccupazione, ansia e paura, ma in realtà lo stress non è altro che la convinzione di non riuscire a far fronte a una certa situazione.

Affrontare le emozioni complesse è più semplice quando si conoscono. Lo stress può generare paura, ansia e angoscia, ma queste sono reazioni emotive diverse tra loro. Conoscere le differenze e come sono relazionate ci aiuta a vedere i problemi nella giusta prospettiva.

Preoccupazione e stress sono la stessa cosa?

La preoccupazione è usare schemi di pensiero ricorrenti per evitare situazioni spiacevoli, ponendosi domande come: "E se mi ammalo? E se perdo il lavoro?", che definiremmo "ansiogene" o "negative". Anche se vorremmo non pensarci, a volte è difficile smettere.

Pensare ai nostri problemi e preoccuparsene può sembrare utile, ma più che pensarci dovremmo analizzarli, cioè studiare la situazione e tentare di affrontarla. La ricerca attiva di soluzioni ci permette di ottenere un maggior controllo.

> **Non è lo stress a ucciderci**, ma le **nostre reazioni** allo stress.
>
> **Hans Selye**
> medico ungherese e padre degli studi sullo stress (1907–1982)

Paura e ansia

Se la preoccupazione è un'abitudine mentale, la paura è invece una reazione istintiva, di solito a fronte di una minaccia percepita. La paura è legata alla sopravvivenza ed esiste per ottime ragioni evoluzionistiche. Le reazioni alla paura si distinguono in quattro categorie:

- **Fuga** o elusione. Se ci è possibile, di fronte a una minaccia scappiamo.
- **Aggressività** (la prima parte del "fight or flight"). Se non possiamo scappare o temiamo di perdere il confronto, attacchiamo.
- **Blocco/immobilità.** La reazione giusta se lo scopo è nascondersi o evitare lo scontro con un nemico imprevedibile.

- **Sottomissione/ condiscendenza.** Se la minaccia proviene dal nostro stesso "branco", a volte la cosa migliore è reprimere la rabbia per evitare il rifiuto.

Se la paura è la normale reazione a una minaccia, cos'è l'ansia? Si può parlare di ansia quando la paura diventa eccessiva o ingiustificata e influenza la nostra vita impedendoci di fare ciò che dobbiamo o vogliamo. Le tecniche di gestione dello stress descritte in questo libro ti faranno sentire più sicuro, riducendo l'ansia.

Imparare dalle nostre sensazioni

Lo scopo di questo libro è migliorare la tua resilienza allo stress grazie a una maggiore consapevolezza del suo impatto sulla tua vita. Capire che lo stress crea ansia può renderti più forte. Prendere di petto le paure le rende meno minacciose e aiuta a sentirsi più forti e resilienti.

DISTINGUERE LE NOSTRE EMOZIONI

Se ci sentiamo tesi o nervosi significa per forza che siamo sotto stress? In realtà esistono quattro categorie che ci aiutano a capire come ci sentiamo e quindi cosa fare per stare meglio.

FACCIAMO AMICIZIA CON LA PAURA

Non dobbiamo temere la paura: questa può anche rivelarsi la leva per un cambiamento positivo. Lo stress invece si alimenta di ansia e preoccupazione, che quindi vanno sapute gestire al meglio.

STRESS NATURALE

UN ELEMENTO INDISPENSABILE

Si pensa che lo stress sia negativo e vada evitato a ogni costo. Ma in realtà lo stress fa parte della vita, e meno se ne ha paura, più si può essere sani e felici.

Molti di noi potrebbero vivere con più serenità, ma lo stress è comunque naturale per l'uomo. Motiva, sprona al cambiamento e incoraggia l'apprendimento. A volte fa bene accogliere ciò che lo stress ha da offrire.

Quanto è pericoloso lo stress?

Molti studi hanno dimostrato che lo stress è dannoso per il fisico. Alti livelli di stress aumentano il rischio di diabete, cancro, malattie cardiovascolari e pressione alta. Basta questo per temerlo. Secondo la psicologa di Stanford Kelly McGonigal il problema non è lo stress in sé, ma la "relazione malsana con lo stress". Se è percepito come un nemico inaffrontabile, i suoi effetti sono più dannosi. Una ricerca americana del 2006 rivela che un atteggiamento ansiogeno nei confronti delle emozioni – l'idea che possano ferirci o non possiamo gestirle – ci espone ad attacchi di panico e disturbi d'ansia. Se ci stressa l'idea di stressarci, l'effetto sarà devastante.

Un approccio più sano

Ognuno di noi può cambiare qualcosa nella propria vita per

> Il dolore è inevitabile. **La sofferenza no**.
>
> **Haruki Murakami**
> scrittore giapponese

NON SIAMO ISOLE

La preoccupazione per una situazione stressante tende a farci sentire isolati e incompresi. La psicologa Kelly McGonigal consiglia di chiederci in che modo il nostro stress sia correlato a qualcosa a cui teniamo (pp. 44-45) e di considerarci parte di un contesto umano più ampio. Inserendoci in un contesto più grande riusciremo a relativizzare il nostro stress e a considerarlo parte integrante di una vita soddisfacente.

Situazione	Domanda da farsi	In che modo è connessa a qualcosa di importante?	In che modo mi rende uguale agli altri?
Ho un esame e non so se lo passerò.	Rinuncio o vale la pena combattere per la qualifica che mi dà?	È una materia che voglio conoscere e che mi aiuterà a fare carriera.	Tutti hanno paura prima di un esame.
Il mio bambino ha pianto tutta la notte.	Mi giro dall'altra parte e dormo o lo consolo per fargli sapere che può contare su di me?	Tutti i neonati hanno bisogno di affetto e io voglio darne al mio.	Un neonato è impegnativo, ogni genitore ha affrontato situazioni simili.
Si avvicina la valutazione dei dipendenti.	La mia autostima dipende dal giudizio del mio capo o mi considero una persona di valore a prescindere?	Potrei trarre qualcosa di utile da questa valutazione.	Ogni ambiente di lavoro presenta delle criticità con le quali fare i conti.
Mia suocera è anziana e vuole venire a vivere con noi.	Preferisco che sia messa in un istituto o conta di più il suo benessere?	Lei è sempre stata buona con me e voglio dare un supporto alla famiglia.	Non sarà facile, ma sono in tanti a prendersi cura dei loro cari che invecchiano.

diminuire lo stress, e questo libro dà degli spunti su come farlo. Ma lo stress può essere anche un "segnale significativo", citando la McGonigal. Non ci stressiamo per ciò di cui non ci importa. Lo stress indica che sta succedendo qualcosa a cui teniamo.

Di fronte a una situazione dalle conseguenze significative è normale aver paura che le cose vadano storte. La paura ci spinge a reagire e può indicare la necessità di un cambiamento di approccio o di strategia. Affrontare queste sensazioni spiacevoli è sano e ci insegna ad adeguarci alla mutevolezza della vita. Anziché evitare lo stress, dovremmo imparare a sfruttarlo.

Insomma lo stress è una forma di adattamento alle situazioni di forte tensione. Con questo si intende un processo che ci aiuta ad adattarci a una situazione e a trarne il massimo: ci si adatta prima e meglio, se si impara a non farsi sopraffare. Facendo nostre alcune strategie di adattamento si può affrontare lo stress e tornare a sentirci padroni della situazione. In questo libro analizzeremo gli strumenti e le tecniche che ci permettono di cavalcare l'onda dello stress, anziché affogarci dentro.

MA SONO SOLO IO?

L'indagine 2017 "Stress in America" dell'Associazione Psicologi Americani ha rivelato che...

20% ... 1 americano su 5 circa soffre di **stress cronico** ...

36% ... e circa 1 su 3 considera la **riduzione dello stress** una priorità.

LO STRESS POSITIVO ESISTE?

UN IMPULSO AL SISTEMA

Credere che lo stress faccia male è una profezia che si autoalimenta, ma allora come fare a convincerci del contrario? Molti studi dimostrano che lo stress può essere salutare.

Secondo la psicologa Kelly McGonigal, l'idea che abbiamo dello stress influenza la nostra salute proprio quanto lo stress in sé. La consapevolezza che un livello moderato di stress può avere un influsso positivo fa bene al corpo e alla mente.

Rimanere vigili

Un concetto basilare è quello della "plasticità neuronale". Il cervello è duttile e si aggiorna sulla base delle nuove esperienze. Le ricercatrici dell'Università di Berkeley, Daniela Kaufer ed Elizabeth Kirby hanno dimostrato che lo stress a dosi moderate può essere salutare perché costringe il cervello a continuare a imparare.

Nel 2013 le ricercatrici hanno esposto dei topi di laboratorio a qualche ora di stress moderato. All'inizio lo stress sembrava avere un impatto minimo sui topi, ma dopo due settimane il loro cervello aveva sviluppato

> **Una giusta dose di eventi stressanti** tiene il cervello vigile e, quando si è vigili, le nostre performance migliorano.
>
> **Elizabeth Kirby**
> neuroscienziata, University of California, Berkeley

nuove connessioni neurali, migliorando la loro memoria. Secondo le studiose gli umani funzionano allo stesso modo: fin tanto che non si trasforma in ossessione o in trauma, l'esposizione intermittente a livelli bassi di stress favorisce lo sviluppo delle cellule neuronali. Insomma, lo stress mette alla prova il cervello, che reagisce adattandosi e crescendo.

Uno stimolo per il sistema immunitario

Una ricerca americana del 2012 ha dimostrato che nei topi esposti a vari tipi di stress il numero di globuli bianchi è maggiore. In una situazione pericolosa non ci possiamo permettere di ammalarci, è una questione di sopravvivenza, perciò di fronte al pericolo (che sia un incidente o la gestione di un progetto complesso) rilasciamo un numero maggiore di cellule che ci difendono dalle infezioni. Lo stress cronico nuoce alla salute, ma in piccole dosi ci aiuta a resistere alle malattie.

È importante crederci

Fa bene riflettere su questi benefici? Nel 2013 la ricercatrice Alia Crum e i suoi colleghi divisero 400 dipendenti di un ente finanziario internazionale in due gruppi, mostrando loro dei video che in un caso parlavano dello stress come fattore negativo e nell'altro come positivo.
Il risultato fu che chi aveva visto i video positivi ha aumentato la propria produttività e il proprio benessere. Lo stress, se considerato come una sfida, può costituire uno stimolo per migliorare le nostre performance.
Il forte stress cronico non fa bene alla salute, ma l'esposizione intermittente e a livelli bassi ci rende più vigili, attenti e sani.

ESCI DALLO SCHEMA

Affrontare una sfida può rappresentare un'esperienza spaventosa o esaltante. Secondo uno studio americano del 2012, questo dipende da come valutiamo la situazione, cioè da come la interpretiamo e ce la raccontiamo.

3.8/10

Secondo l'indagine sullo stress del 2015 dell'Associazione Psicologi Americani, **le persone considerano sano** un livello di stress di 3,8 su 10, ma collocano il loro livello personale a 5,1.

SVILUPPARE RESILIENZA

MI PIEGO MA NON MI SPEZZO

A nessuno piace lo stress, ma alcune persone sono più capaci di altre nel gestire eventi spiacevoli e andare avanti. Qual è il segreto per sviluppare la resilienza e farla nostra?

Cos'è la resilienza? La parola deriva dal latino *resilire*, "saltare indietro". Se una persona è resiliente non significa che non soffre, ma che è capace di rimontare in sella. La resilienza è una qualità che ci aiuta a superare con successo i momenti difficili. Vari studi hanno dimostrato che le persone resilienti producono una quantità di cortisolo, l'ormone dello stress (pp. 20-21), inferiore quando sono sotto pressione. Tutti possiamo trarre benefici da un atteggiamento più resiliente.

Esiste una personalità resiliente?

Quelli che gestiscono bene lo stress, sono fortunati per natura? E se noi non lo siamo, dobbiamo rassegnarci all'infelicità? È vero il contrario. La resilienza non fa parte della personalità e nessuno è immune dalle sfide della vita. Come ha detto un team di psicologi nel 2013, si tratta invece di "un processo dinamico e adattivo". Insomma possiamo imparare a essere resilienti. Il modo in cui scegliamo di reagire alle avversità fa la differenza.

> Resilienza non significa essere invulnerabili allo stress, ma **essere capaci di superare** eventi negativi.
>
> **Rachel Dias**
> psicologa brasiliana

IL POTERE DELL'AUTOEFFICACIA

Uno dei pilastri della resilienza è ciò che gli psicologi chiamano "autoefficacia": la convinzione che le nostre azioni abbiano il potere di influenzare le situazioni intorno a noi. Ci sono quattro modi per svilupparla, quindi cogli le occasioni che possono aiutarti ad accrescere la fiducia in te stesso e ad affrontare lo stress:

Andare avanti nonostante i fallimenti
"Ho affrontato cose peggiori, ce la posso fare."

Cercare modelli di comportamento positivi
"Mia madre mi ha cresciuto da sola. Le persone sono forti."

Interpretare i sentimenti nel modo giusto
"Sono nervoso. Vediamola come una sfida esaltante."

Convincimento
"Il mio migliore amico pensa che abbia molte risorse. Forse ha ragione."

Tecniche a cui non avevi pensato

Un'importante ricerca degli anni '90 dello psicologo George Bonanno esamina persone che sono riuscite a mantenere una buona salute mentale dopo un grave stress o una perdita. La loro capacità di recupero era ammirevole, ma sorprendente era il loro livello di benessere. Bonanno lo ha definito "coping ugly", eppure ha funzionato. Ecco alcune tecniche:

- **Esagerare** la capacità di gestire lo stress. Potrebbe sembrare narcisistico ed egocentrico, ma questo li ha aiutati a non colpevolizzarsi.
- **Rifiutare** i pensieri negativi. Ad alcune persone è bastato dichiarare di essere in grado di gestire certe cose perché questo si rivelasse profeticamente vero.
- **Riderci su.** Anche se alcuni psicologi lo chiamano negazione e certe battute non sono sempre di buon gusto, l'umorismo può alleviare la sofferenza di un evento stressante.

Come mostra l'*ugly coping*, non sentirti in colpa a usare mezzi insoliti per affrontare lo stress. Attutisci la caduta (vedi a destra) e abbi fiducia. Usa qualunque cosa vada bene per te.

ATTUTIRE LA CADUTA

Quando affrontiamo fattori di stress inevitabili, la resilienza può limitarne l'impatto. Uno studio brasiliano del 2015 sulle persone che si occupano di familiari colpiti da demenza (compito indubbiamente stressante) ha riscontrato in loro un gran numero di aspetti, risorse e attitudini tipiche della resilienza che li aiutano a sentirsi meglio.

EVENTI STRESSANTI

COSTRUISCI LE TUE RISORSE

- **Strategie virtuose** (pp. 26-29)
- **Vedere in modo positivo** (pp. 52-53, 180-181)
- **Autoefficacia** (in alto a sinistra)
- **Luogo di controllo interno**: essere "padrone del proprio destino" (pp. 46-47)
- **Dedicarsi alle attività** (pp. 174-175)
- **Cercare e accettare la sfida** (pp. 16-17, 174-175)
- **Il supporto degli altri** (pp. 176-179)

DIVENTA RESILIENTE

vivi con meno stress, godi di più fiducia e di buona salute mentale.

SISTEMA D'ALLARME

LA FISIOLOGIA DELLO STRESS

La scienza ha riassunto la reazione del corpo allo stress con la formula "fight or flight" (combatti o fuggi), ma recenti studi restituiscono un quadro più complesso. Questa consapevolezza può aiutarci a gestire con più efficacia lo stress.

Cosa ci succede di preciso quando siamo sotto stress? Tutto inizia da una reazione fisica che può essere anche potente.

La chimica dello stress

Lo stress è un processo biologico complesso che coinvolge tutto il corpo ed è attivato da due sostanze: il cortisolo, un ormone steroideo, e la noradrenalina, un neurotrasmettitore che propaga i segnali attraverso il sistema nervoso.

> **I cambiamenti** rendono il corpo **più efficiente** nelle difficoltà.
>
> **Walter Bradford Cannon**
> neurologo americano, sulla reazione "fight or flight"

La noradrenalina è la sostanza che veicola il messaggio "fight or flight", responsabile delle reazioni immediate di fronte a una minaccia. Se per esempio un cane ti abbaia e ti si scaglia addosso, tu fai un salto indietro e ti prepari ad affrontarlo o a scappare. Grazie alla noradrenalina il tuo corpo:

- Accelera i battiti cardiaci.
- Aumenta la pressione sanguigna.
- Potenzia l'energia.
- Intensifica l'attenzione.
- Pompa sangue ai muscoli per permettere al cervello e al corpo di reagire subito alla minaccia.

Il cortisolo, "l'ormone dello stress", agisce più lentamente (in minuti) della noradrenalina (una frazione di secondo) e:

- Stimola la produzione di glucosio per potenziare l'energia.
- Ottimizza la capacità del cervello di sfruttare il glucosio per accelerare il pensiero.
- Regola altri sistemi, come quelli della fame, sessualità e digestione, e sottrae loro risorse per permettere al corpo di concentrarsi sulle azioni necessarie alla sopravvivenza.

Il cortisolo ci aiuta nel recupero dallo stress e a ritrovare la calma fisica e mentale.

La noradrenalina e il cortisolo sono indispensabili per la sopravvivenza e hanno un ruolo chiave nella nostra reazione allo stress, ma tassi troppo alti e duraturi di uno dei due possono portare a conseguenze negative. Moderare lo stress, con delle valide strategie di gestione, tutela la salute fisica e mentale.

SISTEMI GEMELLI

Gli esseri umani non hanno un sistema nervoso unico ma due, complementari tra loro: il simpatico e il parasimpatico. Nel caso della reazione allo stress, il sistema che si attiva è il parasimpatico.

SISTEMA NERVOSO SIMPATICO

I percorsi neurali fight or flight, a reazione rapida

Dilata le pupille
Asciuga la bocca
Apre i polmoni
Accelera i battiti cardiaci
Inibisce l'attività digestiva
Contrae la vescica
Irrigidisce i muscoli

SISTEMA NERVOSO PARASIMPATICO

I percorsi neurali del riposo e della digestione, a reazione lenta

Contrae le pupille
Stimola la salivazione
Contrae le vie aeree
Diminuisce i battiti cardiaci
Facilita la digestione
Rilassa la vescica
Rilassa i muscoli

Il sistema nervoso simpatico ci consente una reazione immediata a fronte di una minaccia. Tuttavia, quando è ora di riposare, mangiare, recuperare forze, sono consigliabili attività che stimolino il parasimpatico, come il rilassamento (pp. 150-151) e la meditazione (pp. 132-135).

CURVA DELLO STRESS

Lo stress migliora o peggiora le performance? In realtà ognuno di noi ha il suo livello ottimale. Nel 1908 gli psicologi Robert Yerkes e John Dodson hanno creato la curva del livello ideale di stress, usata ancora oggi. La curva descrive l'effetto degli ormoni dello stress prodotti dall'asse ipotalamo-ipofisario-surrenale. Livelli troppo bassi di pressione non ci coinvolgono, livelli troppo alti ci agitano e deconcentrano, negli stadi intermedi siamo in uno stato di flusso [SD1], quindi attenti, concentrati e pronti a dare il meglio.

ATTIVAZIONE DEL SISTEMA D'ALLARME

Di fronte a una minaccia il corpo fa una valutazione delle circostanze esterne e delle risorse interne.

I nostri sensi (occhi, orecchie, ecc.) percepiscono **una minaccia.**

Il messaggio viene subito trasmesso alla parte di cervello che si chiama amigdala.

L'amigdala induce subito **una reazione di paura.**

La noradrenalina aumenta subito i battiti cardiaci e la pressione sanguigna per **permetterci di affrontare la minaccia o fuggire.**

Il cortisolo aumenta il tasso di zucchero nel sangue e riassegna le risorse in modo da fornire al corpo l'**energia** necessaria a reagire.

Se la minaccia non è imminente e abbiamo tempo di riflettere, l'ippocampo ci ricorda eventuali esperienze precedenti in grado di limitare la paura e la corteccia cerebrale ci permette una valutazione sulla risposta più adeguata.

“Quando scegli di vedere lo stress come un elemento utile, crei la biologia del **coraggio**.”

Kelly McGonigal

psicologa della salute,
Stanford University

FATTORI DI STRESS

LA RICERCA DEI PUNTI DEBOLI

Con "fattore di stress" si intende qualunque esperienza, problema o situazione che ci fa sentire minacciati o sopraffatti. Il primo passo verso una vita più gestibile è riconoscere i propri fattori di stress.

Il fattore di stress è un evento che turba la nostra omeostasi, cioè la condizione fisica di equilibrio in cui elementi come la temperatura corporea, gli zuccheri nel sangue, la pressione e i livelli ormonali sono abbastanza stabili. Questi elementi sono condizionati da minacce fisiche e mentali e, a meno che non tornino nella norma, il corpo subisce i loro effetti negativi.

Minacce reali o percepite

Qualunque minaccia al nostro benessere fisico è un fattore di stress, che sia una caduta o un incidente in auto. Ma lo è anche un evento percepito come pericoloso. Una bassa valutazione al lavoro non mette in pericolo il tuo corpo, ma può suscitare la paura di perdere il lavoro e non poter pagare le bollette. Il corpo lo percepisce come un pericolo e reagisce con sintomi come la pressione alta, anche se non c'è stato alcuno scontro fisico.

Lo stress può nascere da esperienze diverse. Scopri quante domande nella pagina accanto ti riguardano: ognuno ha i propri, ma in questa lista trovi fattori di stress comuni a tutti. Se è vero che solo pochi non si sentono stressati da problemi simili, è altrettanto vero che il livello di stress è una cosa che possiamo controllare. In questo libro troverai tecniche sia per diminuire i fattori di stress nella tua vita sia per gestire al meglio quelli che non puoi eliminare.

FATTORI DI STRESS RELAZIONALI

- Ti sei separato o hai divorziato da poco?
- Hai problemi di coppia?
- Sei rimasto vedovo da poco?
- Hai perso un parente o un amico da poco?
- Sei single?
- Hai problemi a livello sessuale?
- Stai organizzando un matrimonio?
- Sei incinta?
- Hai avuto un figlio da poco?
- Se sì, hai avuto un parto complicato?
- Tuo figlio o tua figlia ha lasciato casa da poco?
- Il tuo partner ha cambiato lavoro o è andato in pensione?
- Ti occupi di una persona disabile o malata?
- Hai problemi con i suoceri?
- Vedi la tua famiglia più o meno spesso del solito?
- La tua vita sociale è cambiata, diventando più impegnativa o più vuota?

FATTORI DI STRESS PERSONALI

- Hai problemi di salute o ti sei fatto male?

- Hai avuto esperienze di guerra o di altri lavori pericolosi?
- Hai vissuto un'esperienza traumatica come un incidente o un'aggressione?
- Stai cercando di perdere un vizio come il fumo o il cibo spazzatura?
- Hai da poco ottenuto un riconoscimento di cui adesso devi sentirti all'altezza?
- Stai iniziando o terminando un percorso di studi?
- Stai cambiando casa?
- Vivi in un ambiente sgradevolmente rumoroso?
- Hai problemi di sonno?
- Hai problemi legali?
- Sei vittima di discriminazioni razziali, sessuali o di altro tipo?
- Sei vittima di abusi o di bullismo?
- Hai problemi di dipendenza da sostanze come alcol, farmaci o caffeina?
- Ti senti solo?

FATTORI DI STRESS FINANZIARI E LAVORATIVI

- Sei disoccupato?
- Sei stato promosso o retrocesso da poco?
- Hai problemi con il tuo superiore?
- Ti senti sovraccarico di lavoro?
- Il tuo lavoro prevede straordinari, presentazioni, pericoli fisici o la permanenza in ambienti ostili?
- Stai cambiando lavoro?
- Lavori lontano da dove abiti?
- Hai un mutuo o altri prestiti da onorare?
- Hai difficoltà ad arrivare a fine mese?
- La tua situazione finanziaria è drasticamente cambiata di recente?
- Sei vicino alla pensione o neopensionato?

LA TOP FIVE

La Holmes-Rahe Stress Inventory, considerata la più autorevole indagine medica sullo stress, ha rilevato che i cinque principali fattori di stress sono: 1 morte del coniuge; 2 divorzio; 3 separazione; 4 carcerazione; 5 la morte di un familiare stretto.

MECCANISMI DI COPING

ACQUISIRE IL CONTROLLO

Ognuno reagisce allo stress a modo suo, ma alcune tecniche sono più efficaci di altre. Capire i pro e i contro di ogni strategia ti aiuterà a scegliere quella giusta.

Quello di "coping", cioè la capacità di affrontare e gestire lo stress, è un concetto vasto che comprende qualunque pensiero o azione ci consenta di rendere più gestibile una situazione minacciosa. La psicologia divide il coping tra "basato sul problema" e "basato sull'emozione". Sono le circostanze a determinare quale sia la reazione più adatta a voi.

Coping basato sul problema

Se possiamo cambiare le cose, si consiglia il coping basato sul problema, che prevede:

- **Migliorare la gestione del tempo,** per ritagliarti lo spazio utile a fare dei cambiamenti.
- **Analizzare** la situazione per capire le azioni da intraprendere.
- **Lavorare di più** per superare una crisi (questa è una soluzione solo se il problema è temporaneo, se diventa routine si trasforma a sua volta in un problema).
- **Parlare** con qualcuno che può aiutarti a cambiare le cose.

Sfrutta al massimo **ciò che è in tuo potere**, il resto prendilo come viene.

Epitteto
filosofo stoico
55–135 d.C.

COME FARE LA SCELTA GIUSTA

Il coping basato sul problema è perfetto nelle situazioni in cui si può applicare, ma a volte l'unica via percorribile è quella basata sull'emozione. Scegli la tua strategia sulla base del controllo che hai sulla situazione.

Strategie di difesa	Situazione che puoi modificare	Situazione che non puoi modificare
Coping basato sul problema	✓ Aiuta a ridurre i fattori di stress	✗ Rischia di aumentare la tua frustrazione
Coping basato sull'emozione	✗ Non risolve il problema (per esempio di salute) e rischia di peggiorarlo	✓ Ti aiuta a ridurre il livello di stress percepito

Cambiare la situazione significa eliminare, o almeno alleggerire, i fattori di stress.

Coping basato sull'emozione

Le strategie basate sull'emozione fanno leva sul controllo dei fattori di stress. Sono adatte alle circostanze in cui non hai potere; se non puoi cambiare una situazione, cambiare il tuo modo di reagire può limitare l'impatto negativo. Alcune strategie basate sull'emozione però potrebbero peggiorare la situazione:

- ✗ **Alcol e droghe.** Possono dare un sollievo temporaneo, ma portano a problemi di salute e dipendenza.
- ✗ **Cibo consolatorio.** Troppo cibo o cibo spazzatura è malsano e porta all'aumento del peso con un conseguente calo dell'autostima.
- ✗ **Malinconia.** Rimuginare su una brutta situazione ti fa sentire peggio.
- ✗ **Fantasia.** Perdersi in fantasticherie fa sembrare la realtà meno soddisfacente.
- ✗ **Negazione.** Negare la presenza di un problema non lo risolve.
- ✗ **Colpa.** Il senso di colpa aumenta il rischio di depressione e incolpare gli altri può portare all'isolamento.

Tra i metodi basati sull'emozione i più efficaci sono:

- ✓ **Il supporto degli altri.** Studi confermano che il supporto di amici e parenti riduce il livello di stress (pp. 176-179).
- ✓ **Meditazione e/o preghiera.** Per chi se la sente, possono essere efficaci per migliorare la stabilità emotiva (pp. 132-135).
- ✓ **Scrittura.** Tenere un diario per annotare le cose belle della vita può migliorare l'umore (pp. 40-41 e 108-109).
- ✓ **L'aiuto di uno psicologo.** Una terapia adeguata può essere di grande aiuto (pp. 208-209).

? CURARSI O RESISTERE?

La tua situazione richiede un coping basato sul problema o sull'emozione? Per decidere, fatti queste semplici domande:

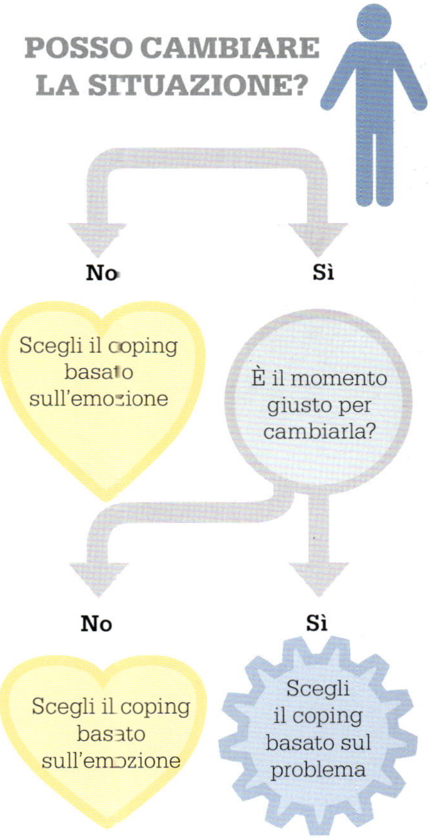

»

> Il **coping** è lo sforzo di **prevenire o ridurre minacce**, dolore e perdite **limitando lo stress derivato**.
>
> **Charles S. Carver e Jennifer Connor-Smith**
> Psicologi americani

Gli psicologi sono d'accordo che in certi casi il coping basato sull'emozione è la scelta giusta a breve termine, sempre che si scelga una strategia che affronti i sentimenti, anziché negarli. La scelta giusta dipende anche dal fattore di stress, perciò usa il buon senso e scegli la strategia più adatta alle tue esigenze.

Il potere del re-framing

Uno dei meccanismi di coping più costruttivi è la tecnica del "re-framing cognitivo". Essendo lo stress un sentimento che non siamo in grado di gestire, un modo per ridurlo è riflettere su come il nostro modo di pensare può indurci a credere di non potercela fare.

Mezzo pieno o mezzo vuoto?

La Terapia Cognitivo-Comportamentale (pp. 52-53) si basa sul principio del re-framing. La TCC è un approccio scientifico efficace nella gestione dello stress, temporaneo e cronico. Ti aiuta a prendere coscienza di come ti racconti le situazioni stressanti. Se tendi a interpretare negativamente gli eventi (il famoso bicchiere mezzo vuoto) puoi acquistare sicurezza con una prospettiva diversa. Uno studio americano del 2014 chiedeva a dei volontari di cantare al karaoke. Coloro ai quali veniva chiesto di dire "Sono carico" prima di cantare hanno fatto meno errori e si sentivano più sicuri rispetto a chi aveva dovuto dire "Sono teso". Col re-framing, i cantanti "carichi" hanno trasformato lo stress in energia che li ha aiutati nella performance e nelle emozioni soggettive.

A volte bisogna affrontare lo stress con il problem solving, altre con la gestione delle emozioni. In entrambi i casi cerca di vedere la situazione in un'ottica più positiva: ti aiuterà a ottenere risultati migliori.

ELABORARE LE SFIDE DELLA VITA

Gli psicologi americani Richard Lazarus e Susan Folkman descrivono lo stress come una combinazione tra le circostanze e il modo in cui reagiamo. Lazarus definisce questa reazione "valutazione cognitiva", cioè il modo in cui consideriamo una situazione, e ne individua due stadi. Se sei sotto stress, considera che il secondario è importante quanto il primario.

GRADO DI MATURITÀ

La teoria psicodinamica si concentra sui processi mentali delle persone in contrasto alle loro azioni e sostiene che di fronte allo stress attiviamo determinati meccanismi di difesa, alcuni dei quali sono più maturi, e dunque più efficaci, di altri. Le risposte più primitive (infantili) tendono a incentrarsi sull'emozione, mentre le più mature coinvolgono sia il problem solving che soluzioni emozionali. Di fronte a uno stress estremo cerchiamo strategie di coping immature. Se ti senti sopraffare dallo stress, fermati e chiediti: se stai usando una strategia primitiva, non sarebbe più efficace un approccio più maturo?

PRIMITIVO

- **Comportamenti negativi.** Attacchi d'ira, autolesionismo e altri comportamenti pericolosi: *"Come osa superarmi!" (E accelera).*
- **Compartimentazione.** Scindere le varie parti della tua vita: *"Non mi sento in colpa per le azioni poco etiche che mi costringe a fare il mio capo. È lavoro, non sono io."*
- **Negazione.** Rifiutarsi di accettare la realtà: *"Questo nodulo al seno non sarà niente di grave."*
- **Dissociazione.** Staccare la mente per non pensare e non sentire niente: *"Non posso pensarci adesso, sto guardando la TV."*
- **Proiezione.** Attribuire pensieri e impulsi tuoi agli altri: *"Quel tizio non mi piace, si vede che mi ritiene un idiota."*
- **Formazione reattiva.** Trasformare un pensiero sgradito nel suo opposto: *"Se non mi fido di Martha? Certo che mi fido!"*

MENO PRIMITIVO, PIÙ MATURO

- **Dislocamento.** Sfogare la rabbia su qualcuno che non è la causa del problema: *"Ho già abbastanza problemi, non mettertici anche tu!"*
- **Intellettualizzazione.** Concentrarsi sui pensieri per evitare le emozioni: *"È inutile piangere per l'infarto di mamma, piuttosto faccio qualche ricerca in merito."*
- **Razionalizzazione.** Trovare una spiegazione a una realtà sgradevole: *"Nina ha detto che sta pensando di lasciarmi, ma non dice sul serio, vuole solo mettermi alla prova."*
- **Repressione.** Censurare i pensieri inaccettabili: *"La persone gentili non si arrabbiano."*
- **Retromarcia.** Compensare un'azione di cui ci si è pentiti facendo l'opposto, per esempio lodando qualcuno che si è offeso: *"Oh, no, Frank si è offeso. Dirò a tutti che persona intelligente e talentuosa è."*

MATURO

- **Assertività.** Comunicazione rispettosa, chiara e decisa delle tue esigenze: *"Tesoro, se vado a prendere io i ragazzi al nuoto, ho bisogno che tu prepari la cena."*
- **Compensazione.** Bilanciare la debolezza percepita in un certo ambito con i punti di forza in altri: *"È vero, il mio capo mi riprende spesso, ma sono fortunata ad avere dei buoni colleghi."*
- **Sublimazione.** Incanalare gli impulsi inaccettabili in altri più accettabili, come l'ironia, le distrazioni o l'altruismo: *"Mi sento molto frustrata per mia sorella, ma se do una mano in qualcosa mi sentirò meglio."*

STRESSATI PER NATURA?

STRESS E PERSONALITÀ

La nostra personalità incide su ogni aspetto dello stress, dalle situazioni che ce lo creano al modo in cui reagiamo. Esiste un modello psicologico che ci aiuta a valutare la nostra vulnerabilità.

Nel 1981, dopo decenni di ricerche e modifiche, il "Modello dei Cinque Fattori" sfociò nella teoria dei "Big Five" del ricercatore Lewis Goldberg, a oggi uno dei più autorevoli e accreditati dispositivi per la valutazione della personalità. I cinque tratti sono: estroversione-introversione, gradevolezza, coscienziosità, apertura mentale, nevroticismo.

Estroversione
Gradevolezza
Coscienziosità
Apertura mentale
Nevroticismo

i "Big Five"

Il nevroticismo

La parola "nevroticismo" può sembrare dura, ma indica solo più vulnerabilità allo stress e maggior difficoltà a minimizzare sentimenti ed esperienze negative. Se hai un nevroticismo elevato è molto importante che ti prenda cura di te in modo continuo ed efficace. Puoi ridurlo o eliminarlo lavorando sulle tue capacità di coping (pp. 26-29) e sulla buona gestione dello stress: avere un tratto nevrotico non significa non poter essere felici.

Altri tratti

Anche con un basso livello di nevroticismo si è soggetti allo stress. Per mantenere il benessere, ricorda questi punti:

- **Organizza la quotidianità in base alle tue esigenze.** Gli estroversi si stressano se soli, gli introversi se in società.
- **Scegli gli amici giusti.** Persone inclini al confronto anziché allo scontro sono più tormentate dai conflitti rispetto agli altri, che provano stress quando obbligati ad affrontare aspettative sociali.
- **Pianifica realisticamente il lavoro.** Le persone coscienziose sono più inclini a sovraccaricarsi e stressarsi, le meno coscienziose possono stressarsi se trascurano le responsabilità fondamentali.
- **Conosci la tua zona di comfort.** Le persone aperte a esperienze nuove si stressano quando sono annoiate. Quelle meno aperte si stressano di fronte al cambiamento e quando devono riformulare il proprio pensiero.

Considera le tue esigenze e ricorda che non esiste una personalità "giusta", ma solo individui che devono trovare la strategia di coping adatta a loro.

FAI IL TEST

Dove ti posizioni nel modello dei Big Five? Più sono le frasi in cui ti riconosci, più è evidente quel tratto nella tua personalità. A tratti diversi corrispondono zone di comfort diverse, il risultato indica la tipologia di vita meno stressante per la tua personalità.

1
- Mi piace socializzare con gruppi numerosi.
- La gente mi considera loquace ed energico.
- Riesco a farmi valere.
- Posso risultare un po' invadente o ficcanaso.

2
- Ho facilità a immedesimarmi negli altri.
- Preferisco perdere qualcosa che vendicarmi.
- Mi piace dare agli altri il beneficio del dubbio.
- Non sono una persona competitiva.

3
- Reputo importante essere organizzato.
- Prendo sul serio doveri e responsabilità.
- Non mi definirei una persona ribelle.
- Mi piace essere coerente.

4
- Mi piace discutere di nuove idee.
- Creatività e immaginazione contano molto per me.
- A volte è bello sentirsi fuori dalla mia zona di comfort.
- Non sono particolarmente convenzionale.

5
- È facile farmi arrabbiare.
- Non ho molta fiducia in me stesso.
- Se mi stresso ho difficoltà a calmarmi.
- So essere severo con me stesso.

1=Estroversione: sei più estroverso che introverso.
2=Gradevolezza: tendi a collaborare più che a sfidare.
3=Coscienziosità: segui più il senso del dovere che l'impulso.
4=Apertura mentale: preferisci le esperienze e le idee nuove a quelle ordinarie.
5=Nevroticismo: sei molto sensibile allo stress.

SCALA DEI BIG FIVE

Ognuno dei cinque tratti è una scala progressiva nella quale puoi trovarti agli estremi o al centro. Scopri con il test a che punto della scala sei per ogni tratto: ti aiuterà a capire perché ti viene più facile relazionarti con certe persone e situazioni.

BASSO — ALTO

1

Introversione/Estroversione

Solitario, ti ricarichi quando sei solo, ti stressi quando sovrastimolato.

Socievole, ti ricarichi quando sei in contatto con gli altri, ti stressa l'isolamento.

2

Gradevolezza

Sospettoso, ostile, competitivo. Ti stressa la frustrazione e il perdere.

Caloroso, generoso, remissivo. Ti stressa la disapprovazione e la rivalità.

3

Coscienziosità

Sconsiderato, irriverente, volubile. Ti stressano le aspettative rigide.

Operoso, affidabile, ligio alle regole. Ti stressano le aspettative incerte.

4

Apertura mentale

Cauto, prudente, incline alla sicurezza. Ti stressano le novità.

Curioso, originale, perspicace. Ti stressa la monotonia.

5

Nevroticismo

Stabile, sicuro di te, sincero. Ti stressi difficilmente (ma succede).

Sensibile, reattivo, vulnerabile. Ti stressi facilmente.

COMPORTARSI DA UOMO?

UOMINI, DONNE E STRESS

Ogni individuo è unico, ma è dimostrato che esistono modi tipicamente "maschili" e "femminili" di gestire la pressione. Uomini e donne hanno qualcosa da imparare gli uni dalle altre.

Può sembrare uno stereotipo, ma per quanto riguarda lo stress, le ricerche sembrano confermare una tendenza alla competizione negli uomini e al lavoro di cura nelle donne. Nel 2000 la rivista Psychological Review ha pubblicato un importante studio secondo il quale gli uomini reagirebbero allo stress con la formula "fight or flight", cioè con l'aggressività o la fuga. Le donne, invece, reagiscono più spesso con la formula "tend and befriend", cioè a rivolgersi agli altri e incoraggiare le relazioni.

Uno studio del 2014 dell'Università di Vienna ha sperimentato questa differenza partendo dall'ipotesi che le persone, sotto stress, diventerebbero più egocentriche e concentrate sui sentimenti propri invece che degli altri. L'ipotesi è stata confermata negli uomini, ma non nelle donne, che sotto pressione sanno "leggere" meglio le emozioni altrui.

TUTTO STA NEL CERVELLO

Uno studio americano del 2013 ha analizzato il cervello maschile e femminile per scoprirne le differenze. Stando ai risultati, i cervelli maschili hanno più connessioni tra la percezione e l'azione, mentre le donne tra il processo analitico e quello intuitivo. Sotto stress, il cervello maschile tende a cercare soluzioni creative, mentre quello femminile a indagare il contesto sociale e capire le motivazioni altrui.

La biologia determina il destino?

A livello biologico, l'uomo e la donna vivono lo stress allo stesso modo, producendo livelli simili di cortisolo. Tuttavia è dimostrato che uomini e donne, a parità di stress, scelgono strategie di coping differenti. Il perché non è chiaro. Parte della spiegazione può dipendere dagli ormoni: nello studio del 2014 le donne mostravano livelli di ossitocina più alti degli uomini: l'ossitocina è "l'ormone dell'amore", associato alle relazioni sociali. Un'altra possibilità è che il "tend and befriend" sia un comportamento acquisito: stando alla ricerca, le donne "potrebbero aver fatto proprio il concetto per cui quando si interagisce meglio con gli altri si riceve più supporto esterno", un'importante lezione che gli uomini fanno più fatica a interiorizzare. Che la spiegazione sia "naturale" o "culturale", gli uomini e le donne reagiscono diversamente allo stress.

Lezioni di genere

Qualunque sia il tuo genere, puoi trarre delle importanti nozioni da queste scoperte. Come sottolineato dagli studiosi, in condizioni di stress il modello "tend and befriend" risulta efficace: oggi molte cause scatenanti dello stress sono complesse e a lungo termine. Il "fight or flight" è efficace se siamo in lotta con un rivale, ma per i problemi della vita moderna è più probabile che torni utile il supporto sociale (pp. 176-179).

CHI È IL PIÙ STRESSATO?

Secondo l'indagine sullo stress 2015 dell'Associazione Psicologi Americani, uomini e donne percepiscono livelli diversi di stress:

Livello medio di stress percepito su una scala da 1 a 10:

DONNE	UOMINI
5.3	4.9

Percentuale di cittadini americani che riferiscono livelli alti di stress:

DONNE	UOMINI
28%	20%

Se sei maschio, è utile ricordare che quando si è sotto pressione rivolgersi agli altri può essere una scelta efficace. Le donne invece potrebbero esagerare un po' con il "tend and befriend". Come afferma Carl Pickhardt, portavoce dell'Associazione Psicologi Americani: "La donna sotto stress tende a sacrificarsi nelle relazioni"; a volte un po' di egoismo aiuta a tutelare le proprie esigenze. Una via di mezzo tra reazione maschile e femminile è la soluzione migliore per tutti.

COME SI MANIFESTA LO STRESS?

Secondo un'indagine svolta nel 2010 dall'Associazione Psicologi Americani, lo stress si manifesta con diversi sintomi a vari livelli: è quindi normale riconoscersi in alcuni di questi.

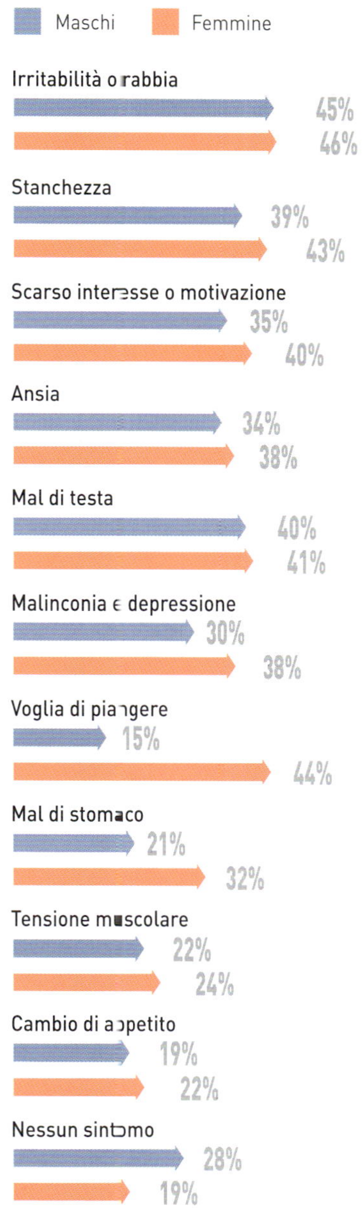

PERFETTA IMPERFEZIONE

IL BELLO DEGLI STANDARD REALISTICI

Sei costantemente insoddisfatto? Gli standard di perfezione possono toglierti la gioia di vivere e procurarti alti livelli di stress. E se fosse l'ora di concederti una pausa?

Quella al perfezionismo può sembrare un'inclinazione positiva: in fin dei conti, in ogni ambito della vita se punti in alto ottieni risultati migliori. Ma puntare a standard troppo alti può risultare molto stressante.

Il dibattito sul perfezionismo

Il perfezionismo è sempre negativo? Uno studio del 2013 condotto dallo psicologo Kenneth Rice distingue tra il perfezionismo "adattivo" e "disadattivo" nelle persone con standard elevati. Quello adattivo aiuta a integrarci nel nostro ambiente, mantenendo standard elevati ma essendo in grado di gestire un fallimento. Quello disadattivo causa stress elevato quando si pensa di aver fallito. Lo psicologo Paul Hewitt ritiene che il perfezionismo non sia mai adattivo perché aumenta il rischio di malattie mentali come l'anoressia e la depressione, incidendo sui tassi di suicidio. Uno studio inglese del 2003 ha invece evidenziato che i perfezionisti "che si rifiutano di reagire", cioè ignorano i problemi invece di affrontarli, sono più soggetti a disperazione e angoscia. La combinazione di standard impossibili e atteggiamento evasivo causa stress e depressione.

Gli psicologi non sono concordi sul risvolto positivo del perfezionismo. In generale, gli studi dimostrano che tende a complicare la gestione delle situazioni stressanti della vita.

> È fondamentale capire la differenza tra un **sano sforzo** e **il perfezionismo**.
>
> **Brené Brown**
> terapeuta e ricercatrice americana

Io che posso farci?

Quando sono gli altri a richiederti la perfezione, il miglior modo per tutelarti è porre dei limiti e mantenerli (pp. 92-95). Se invece il perfezionismo viene da te, segui i consigli di Jeff Szymanski, della Fondazione Internazionale DOC (Disturbo Ossessivo-Compulsivo):

- **Scegli le priorità** in base ai tuoi valori. Tentare di fare tutto alla perfezione crea uno stress enorme, tieni standard alti per ciò a cui tieni.

LE TESSERE ANTISTRESS

La Anxiety Disorders Association della British Columbia raccomanda di annotarsi delle frasi positive e realistiche da portarsi dietro come riferimenti quando ci sentiamo stressati dal perfezionismo.

"Sono un essere umano."

"Nessuno è perfetto."

"Prendersi una giornata libera non è un fallimento."

"Tutti commettono degli errori."

"Se ho fatto del mio meglio, non potevo fare meglio."

- **Prendi confidenza** con l'idea di sperimentare. Fare errori e prendere dei rischi non è una catastrofe e può dare insegnamenti costruttivi.
- **Segui il processo.** Ricevi la ricompensa più alta ai tuoi sforzi a uno stadio precoce del processo, dopodiché il rapporto sforzi-benefici inizia a calare, fino al punto in cui non vale più la pena.
- **Premiati** in caso di risultati imperfetti. Può essere meglio rispettare i tempi e consegnare un lavoro non perfetto invece di investirci tanto tempo e magari non consegnare affatto.
- **Trova dei modelli positivi.** Conosci persone con obiettivi simili ai tuoi ma meno in difficoltà? Di fronte a una sfida, chiedi a te stesso o a loro come affrontarla.

Dobbiamo imparare tutti a tollerare un po' di imperfezione. La vita potrebbe essere meno stressante, se riconosci che sbagliare è umano.

QUANTO SEI PERFEZIONISTA?

Il perfezionismo ha varie sfaccettature.
In quali di queste affermazioni ti riconosci?

A Voglio che le persone a cui tengo abbiano successo.

B Più ho successo, più le persone si aspettano da me.

C Non mi rilasso finché non raggiungo la perfezione.

Le frasi "A" indicano un perfezionismo "rivolto agli altri": sei tu a richiederlo alle persone. Puoi migliorare le tue relazioni sociali lavorando sulla tua capacità di perdonare (pp. 106-107).

A Non posso perdere tempo con chi non dà il massimo.

B Ho difficoltà a misurarmi con le aspettative degli altri.

C Scoprire di aver fatto un errore mi mette a disagio.

Le frasi "B" indicano un perfezionismo "imposto": sono gli altri a chiederti la perfezione.
✔ Puoi imporre dei sani limiti innalzando il tuo livello di autoaffermazione (pp. 92-95).

A Non sopporto le persone che mi deludono.

B La gente è delusa dai miei errori, ma non lo dice.

C Devo sempre dare il meglio di me

Le frasi "C" indicano un perfezionismo "autoimposto": sei tu stesso a esigere la tua perfezione.
✔ Puoi diminuire il livello di stress essendo più tollerante con te stesso: nessuno è perfetto.

“**Le nostre imperfezioni**

convalidano

la nostra appartenenza

alla **razza umana**.”

Kristin Neff

psicologa ed

esperta in compassione

AUTO-COMPASSIONE

CONSOLA TE STESSO

A volte siamo noi stessi i nostri peggiori nemici: difficile non stressarsi se ci rimproveriamo ogni errore. La soluzione sono degli esercizi per stimolare la tua autocompassione.

Quando ti senti stressato hai bisogno di conforto e il primo a potertelo dare sei proprio tu. Uno studio inglese del 2005 ha rivelato che l'autocompassione (avere per se stessi l'attitudine al perdono che si ha per gli altri) disattiva il sistema d'allarme del corpo. L'autocompassione è dunque cruciale per diminuire lo stress.

Tre possibilità

La psicologa Kristin Neff identifica tre elementi per contenere il livello di stress:

1 **Essere gentili con se stessi.** Ci piace essere gentili con gli altri, ma a noi stessi diciamo cose tipo "Che stupido!" Se ti riservi la stessa compassione che hai per gli altri, ti sentirai meglio.

2 **Umanità condivisa.** Tutti affrontiamo qualche difficoltà nella vita. Se anziché isolarti nei tuoi errori e problemi li consideri un tratto comune a tutti, ti sentirai più vicino agli altri.

3 **Consapevolezza.** Non sempre ci accorgiamo di quanto siamo duri con noi stessi, a volte è difficile persino riconoscere la propria rabbia. Dai ai tuoi sentimenti il rispetto che meritano.

La gentilezza e la consapevolezza dei nostri sentimenti possono farci sentire più capaci di reagire, che è la base per una buona gestione dello stress.

La terapia della compassione

Sviluppata dallo psicologo Paul Gilbert e influenzata dal Buddismo, la terapia della compassione postula che per alcuni soggetti gestire lo stress sia difficile perché hanno un sistema di rilevamento delle minacce iperattivo: identificano i fattori di stress più in fretta degli altri. Un articolo di Gilbert del 2009 raccomanda i seguenti metodi per contrastare lo stress:

- **Attenzione compassionevole.** Concentrati sui ricordi di gentilezza data o ricevuta, o dei momenti che hanno evidenziato le tue qualità positive. Formula pensieri rassicuranti e piacevoli.
- **Ragionamento compassionevole.** Non indugiare sui sentimenti di vergogna e autocritica, ma usa la logica per vedere la tua situazione e le tue azioni con più compassione (pp. 52-53).
- **Atteggiamento compassionevole.** Se devi affrontare uno stress, incoraggiati e concentrati sul processo, più che sulla cosa in sé: apprezza i tuoi sforzi, a qualunque risultato portino.
- **Immaginazione compassionevole.** Immagina una figura compassionevole che ti dia il supporto necessario: può essere umana, animale o divina, come preferisci.
- **Emozione compassionevole.** Coltiva le emozioni compassionevoli nei confronti tuoi e degli altri.
- **Sensazione compassionevole.** Prendi coscienza di come il tuo corpo reagisce alle emozioni compassionevoli, per esempio rilassando spalle e muscoli facciali. Ascoltando l'esperienza fisica, riuscirai a comprendere meglio le tue emozioni e a sviluppare la capacità di esercitare la compassione.

USA L'IMMAGINAZIONE

Uno studio inglese del 2008 ha dimostrato che questo semplice esercizio di visualizzazione aiuta a ridurre lo stress.
Se ti senti teso prova a:

1 **Immaginare la tua figura compassionevole ideale,** umana o non (vedi a sinistra "Immaginazione compassionevole").

2 **Citando gli studiosi:** "Permetti a te stesso di avvertire l'amore che meriti".

I soggetti coinvolti riportavano un maggior senso di sicurezza e un calo significativo dei livelli di cortisolo.
Quando ci sentiamo stressati, più gentili siamo con noi stessi, più è facile gestire i propri sentimenti e affrontare con fiducia le sfide della vita.

ESERCIZIO DI AUTOCOMPASSIONE

In caso di stress, la psicologa Kristin Neff raccomanda questa "pausa di autocompassione":

SCRIVILO

IL DIARIO DELLO STRESS

Se anche non sei Shakespeare, con in mano una penna diventi comunque il miglior ascoltatore di te stesso. Scrivere può essere un ottimo strumento per affrontare lo stress, insegnandoti a capire e a gestire i tuoi sentimenti.

La scrittura terapeutica favorisce la calma del corpo e della mente. Carta e penna possono essere grandi alleati nei periodi di stress.

Fa bene alla salute

Un'esaustiva ricerca pubblicata nel 1998 dallo psicologo Joshua Smyth ha confermato che la scrittura rafforza il sistema immunitario di pazienti con malattie critiche come l'artrite o l'asma. Uno studio neozelandese del 2004 ha ottenuto risultati simili in pazienti con HIV. Scrivere le proprie emozioni li faceva sentire meglio. Tuttavia Smyth ha sottolineato che sfogarsi può anche peggiorare l'umore (pp. 180-181). La scrittura è utile quando ci aiuta a riflettere sulle cause dello stress e sulle nostre reazioni.

L'importanza del significato

Partire da un'idea chiara di cosa si vuole ottenere dalla scrittura può aiutare. La ricercatrice Susan Lutgendorf, nel suo studio del 2002, ha evidenziato che nei soggetti che tenevano un diario per cercare un senso alla malattia le condizioni di salute miglioravano, mentre chi si limitava a elencare le proprie emozioni negative si sentiva peggio – rispetto agli altri, ma anche al gruppo di controllo. Citando la Lutgendorf: "Bisogna concentrarsi sui pensieri tanto quanto sulle emozioni".

Le semplici lamentele, in forma verbale o scritta, possono aumentare lo stress. È meglio usare il diario per riflettere su:

- Come ti sembra di star reagendo allo stress.
- Se è il caso di provare altri metodi di coping.
- Cosa stai imparando da quell'esperienza.
- Cosa dà senso alla tua vita o (se non c'è niente) cosa glielo darebbe.

Usare la scrittura per cercare un senso alla tua situazione (pp. 44-45) può farti stare meglio fisicamente e mentalmente.

> Scrivendo, dai una **struttura e una organizzazione** alle sensazioni ansiogene. Ti aiuta a superarle.
>
> **James Pennebaker**
> Università del Texas, Austin

UN DIARIO QUOTIDIANO SULLO STRESS

Sei stressato ma non sai perché? Un diario ti aiuta a individuare i fattori di stress e a monitorare le tue reazioni. Può mostrarti l'efficacia di una certa reazione nella risoluzione del problema. Tieni un registro diviso in due sezioni: oraria e quotidiana. Prepara una tabella con le intestazioni e le domande alle quali rispondere, in modo da poterlo compilare rapidamente anche in giornate piene.

La sezione oraria

Prepara una tabella con tutta la giornata divisa a fasce di un'ora e sii sintetico.

ORARIO	10am	11am
Che sto facendo?	Sistemo i file del capo	Una commissione
Quanto mi soddisfa?	2/10	6/10
Quanto sono efficiente?	8/10	8/10
Come mi sento fisicamente?	Ansioso, agitato	Rilassato, è bello stare all'aria aperta
Quanto sono stressato?	7/10	2/10

La sezione giornaliera da compilare in caso di evento stressante

Trova un momento tranquillo per rispondere a queste domande:

Quando e dove?	Sabato, alle 15, a casa
Cos'è successo?	Il vicino teneva di nuovo la musica alta
Come ho reagito?	Bussato sul muro
È stata una reazione basata sul problema o sull'emozione? (pp. 26-29)	Sul problema, ma non è servito a molto
Qual è stato l'elemento più stressante?	La sensazione di non avere privacy in casa mia
È servito a qualcosa?	Ha abbassato ma solo un po', sono ancora arrabbiato
Cosa potrei fare la prossima volta?	Chiedergli di venire a sentire la sua musica da casa nostra, per rendersi conto del volume

IL PARADIGMA PENNEBAKER

Negli anni '80, lo psicologo James Pennebaker ha creato un manuale di quella che chiamava "scrittura espressiva", un modo per diventare il terapista di se stessi quando si affronta uno stress specifico e identificabile. Le sue linee guida sono semplici:

1 **Scrivi per almeno 20 minuti di fila,** per quattro giorni consecutivi come minimo.

2 **Scegli un argomento** personale e significativo, per esempio lo stress per una crisi familiare.

3 **Scrivi con continuità.** Non importa se ci sono errori, macchie d'inchiostro o se la calligrafia è brutta. L'importante è tenere la penna sul foglio e la mano in movimento.

4 **Scrivi solo per te.** Quando hai finito puoi anche distruggere le pagine. Stai scrivendo per fare esperienza, non per il pubblico.

5 **Non forzare la mano.** Se ti accorgi che scrivere di un certo argomento diventa troppo doloroso, allora smetti.

6 **Preparati a un po' di tristezza** o di stanchezza dopo aver scritto. Dovrebbe passare nell'arco di un'ora o due.

IO VALGO DAVVERO?

STRESS E AUTOSTIMA

Sentirsi bene con se stessi può essere difficile quando ci sentiamo sopraffatti. Avere una buona autostima può aiutare: convincersi che meritiamo di sentirci meglio è una spinta potente per gestire meglio lo stress.

Sentirci incapaci di affrontare le sfide che la vita ci pone può scalfire la percezione delle nostre capacità e del nostro valore. Se l'immagine che hai di te stesso è poco sana, potresti arrivare a chiederti se meriti davvero di superare lo stress e sentirti meglio. Tutti noi vorremmo restare calmi e sicuri: ecco alcune tecniche per rafforzare la tua autostima.

Evitare paragoni

Un elemento chiave per rafforzare l'autostima è piacersi. Fare paragoni con gli altri spesso aumenta i livelli di stress: c'è sempre qualcuno più capace di noi o che ha qualcosa in più, al di là dei risultati. Gli psicologi contrappongono l'autostima "solida" a quella "fragile". Nel primo caso si ha la percezione di essere simpatici e di contare qualcosa. Nel secondo, tendiamo a definire noi stessi attraverso i successi che otteniamo ignorando i fallimenti, ma così facendo non impariamo dai nostri errori. Tendiamo quindi

Le persone con un'autostima forte dimostrano di apprezzare e di accettare se stesse e **le proprie imperfezioni**.

Michael Kernis
psicologo americano

SPETTRO DELL'AUTOSTIMA

Bello essere modesti, no? Forse, ma una bassa autostima non è salutare. Lo stress cronico può farci stare male e portarci a trascurare noi stessi, a sentirci peggio e a credere che non meritiamo di meglio. Riconoscere questi pensieri può riportarci sulla giusta via per aumentare la nostra autostima. Pensa all'autostima come a uno spettro e punta a un livello medio-alto piuttosto che agli estremi. Trova la tua collocazione nello spettro qui sotto e rifletti se non potresti trarre beneficio da una maggiore sicurezza (vedi sotto "Costruire se stessi").

Molto bassa	**Bassa**	**Alta e sana**	**Eccessiva**
› Inutile › Trascurato › Depresso › Sotto stress cronico o prolungato	› Insicuro › Vulnerabile › Sottomesso › Spesso sotto stress	› Fiducioso › Realista › In cerca della felicità › Capace di gestire lo stress	› Autocelebrativo › Sulla difensiva › Ostile › Sotto stress per ogni critica

a provare ansia nei confronti di ogni allusione che possa mettere a rischio la nostra immagine. Per rafforzare l'autostima bisogna apprezzare i risultati significativi per noi, e non per gli altri. Questo approccio genera autostima e maggiore stabilità emotiva.

Costruire se stessi

Uno studio svizzero del 2011 ha scoperto che sentirsi competenti e capaci di gestire la propria vita è un fattore chiave. Lo psicologo Guy Winch suggerisce dei semplici passi per aumentare questa percezione:

1 **Evita affermazioni superficiali.** Se non ci credi davvero, dire "sono una persona fantastica" ti farà solo sentire peggio, ricordandoti che in realtà non ti senti affatto così.

2 **Trova i tuoi punti di forza.** Essere bravi in qualcosa, pur se piccola, è un'ottima ragione per sentirsi più sicuri.

3 **Sfrutta le tue capacità.** Se sai fare bene una cosa, falla più spesso: così dimostrerai a te stesso che ce la puoi fare.

4 **Accetta i complimenti.** Se ti mettono a disagio, rispondi solo "grazie". Concediti il piacere di ricevere un apprezzamento.

5 **Affermati.** Essere soddisfatto di ciò che hai fatto bene è un atteggiamento sano, non vanitoso.

Invece di fare paragoni, cerca di apprezzare le tue qualità. Questo migliorerà la tua autostima e la tua gestione dello stress.

UNA STANZA TUTTA PER SÉ

Abitare in una casa sporca e maltenuta è scoraggiante: quando ti guardi intorno hai l'impressione di non valere abbastanza e questo corrode ulteriormente la tua autostima e la capacità di far fronte allo stress. Lo psichiatra Neel Burton suggerisce di creare un ambiente confortevole (pp. 166-167). Esporre foto, souvenir e ricordi dei momenti belli della vita ti aiuta a visualizzare quanto vali.

TROVARE UN SENSO

LO STRESS COME RISORSA

Bisogna eliminare lo stress per essere felici? Al contrario: un livello sano di stress facilita lo sviluppo emotivo e ci aiuta a ottenere risultati. La sfida è trasformare lo stress in risorsa.

Lo stress può rendere infelici, ma la felicità non è l'unica unità di misura del benessere. Trovare un senso alla vita è altrettanto importante.

Tre vie per la felicità

Lo psicologo Martin Seligman è pioniere della psicologia positiva, un movimento che studia il come e il perché del benessere delle persone.

> Chi ha un **"perché"** per vivere può sopportare quasi tutti i **"come"**.
>
> **Viktor Frankl**
> Psichiatra austriaco, cita Friederich Nietzsche.

Seligman sostiene che giudicare la qualità di vita in base al piacere è uno sbaglio e individua tre diverse vie per la felicità:

- **La vita piacevole** (ovvero "edonistica"): avere molti elementi piacevoli nella vita e goderne a pieno.
- **La vita buona:** conoscere i propri punti di forza e costruirvi intorno lavoro, famiglia, tempo libero e amici, sfruttandoli per dedicare il proprio impegno a qualcosa (pp. 174-175).
- **La vita con un senso:** mettere i propri punti di forza al servizio di cause più grandi di noi e in cui crediamo.

Uno studio australiano del 2008 su 12.000 adulti ha rilevato che tutte e tre le felicità portano al benessere, ma che l'impegno (le esperienze di "vita buona") e la ricerca di senso sono indicatori più significativi dell'edonismo. Le esperienze piacevoli non sono in contrasto col benessere, ma la presenza di uno scopo è fondamentale. Anche se lo stress non è piacevole, è compatibile con una vita con un senso.

Come dare un senso?

Viktor Frankl, psichiatra sopravvissuto alla Shoah, si è dedicato allo studio della "psicologia del senso", suggerendo che il senso si ottiene con tre diversi percorsi:

1 **Con valori creativi.** Dedicandosi a qualcosa in cui si crede profondamente.

2 **Con valori esperienziali.** Frankl fa l'esempio di un alpinista confortato da un tramonto in montagna.

LA VITA PIENA

Lo stress indebolisce le emozioni positive, ma il senso può essere un'altra via per percepire la tua vita come positiva. La psicologia positiva identifica cinque elementi essenziali per una vita piena:

Emozioni positive	Felicità, piacere, diletto
Coinvolgimento	Interesse e "flusso" (pp. 174-175)
Relazioni	Rapporti amorevoli con gli altri
Senso	Sentirsi parte di qualcosa in cui si crede
Traguardi	Accogliere le sfide ed essere orgogliosi di sé

3 **Con valori attitudinali.** Si può trovare un senso anche alle situazioni tristi o stressanti, per esempio pensando che si sta facendo qualcosa di importante.

Qualche altro consiglio per trovare un senso:

- ✔ **Crea una narrazione coerente della tua vita.** Lo psicologo Robert Biswas-Diener consiglia qualche semplice esercizio di scrittura (pp. 40-41) in cui descrivere la versione di noi a cui aspiriamo, da un punto di vista etico e concreto, e riflettere sulle strategie per raggiungere l'obiettivo.
- ✔ **Supporta gli altri, sii generoso.** Uno studio americano del 2013 ha rilevato che chi aspira a una vita felice tende a "prendere" e chi aspira a una vita con un senso tende a "dare".
- ✔ **Non aspettare un leader.** Uno studio inglese del 2016 ha rilevato che con un cattivo capo il lavoro sembra privo di senso, mentre sotto un buon capo il lavoratore trae senso dalla consapevolezza di dare un contributo alla società.

Un po' di stress può essere tollerabile e persino auspicabile, purché gli si dia un senso.

LE FONTI DEL SENSO

Secondo uno studio americano condotto nel 2016 dai ricercatori Login George e Crystal Park, una vita con un senso ha tre caratteristiche principali:

1 **Obiettivi** significativi che motivano le tue azioni e guidano le tue scelte.

2 **Comprensione.** Capire le esperienze della vita e riconoscerle come parti di un tutto.

3 **Valore.** Riconoscere che la tua esistenza sta a cuore agli altri e ha un significato.

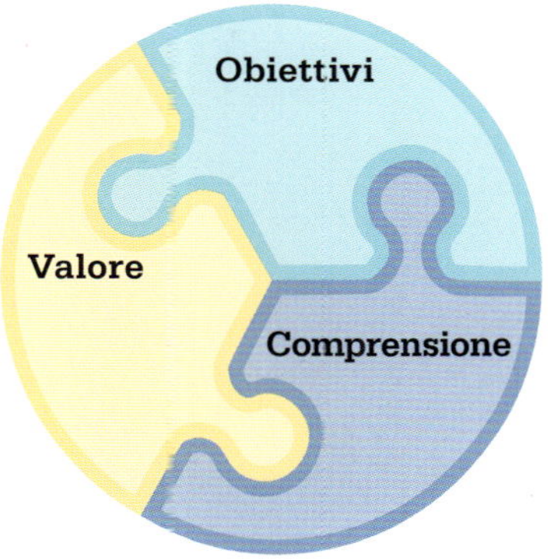

La chiave sta nel capire a cosa tieni di più nella vita, a quale nobile scopo o disegno più ampio senti di appartenere. Allora gli stress quotidiani sembreranno meno importanti in confronto.

TUTTO SOTTO CONTROLLO

COMPRENDI I TUOI LIMITI

Per quanto tu voglia farlo con gli altri, l'unica persona che puoi controllare sei tu. Interiorizzare questa importante lezione ti aiuta a limitare il potere che lo stress ha su di te.

Cercare di controllare qualcuno che non fa ciò che vorremmo è molto frustrante, ma sapendo di avere il controllo sulle nostre azioni, pensieri e sensazioni possiamo aumentare la nostra serenità e sicurezza.

Sconfiggere i bulli

Spesso è possibile limitare l'impatto di una persona fastidiosa o offensiva controllando le nostre reazioni (vedi "Riprendere il controllo", a fronte). La scienza conferma però una maggiore tendenza alla depressione e all'ansia nelle vittime di bullismo.
Gli psicologi definiscono il bullismo come l'uso del potere e dell'aggressività per creare sofferenza, in uno dei modi seguenti:

- **Bullismo diretto.** Minacce, violenza, abusi sessuali e insulti espliciti.
- **Aggressione relazionale.** Causare sofferenza diffondendo voci e pettegolezzi o escludendo volutamente le persone.

In entrambi i casi, puoi e devi

> [L'autocontrollo è] tra le **risorse più importanti** dell'umanità.
>
> **Wilhelm Hofmann**
> psicologo americano

prenderti cura di te rafforzando la tua autostima (pp. 42-43), anche se a volte la soluzione migliore è quella di scappare, per esempio cambiando mansione a lavoro. Ma ci vuole del tempo e intanto lo stress aumenta: in questo caso ricorri all'aiuto degli altri (pp. 176-179) e riempi la tua vita di persone positive mentre studi un piano per liberarti di quelle negative.

L'autocontrollo è noioso?
Spesso associato al negare i piaceri della vita, l'autocontrollo può essere lo strumento per una vita più felice. Uno studio condotto nel 2013 dallo psicologo Wilhelm Hofmann definisce l'autocontrollo come "la capacità di ignorare o cambiare le proprie reazioni interiori" e rivela che le persone con più autocontrollo hanno meno conflitti, un umore migliore, una vita più soddisfacente e meno stress. Sapere cosa vogliamo dalla vita e cercare di raggiungerlo porta a uno stato mentale più sereno e ci sentiamo meglio se non ci lasciamo distrarre da uno stress momentaneo o da tentazioni. Le TCC aumentano la percezione del controllo lavorando sui pensieri stressanti (pp. 52-53) e la mindfulness può aiutarti a gestire l'umore (pp. 132-135). Non puoi controllare tutto, ma è utile ricordare che hai più potere di quanto immagini sui tuoi pensieri, sensazioni e azioni.

RIPRENDERE IL CONTROLLO

I nostri sentimenti dipendono sia dai nostri pensieri che dal comportamento altrui. Tentare di cambiare gli altri porta alla frustrazione reciproca invece che alla riduzione dello stress. Dovresti provare a ripensare il tuo modo di vedere gli altri e riportare il controllo emotivo al suo posto, cioè a te.

INVECE DI...	PROVA A DIRE...
Le cose che dice **mi fanno stare male**.	**Mi sono fatto condizionare** dalle sue battute.
Le sue lamentele **mi stessano**.	Devo pormi dei limiti quando lo ascolto, altrimenti **rischio di stressarmi**.
Inizio ad avere dei dubbi su me stesso **per colpa loro**.	**La mia insicurezza aumenta** quando sto con loro.

LUOGO DI CONTROLLO

Ti senti artefice del tuo destino o tendi più a pensare "sarà quel che sarà", al di là delle tue azioni? Se sei più vicino al primo caso significa che hai un luogo di controllo interno e tendi meno alla depressione e all'ansia. Ricordati che sei in grado di gestire il tuo stress: a volte è una profezia che si realizza.

LUOGO DI CONTROLLO INTERNO

"Ho il potere di cambiare il mio destino."

"Ho il controllo dei miei pensieri e dei miei sentimenti."

LUOGO DI CONTROLLO ESTERNO

"La mia vita è manovrata dal caso."

"Sono in balia delle altre persone."

USCIRE DAL CIRCOLO VIZIOSO

GESTIRE L'INCERTEZZA

Spesso il problema più stressante è quello che ancora non c'è: se non sai a cosa vai incontro è difficile pianificare una strategia di coping. Ma la preoccupazione non serve e va saputa gestire.

Se la prospettiva di un possibile problema aumenta il tuo stress, significa che tendi a preoccuparti. La preoccupazione è stressante (spesso ci si preoccupa di preoccuparsi troppo), per cui è bene imparare alcune tecniche per contenerla.

Metti un limite

Negli anni '80 lo psicologo Thomas Borkovec ha sviluppato una terapia per gestire la preoccupazione. Si basa sull'associazione tra i luoghi in cui ci preoccupiamo e la preoccupazione stessa: ogni volta che torniamo in quei luoghi ricominciamo a preoccuparci in automatico. Ecco le quattro regole per interrompere il circolo:

1 Identifica i pensieri e i sentimenti che ti preoccupano.

2 Individua un momento e un luogo per pensare alle cose che ti preoccupano.

3 Se ti capita di preoccuparti, fermati, rimanda quei pensieri e concentrati su ciò che stavi facendo.

4 Usa i momenti in cui ti preoccupi per cercare una soluzione ai problemi.

Queste regole possono ridurre lo stress. In uno studio olandese del 2011 i soggetti che applicavano la prima erano molto più calmi, e la preoccupazione diminuiva molto applicandole tutte.

È TUTTO UN CIRCOLO

La preoccupazione ossessiva, definita dello psicologo William Doverspike, è una spirale negativa che si alimenta dello stress che produce, fino a degenerare in uno stato di trance:

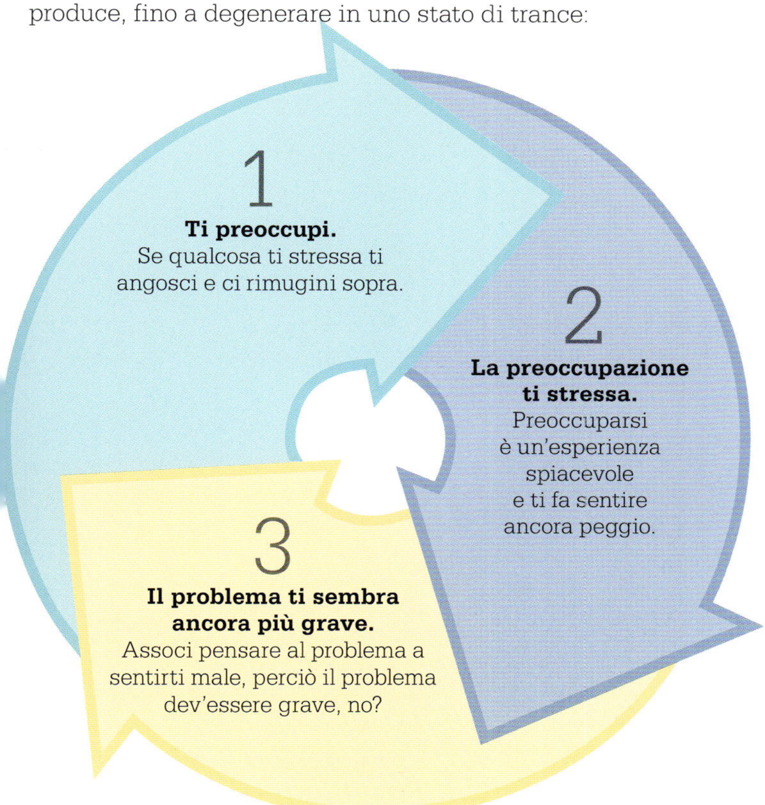

Uscire dalla spirale richiede una certa energia mentale: prova una di queste tecniche per sostituire lo stress con una reazione più positiva.

- **Cambia aria:** per esempio esci a fare un giro e guardati intorno.
- **Crea uno stato emotivo diverso:** ascolta musica rilassante o guarda un bel film.
- **Dedicati a un hobby:** trova un'attività soddisfacente che associ al divertimento e al relax (pp. 150-151).
- **Fai qualcosa di impegnativo** e interessante che assorba tutta la tua attenzione e crei un "flusso" (pp. 174-175).
- **Fai esercizi di rilassamento** con la respirazione (p. 129), il rilassamento muscolare progressivo (p. 131) o la meditazione (p. 133).

ACCOGLIERE L'INCERTEZZA

Molti psicologi raccomandano di compilare una scheda per capire come reagisci di fronte all'ignoto e diminuire lo stress associato:

1. In che modo il bisogno di certezze mi ha aiutato o ostacolato?
2. Se mi ha ostacolato, come tendo a reagire?
3. Se non so cosa sta per succedere, mi immagino il peggio?
4. Quanto è probabile che il peggio si avveri?
5. Se c'è una possibilità anche minima, me la faccio bastare?
6. Ci sono incertezze che posso tollerare?
7. Come reagiscono i miei amici e familiari agli imprevisti?
8. Posso imparare qualcosa da loro?
9. Posso applicare il coping anche ad altri ambiti?

> Non vale la pena di preoccuparsi... Molto di ciò che ci preoccupa **non si realizzerà mai**.
>
> **Seth Gillihan**
> professore di psicologia americano

"L'arma più efficace contro lo stress è la nostra **capacità di privilegiare** un pensiero a discapito di un altro."

William James

Filosofo e medico

PENSARE SENZA STRESS

IL POTERE DELLA TCC

Tutti viviamo situazioni stressanti, ma ti capita mai di convincerti che le cose siano peggio di come sono? La terapia nota come TCC potrebbe aiutarti a rimettere tutto nella giusta prospettiva.

La TCC (Terapia Cognitivo-Comportamentale) è una terapia verbale molto raccomandata. Un'indagine del 2012 ha esaminato centinaia di studi su pazienti con disordini dell'umore e altre malattie mentali, rilevando che la TCC è molto efficace soprattutto come tecnica per diminuire i livelli di stress. Se hai pensieri angoscianti, puoi sviluppare la capacità di coglierli prima che ti rendano infelice. "Coglilo, controllalo, cambialo" sono le tre C della TCC.

> Le nostre **emozioni iniziano** con l'interpretazione dei fatti.
>
> **Dr Frank Ghinassi**
> professore associato di Psichiatria, Pittsburgh University

Cogli i pensieri negativi. Nella tabella di fronte trovi le 10 più comuni "distorsioni cognitive", schemi di pensiero che fanno apparire le cose peggiori di come sono. Se ti capita spesso, segui questi suggerimenti:

1 **Riconosci il pensiero che ti affligge,** per esempio: "ho accettato troppi lavori, non consegnerò in tempo e farò una figuraccia con tutti".

2 **Chiediti quanto credi in quel pensiero** in percentuale, per esempio l'85%.

3 **Chiediti se è una distorsione cognitiva.**

4 **Valuta interpretazioni alternative**: "Ho già lavorato in tempi stretti" o "questo cliente potrebbe essere flessibile". Prendile in considerazione anche se non ne sei certo.

5 **Considera i fatti nel modo più rassicurante**
La tua previsione negativa si basa su fatti reali? Ci sono elementi più incoraggianti?

6 **Chiediti di nuovo quanto credi in questo pensiero negativo.** Se sei calato dall'85 al 45% è già un miglioramento.

Più spesso lavorerai sulle distorsioni cognitive e più sarà facile.
Alla fine diventerà un processo automatico e non ti costerà fatica.

TROUBLE-SHOOTING COGNITIVO

È facile stressarsi quando pensiamo al peggio. La psicologia riconosce 10 diversi tipi di pensieri distorti, ma è una tendenza che possiamo controllare con il re-framing cognitivo.

Distorsione cognitiva	Come funziona	Esempio	Re-framing con una spiegazione alternativa	Controprova a supporto del re-framing
Tutto o niente	Se non sei perfetto, non hai speranze.	"Ho sbagliato l'esame, sono un idiota."	"Tutti l'hanno trovato difficile."	"Anche Gina e Leo sono stati bocciati, eppure sono bravi."
Generalizzazione eccessiva	Se succede una volta, sarà così per sempre.	"Tom non ha richiamato. Sono un pessimo amico."	"Tom non è bravo a mantenere i contatti."	"Ho altri amici con cui sono in contatto."
Filtro mentale	Concentrarsi su un dettaglio negativo escludendo il contesto.	"L'allenatore dice che ho un bel gioco ma poco fiato. Mollo tutto."	"Non mi direbbe in cosa migliorare, se non credesse in me."	"È importante avere un bel gioco. Sul fiato posso lavorarci."
Squalificazione del positivo	Eliminare le buone notizie e i feedback positivi.	"Il capo mi ha lodato. Vuole solo incoraggiare la squadra."	"Forse lo pensava davvero."	"È una persona sincera, perché dovrebbe mentire?"
Saltare alle conclusioni	Lettura del pensiero e profezie: predire disastri.	"Non ha richiamato dopo l'appuntamento. Non mi vuole."	"È passato solo un giorno, magari ha avuto da fare."	"Ha detto di essere stato benissimo con me. Sono attraente."
Esagerare/ minimizzare	Le cattive notizie sono un disastro, le buone contano poco.	"Dice che devo rivedere la relazione. Vuole licenziarmi."	"È solo un commento. Se lo accetto darò una buona impressione."	"Non hanno mai licenziato per una cosa così."
Ragionamento emotivo	Sovrapporre le emozioni con i fatti.	"Mi sento un fallito, perciò lo sono."	"Forse oggi sono solo stanco e scoraggiato."	"Ho avuto molti successi in vita mia."
Le frasi con "dovrei"	Le regole autoimposte.	"Non dovrei piangere la morte del mio cane. È patetico."	"Amavo quel cane e amare va sempre bene."	"L'amore non fa di me una persona debole, ma di cuore."
Giudizi e pregiudizi	Pensare che un'azione definisca una persona.	"Ho rivelato il segreto di un amico. Sono un pessimo amico."	"Mi è scappato, cercherò di rimediare."	"È stato un errore, rimango comunque una persona affidabile."
Personalizzazione	Incolparsi se le cose vanno male.	"Mio figlio è scontroso. Sono un cattivo genitore."	"L'adolescenza è un periodo complicato."	"Vado a tutte le sue partite, lo sa che ci tengo."

STRESSATO, MA QUANTO?

TRA MALESSERE E RABBIA

Un po' di stress nella vita è inevitabile e sotto un certo livello si gestisce bene. Tieni sotto controllo il tuo benessere psicologico per riconoscere il momento in cui ti serve aiuto.

La maggior parte dello stress è quello che gli psichiatri definiscono "subclinico": ha un impatto sulla tua vita ma non provoca malattie diagnosticabili. Ma più sono alti e prolungati i livelli di stress, più minano il benessere fisico e mentale. Conoscere il tuo livello di stress è importante per sapere come gestirlo.

- **Lo stress acuto** è temporaneo, ad esempio un discorso in pubblico. In piccole dosi può essere eccitante e persino utile, e crea pochi danni anche quando è intenso e traumatico (pp. 204-207). Gli effetti negativi includono stato d'ansia e sintomi fisici quali mal di testa e di stomaco, ma di solito a livelli gestibili.
- **Lo stress acuto episodico** si verifica quando lo stress acuto si ripete con regolarità, per esempio ti sovraccarichi di lavoro. Praticare l'assertività (pp. 92-95), dare le giuste priorità (pp. 146-147) e la mindfulness (pp. 132-135) possono aiutarti a ridurne l'impatto.
- **Lo stress cronico** è a livelli alti e a lungo termine, per esempio un capo che ti sovraccarica e ti critica. Ti deprime e ti esaurisce, aumentando la tua vulnerabilità a malattie fisiche e mentali. Potresti aver bisogno di un terapeuta (pp. 208-209) per migliorare le capacità di coping.

QUALITÀ DI VITA

Se pensi di essere più stressato di quanto dovresti, prendi la cosa sul serio. Fatti queste cinque domande:

CHIEDITI:

Ho difficoltà a rilassarmi nel tempo libero?

Il mio livello di stress condiziona il mio umore?

La mia concentrazione ne risente?

Sto prendendo delle abitudini malsane?

Inizio ad avere difficoltà a gestire le mie emozioni?

SE HAI RISPOSTO "SÌ" ad alcune o tutte le domande, significa che lo stress incide sul tuo benessere. I capitoli che seguono ti aiutano a identificare gli ambiti in cui può esserti utile qualche tecnica antistress.

Quanto è grave?

Una prima avvisaglia di stress cronico (che rende forse necessario consultare il medico per capire se la tua salute mentale è a rischio) è la "compromissione cognitiva". Quando lo stress impedisce il normale funzionamento del pensiero (vedi a destra), sta interferendo con le tue capacità di multitasking e problem solving, creando altro stress.

Lo stress acuto sporadico, se non è eccessivo, non fa male. Ma se diventa una costante nella tua vita potresti aver bisogno di tecniche antistress. In ogni situazione, è fondamentale che ti prenda cura di te e mantenga i livelli di stress sotto la soglia della tollerabilità, come vedremo nei prossimi capitoli.

SULL'ORLO DELL'ESAURIMENTO?

"L'ormone dello stress" in dosi moderate è molto importante, ma nei casi di stress cronico un livello di cortisolo elevato può portare a:

- Un sistema immunitario depresso che ci espone al rischio di infezioni
- L'aumento di appetito e di produzione di glucosio, con aumento di peso, di glucosio nel sangue e altri problemi di salute
- L'aumento della pressione sanguigna che espone al rischio di malattie cardiache e ictus.

Alti livelli costanti di cortisolo danneggiano le cellule cerebrali della memoria e della concentrazione. Contenere il livello di stress è fondamentale per il benessere fisico e mentale.

SEI LUCIDO?

Uno studio inglese del 2015 identifica una serie di test per capire se c'è un problema. Se sei preoccupato, metti alla prova le tue performance:

- **Ragionamento.** Riesci a risolvere problemi verbali e numerici come al tuo solito?
- **Tempi di reazione.** Il tuo tempo di reazione sta rallentando?
- **Memoria numerica.** Riesci a memorizzare un numero telefonico per il tempo necessario a comporlo?
- **Abilità visuospaziale.** Hai sei coppie di carte girate. Scoprendone due alla volta, quanto tempo impieghi ad accoppiarle tutte?
- **Memoria prospettica.** Se ricevi un'istruzione e sei costretto a rimandarla, riesci a ricordare cosa devi fare?

Ciascuno ha il suo livello di abilità per cui non ti preoccupare se fai qualche errore. Ma se ti accorgi che le tue competenze stanno diminuendo troppo in fretta per la tua età, potresti dover contattare il medico.

CAPITOLO 2

UN COMPAGNO FEDELE

STRATEGIE PER GESTIRE LO STRESS A LUNGO TERMINE

LO STRESS OGGI

PIÙ STRESSATI CHE MAI?

La vita moderna è un'arma a doppio taglio: i ritmi a cui viviamo sono difficili da sostenere, nonostante la tecnologia. Iniziamo a comprenderne i principali fattori di stress.

Tra il lavoro, la produttività, la comunicazione e il multitasking del mondo moderno, abbiamo l'impressione di non rilassarci mai. Che effetto ha la cultura contemporanea sul nostro stress?

> Molte persone hanno difficoltà a **ritagliarsi il tempo** per le loro esigenze quotidiane.
>
> **Katherine Nordal**
> American Psychological Association

Ricchi e poveri

Non sorprende che la povertà tenda a creare stress: uno studio del 2006 pubblicato su Psychosomatic Medicine, per esempio, ha rilevato che a un basso status socioeconomico corrisponde un alto livello di ormoni dello stress.

Ma anche il benessere genera stress, per quanto riguarda la gestione del tempo.

Uno studio condotto dagli psicologi Robert Levine e Ara Norenzayan su 31 nazioni ha dimostrato che i paesi più ricchi e industrializzati hanno un ritmo di vita più frenetico, per cui gli abitanti sono mediamente più ricchi, ma anche afflitti da un costante senso di urgenza e da un maggior rischio di malattie cardiovascolari. I ritmi frenetici della produttività creano ricchezza, ma inducono anche la sensazione di non avere tempo, di non potersi rilassare e divertire.

Standard di vita

Nel 2008 uno studio americano sulla qualità della vita ha fatto una scoperta interessante: gli abitanti di paesi o comunità in via di sviluppo lamentavano insoddisfazione personale, malumore e sentimenti angoscianti, ma quelli dei paesi più ricchi si consideravano più stressati. Perché?

Secondo i ricercatori le maggiori opportunità economiche dei paesi ricchi portavano a una "routine edonistica", cioè alla costante ricerca del piacere (dal greco antico *hedoné*, "piacere").

Più beni di consumo circolano e gli standard economici sono alti, e più le persone lavorano per esserne all'altezza, con tutto lo stress

LA VITA MODERNA SODDISFA I NOSTRI BISOGNI?

Nel 2000 il sociologo sudafricano Ruut Veenhoven ha pubblicato sul Journal of Happiness Studies un efficace modello di valutazione della qualità di vita. Secondo Veenhoven abbiamo bisogno di quattro fattori per sentire di poter gestire gli stress della vita:

UN AMBIENTE VIVIBILE
Un ecosistema non inquinato, libertà politica, economia funzionante, opportunità culturali.

UNA VITA UTILE
La possibilità di vivere secondo qualità morali come la compassione.

ABILITÀ PERSONALI
Salute fisica e mentale, capacità, conoscenze e comprensione.

APPREZZAMENTO PER LA VITA
Emozioni e atteggiamenti positivi.

Non possiamo controllare l'ambiente in cui viviamo, ma possiamo ridurre lo stress lavorando sulle nostre capacità, attività e atteggiamenti.

che ne consegue. Se ti sembra un problema familiare, segui questi semplici consigli:

- ✔ **Modera** l'utilizzo dei social media: sono utili, ma se ne abusi diventano una fonte di stress (pp. 60-63).
- ✔ **Ottimizza le spese.** Chiediti se è un acquisto necessario, non da "routine edonistica": se lo è, puoi risparmiare (pp. 88-89).
- ✔ **Cerca occasioni** per vivere con un senso, oltre che con piacere (pp. 44-45).
- ✔ **Ritaglia del tempo** per i piaceri semplici della vita, non andrai in bancarotta per una passeggiata (pp. 98-99, 154-155).
- ✔ **Apprezza** le cose che hai (pp. 108-109).
- ✔ **Riconosci** il sovraccarico per agire prima che sia tardi (pp. 84-85).

La vita moderna offre molte opportunità, ma in un mondo sempre più frenetico può essere difficile sentirsi sereni e competenti. In questo capitolo vedremo i fattori di stress moderni e offriremo spunti semplici, ma efficaci per ridurre lo stress e godere di qualche svago significativo ed economico.

PROBLEMI QUOTIDIANI

Il rapporto 2017 sullo stress dell'American Psychology Association ha elencato i fattori di stress più comuni:

61%

Le finanze di famiglia sono un grosso fattore di stress per il 61% degli intervistati.

58%

Lo stress da lavoro è un problema per oltre una persona su due.

50%

L'economia è fonte di stress per la metà degli intervistati.

80%

8 persone su 10 hanno avuto **sintomi fisici o emozionali da stress** nel mese precedente l'intervista: entrambi possono impattare **la salute**.

Se la vita moderna ti stressa, non sei debole: fai parte della maggioranza.

STRESS DA TECNOLOGIA

CAVARSELA NELL'ERA DIGITALE

Siamo nell'epoca di internet e l'essere umano non è mai stato così interconnesso. L'utilizzo delle tecnologie della comunicazione h24 in ogni ambito richiede nuovi metodi di gestione dello stress.

Che tu sia un retrogrado o un nerd, la tecnologia delle comunicazioni permea la tua vita e può essere fonte di stress. Come riuscire a cavarsela?

Riduci il multitasking

Il multitasking è un fattore di stress e i social media aumentano le probabilità di subirlo. Uno studio del 2009 della Stanford University ha rilevato che chi usa vari social media mentre svolge un altro compito ottiene punteggi ridotti ai test su memoria e concentrazione e ha difficoltà a filtrare le informazioni irrilevanti. Ignorare le distrazioni digitali è fonte di grande stress e fa perdere la concentrazione.

I social media distraggono. Uno studio americano del 2010 ha installato degli spyware nei PC di alcuni studenti: nonostante sapessero di essere controllati durante il compito, hanno usato software non inerenti allo studio, tipo i social media, per il 42% del tempo.

> Il problema è **essere sempre connesso** a tutto. **Non riesci a staccare.**
>
> **Richard Balding**
> psicologo del lavoro, sullo stress da tecnologia

Sono distrazioni che interferiscono con la produttività e la capacità di portare a termine un compito.

Fai una pausa
Ridurre l'uso della tecnologia e lo stress da multitasking è possibile (pp. 64-65). Se per te passare da un social all'altro è diventata un'abitudine malsana, puoi trarre benefici da un piano a lungo termine per smettere.

Nell'immediato, lo psicologo ed esperto di tecnologie Larry Rosen consiglia delle "pause tecnologiche", cioè di spegnere i dispositivi mentre lavori e concederti delle finestre di tempo limitate per guardare i social media. Riducendo la distrazione risulterai più efficiente a lavoro.

Attaccato allo smartphone? Uno studio americano del 2014 ha dimostrato che chi usa lo smartphone la sera tardi dorme peggio ed è più stressato dal lavoro il giorno seguente. Le possibili cause sono due:

- La luce abbagliante dello schermo inibisce la produzione di melatonina, l'ormone che facilita il sonno.
- La natura invasiva e sempre attiva dei telefoni rende difficile distinguere tra il lavoro e il riposo.

Uno studio olandese del 2014 ha scoperto che per i soggetti che usano spesso lo smartphone è più difficile staccare dal lavoro, aumentando il rischio di esaurimento nervoso. Lo studio ha però individuato un'eccezione: chi è abituato all'interrelazione tra lavoro e vita privata è meno stressato se può controllare il telefono: lo rassicura il fatto di non perdersi niente di essenziale. Insomma, l'uso ottimale dello smartphone ci fa sentire »

CAOS TECNOLOGICO

Il caos digitale può rendere l'uso del computer inutilmente stressante. Ecco i consigli degli esperti:

- **Mantieni il desktop** pulito e ordinato, evita l'eccesso di icone.
- **Cancellati** da newsletter e blog che non ti interessano.
- **Elimina** gli account che usi poco.
- **Organizza i segnalibri** per semplificare la navigazione.
- **Salva i documenti con criterio** e cancella quelli che non servono.
- **Scegli come pagina** un motore di ricerca senza pubblicità e gossip.
- **Non seguire** troppi "amici" virtuali. Limita le amicizie sui social alle persone a cui tieni davvero.

VENTIQUATTR'ORE

1 ora

Stando a uno studio americano del 2013, **2 ore di esposizione alla luce** di uno schermo bastano a sopprimere la melatonina, l'ormone del sonno, del **23%**. I risultati suggeriscono di non esporsi a uno schermo oltre **un'ora** prima di dormire.

2 minuti

Una ricerca citata dal *New York Times* nel 2010 ha rilevato che un utente medio visita **40 siti web** al giorno e guarda **37 applicazioni** l'ora, cioè cambia attività **ogni 2 minuti**.

QUANTO TI STRESSA?

Il rapporto 2017 sullo stress dell'American Psychology Association afferma che l'86% degli intervistati controlla mail, messaggi e social media "costantemente" o "spesso". Chi li controlla "costantemente" denuncia un livello di stress di 5,3 su 10, chi li controlla meno spesso di 4,4 su 10.

connessi, ma non invasi. Lo stesso vale per tutti i dispositivi: la cosa importante è tracciare dei confini, come vedremo.

Serve una pausa offline?
Stare sempre connessi può non essere positivo. Nel 2012 la British Psychological Society ha rilevato il fenomeno delle "vibrazioni fantasma": i soggetti erano talmente stressati dalle interazioni social da sentire vibrare il telefono anche se non avevano ricevuto messaggi. Il ricercatore, Richard Balding, ha notato che lo smartphone potrebbe ridurre lo stress aiutandoci a gestire i flussi di lavoro, ma che la pressione di dover essere sempre in contatto con famiglia e amici in realtà può aumentarlo.

Le notizie minuto per minuto possono essere particolarmente problematiche: uno studio americano del 2013 ha dimostrato che le persone esposte ai notiziari dopo l'attentato alla Maratona di Boston avevano un livello di stress maggiore di chi lo aveva vissuto in prima persona.

Come suggerito nel 2016 dall'American Psychological Association, è meglio leggere

CONSIGLI PER LE FAMIGLIE

I genitori si preoccupano che un uso eccessivo della tecnologia limiti lo sviluppo sociale dei figli. Uno studio inglese del 2011 ha fatto una scoperta incoraggiante e consiglia una "Dieta Comunicativa Bilanciata":

1

Tieni traccia dell'uso che fai della tecnologia per conoscere le tue abitudini.

2

Pensa alla collocazione della tecnologia in casa. Computer nelle zone comuni invitano all'utilizzo perché non richiedono la separazione dagli altri.

3

Trovate regole condivise tra genitori e figli sugli orari online e quelli offline.

4

Date il buon esempio: se state tutto il tempo sul telefono, non potete aspettarvi che i vostri figli facciano diversamente.

5

Trovate il giusto equilibrio: ogni famiglia ha la propria zona di comfort.

FIGLI ATTACCATI ALLO SCHERMO?

Qualche risultato incoraggiante dallo studio inglese del 2011:

IL 65%

di adulti e bambini preferisce il **contatto diretto**.

IL 43%

dei ragazzi tra 10 e 18 anni sono disposti a fare qualcosa **per limitare l'uso dei social** a fronte del 36% degli adulti.

quanto basta per tenersi aggiornati: seguire i notiziari può fare peggio che meglio, la priorità va data alla propria salute e stabilità emotiva.

La posta in gioco

Il rapporto 2017 sullo stress dell'American Psychology Association afferma che la relazione con i social media cambia da generazione a generazione. Più si è giovani, più ci definiamo attraverso i social e ci sentiamo stressati dalle esperienze negative sugli stessi, come negli esempi descritti a destra. Più si è anziani, meno ci si preoccupa dell'impatto dei social sul nostro benessere. Se la vita online ti stressa, prova a integrarla con degli elementi significati nella vita offline (pp. 44-45).

Secondo uno studio del 2011 della Cambridge University, una persona su tre si sente sopraffatta dalla tecnologia. Che tu sia giovane o vecchio, la tecnologia è un'arma a doppio taglio per quanto riguarda lo stress, ma equilibrio e moderazione sono l'approccio migliore.

> Fai della tecnologia **la tua schiava**, non la tua padrona.
>
> **Debra Nelson**
> professoressa americana, sullo stress da lavoro

COME TI PERMETTI!

Se ti piace socializzare su internet, conoscerai lo stress di essere attaccato da gente sgradevole. Anche tu a volte sarai stato più aggressivo di quanto non voglia ammettere. In un suo famoso studio del 2004, lo psicologo John Suler cita il fenomeno tra i sei fattori "dell'effetto disinibizione online":

1 **Anonimato dissociativo.** "Ciò che faccio online non è riconducibile alla mia persona."

2 **Invisibilità.** "Nessuno può vedermi o giudicarmi."

3 **Asincronia.** "Non accade nel tempo reale, quindi non devo preoccuparmi del suo impatto."

4 **Introiezione solipsistica.** "Non vedo queste persone, per cui posso immaginarle come voglio."

5 **Immaginazione dissociativa.** "Non è il mondo reale, per cui non sto facendo male a persone reali."

6 **Minimizzazione dell'autorità.** "Nessuno può fermarmi."

In alcuni casi l'aggressività online è frutto di genuina ostilità, ma ricorda che se uno sconosciuto ti attacca, non sta parlando davvero con te. Se ti senti stressato da un'offesa, ricorda che rispondendo non fai che aumentare l'aggressività e che i commenti parlano dei loro autori più di quanto non possa fare tu.

OCCHIO ALLE AGGRESSIONI ONLINE

Essere "trollati" è molto stressante. Un esperimento americano del 2012 ha rilevato i due fattori che influenzano l'aggressività online:

1 **L'anonimato** spinge all'aggressività.

2 **I soggetti esposti a commenti aggressivi** di altri reagiscono più aggressivamente di quelli esposti a commenti positivi.

Se cerchi un sito tranquillo per chattare, controlla la sua trasparenza circa l'identità degli utenti e un campione di post precedenti: due fattori che indicano un ambiente non stressante.

DETOX DIGITALE

Nel rapporto 2017 sullo stress dell'American Psychology Association,

65% **il 65%** ha confermato che una **disintossicazione digitale** favorirebbe la sua **salute mentale**

28% ...ma solo **il 28%** si era adoperato per farla.

È dimostrato che staccare la spina ogni tanto abbassa il livello di stress: se pensi di averne bisogno vale la pena sforzarsi.

FARE IL GIOCOLIERE

STRESS E MULTITASKING

Quando hai troppe cose da fare, sei tentato di affrontare tutto insieme. Ma la scienza conferma che questo atteggiamento rischia di aumentare lo stress e farti sentire meno efficiente: meglio affrontare una cosa alla volta.

Saper svolgere più compiti insieme può sembrare un vantaggio, ma in realtà il cervello umano non è in grado di concentrarsi su tante cose allo stesso tempo: affrontando una cosa alla volta gestisci meglio i fattori di stress.

I rischi del giocoliere

Tentare di risolvere troppi problemi insieme è di per sé stressante e induce una serie di effetti chimici negativi nel cervello, come sottolinea il neuroscienziato Daniel Levitin:

- Aumenta la produzione del cortisolo (pp. 20-21).
- Il cervello consuma più rapidamente le riserve di glucosio, portando a spossatezza e disorientamento.
- Crea un loop simile alla dipendenza. Le informazioni nuove stimolano la produzione di dopamina, il neurotrasmettitore della ricompensa, che ci stimola a cercare sempre più novità, diminuendo la capacità di concentrazione.

{ In circostanze normali, il cervello **non è in grado di svolgere due funzioni complesse** alla volta. }

David Meyer
professore americano di Psicologia

Se si è preoccupati di dover fare tutto subito, può essere difficile concentrarsi su una cosa alla volta, ma a livello biologico il multitasking aumenta stress e confusione e riduce l'efficienza.

Lascia andare qualcosa

Analizzando i cervelli di alcuni soggetti intenti a classificare degli stimoli, il neuroscienziato Earl Miller ha dimostrato che è fisicamente impossibile concentrarsi su più di una o due cose alla volta.

Nel multitasking spostiamo la nostra attenzione da un compito a un altro, cosa che, secondo lo psichiatra Edward Hallowell, "riduce la qualità del lavoro, perché viene ignorato per alcuni millisecondi alla volta". Questo fa sì che il multitasking ci rallenti:

- Secondo uno studio italiano del 2010 i soggetti che svolgono più cose insieme sono meno produttivi e fanno più errori.
- Uno studio inglese del 2005 ha dimostrato che il multitasking riduce temporaneamente il QI dei soggetti di 15 punti, mentre lo stress percepito aumenta dal 40 al 100%.
- Uno studio americano del 2006 rivela che durante il multitasking abbiamo difficoltà a usare le informazioni che assorbiamo: i soggetti che dovevano imparare qualcosa mentre seguivano le note su uno spartito avevano difficoltà ad applicare le nuove conoscenze a contesti diversi.

Stando alla scienza, quando hai molto da fare, occuparti di una cosa alla volta aiuta a finire prima. Il multitasking funziona se uniamo un compito mentale a uno fisico, perché si usano parti diverse del cervello (vedi in basso a destra). Per esempio sarà difficile scrivere un'email e parlare al telefono, ma se pieghi la biancheria e parli al telefono, il tuo cervello non subisce stress.

"Multitasking" positivo

Se hai difficoltà a concentrarti, giocherellare con qualcosa è un tipo di multitasking positivo. Oggi, molti compiti risultano stressanti anche perché ci obbligano a stare immobili, mentre ricerche recenti mostrano che il movimento ha un ruolo importante nel processo del pensiero. Uno studio inglese uscito su *The Lancet* sostiene che scarabocchiare aiuta la concentrazione e allevia lo stress perché attiva le reti neurali che favoriscono le attività cognitive.

Uno studio americano del 2013 riporta che gli oggetti con cui giochiamo meccanicamente, tipo graffette o palline antistress, aiutano il cervello a regolare gli effetti dello stress come la noia e l'indecisione. In breve: usare il multitasking per troppi compiti stressanti aumenta lo stress. Ma se scarabocchi o giocherelli per aumentare la concentrazione o unisci lavori di intelletto ad altri manuali, stai già facendo tutto il multitasking possibile.

29%

Parlando di multitasking rilassante, uno studio inglese del 2009 rivela che nel test sulla memoria i soggetti che **scarabocchiano** ottengono un punteggio **più alto del 29%.**

40%

Uno studio americano pubblicato nel 2001 sul *Journal of Experimental Psychology* dice che con il multitasking si è **più lenti del 40%** nel risolvere i problemi.

IL CERVELLO MULTITASKING

La corteccia cerebrale gestisce il pensiero complesso (organizzazione, pianificazione, autocontrollo) mentre i compiti quotidiani svolti "in automatico" (legarsi i capelli) sono gestiti dal cervelletto. Fai un favore al tuo cervello e lascia che ogni parte si dedichi a un solo compito alla volta.

“**Per fare grandi cose**

servono due cose:

un piano e

troppo poco tempo

per realizzarlo.”

Leonard Bernstein

compositore

e direttore d’orchestra

SPECCHIO, SPECCHIO

QUESTIONI DI CORPO

In una cultura mediatica che idealizza standard di bellezza quasi irraggiungibili, non sorprende che molti si sentano stressati solo guardandosi allo specchio. Ma come star bene nella propria pelle?

È difficile sentirsi attraenti in un mondo saturato da "perfetti" con i quali competere. Ma disprezzare il proprio aspetto non fa bene: uno studio australiano del 2009 ha rilevato che una bassa considerazione del proprio aspetto è causa di depressione negli adolescenti. Prima di buttarsi in diete o allenamenti forsennati, bisognerebbe iniziare dal migliorare l'immagine di sé.

Esposizione ai media

I media influenzano la percezione di noi stessi? Sembra di sì. Uno studio di Harvard del 1998 ha seguito delle ragazze delle Fiji con accesso alla TV da poco. Nonostante la loro cultura apprezzi le corporature robuste, nel giro di tre anni il 74% delle ragazze si giudicava sovrappeso. L'ansia per il proprio corpo può iniziare presto in culture sature di immagini: l'Associazione americana per i disturbi alimentari sostiene che a 10 anni l'80% dei bambini teme l'obesità.

Nonostante il peso medio stia aumentando, le modelle

CERCANDO LA PERFEZIONE

17 milioni

Quanto è reale l'ansia di apparire "perfetti"? L'associazione americana di chirurgia plastica ha registrato oltre **17 milioni di interventi** negli USA nel 2016.

professioniste sono sempre più magre. Il sito per la riabilitazione da dipendenze e disturbi alimentari *rehabs.com* riporta che le modelle pesano l'8% in meno della donna media del 1975 e il 25% in meno di quella del 2014.

Con l'aumento dell'interesse dei media per i corpi maschili, anche gli uomini sviluppano questa forma di stress. Uno studio inglese del 2012 ha rilevato che quattro su cinque parlano con ansia del proprio aspetto e molti danno la colpa proprio ai media. Uno studio americano del 2004 ha scoperto che l'esposizione a immagini maschili idealizzate fa sentire gli uomini arrabbiati e depressi.

Accettazione razionale

È difficile evitare del tutto le immagini dei media, ma ti sentirai meno stressato se ti ricordi che non sei obbligato ad assomigliare a modelli ritoccati. Uno studio americano pubblicato nel 2005 sulle immagini che avevano di sé soggetti maschili e femminili, ha scoperto che in caso di insicurezza legata all'aspetto si applicano tre diversi metodi di *coping*:

- **Modifica dell'aspetto.** Desideriamo migliorare l'aspetto, pianifichiamo un cambiamento o cerchiamo rassicurazione negli altri.
- **Negazione.** Evitiamo gli specchi e cerchiamo di non pensare al nostro aspetto.
- **Accettazione razionale positiva.** Ci rendiamo conto del nostro aspetto, ma sappiamo che non è la cosa più importante.

Di questi tre metodi, i primi due ti fanno sentire peggio, mentre l'accettazione razionale ti fa sentire più sicuro del tuo aspetto e di te stesso in generale. Per scoprire il metodo che tendi a usare, fai il test a destra.

Qualunque sia il nostro aspetto, dobbiamo sempre mangiare bene e fare attività: una dieta sana (pp. 158-161) e un'attività fisica moderata (pp. 152-157) fanno bene a corpo e testa. Per sentirsi bene con noi stessi, il primo passo è riconoscere che la perfezione fisica non è così importante e che il nostro valore non dipende dall'aspetto.

DISTURBI ALIMENTARI

Gravi problemi con l'immagine di sé possono portare a disturbi alimentari. Se il rapporto col tuo corpo e col cibo ti sembra fuori controllo, rivolgiti a un medico.

1 su 10

Uno studio del 2011 ha stimato che negli USA 10 milioni di uomini e 20 milioni di donne – quasi **il 10% della popolazione** – soffre di un disturbo alimentare nell'arco della vita.

SEI DAVVERO SICURO?

Di solito in che modo reagisci **se ti senti a disagio con il tuo corpo?**

A Penso a come renderlo più attraente.

B Evito di guardarmi allo specchio.

C Penso che forse ho un aspetto migliore di quanto credo.

A Faccio qualcosa per migliorarlo.

B Mangio per consolarmi.

C Penso alle mie qualità che non dipendono dall'aspetto.

A Cerco rassicurazione negli altri.

B Cerco di ignorare i miei sentimenti.

C Mi dico che non è poi un gran problema.

Risultati:
Le risposte A indicano un approccio di "modifica dell'aspetto".
Le risposte B indicano un approccio di "negazione".
Le risposte C indicano un approccio di "accettazione razionale positiva".

Stando allo studio del 2005 (vedi colonna a sinistra), l'accettazione razionale positiva è il modo più efficace per sentirsi meglio.

INNAMORATO PERSO?

STRESS E RELAZIONI

Nella tua vita c'è serenità e collaborazione o tristezza e conflitto? Vogliamo tutti una vita familiare felice e capire l'impatto dello stress sulla vita sentimentale ci aiuta a costruire una relazione più positiva.

La nostra vita sentimentale può avere due tipi di stress: quello creato dalla relazione in sé e quello dovuto a cause esterne che impatta sulla relazione. La chiave per una storia d'amore felice è gestirli entrambi in modo che tu e il tuo partner vi diate sicurezza a vicenda.

Attaccamento?

Uno dei concetti psicologici più influenti riguardo le relazioni è la "teoria dell'attaccamento". Formulata negli anni '40 dallo psicologo John Bowlby e sviluppata poi dalla sua allieva Mary Ainsworth, questa teoria individua quattro modelli:

- **I sicuri** sono a loro agio con l'intimità, che considerano naturale. Si aspettano che il partner abbia cura di loro e li tratti bene, e lo stesso fanno loro.
- **Gli ansiosi** desiderano l'intimità, ma non pensano di essere attraenti e sono sempre in cerca di segnali di rifiuto. Tuttavia un partner sicuro li rende più sereni, affezionati e leali.
- **Gli schivi/sprezzanti** sono "fobici dell'impegno", non si fidano degli altri e si sentono sicuri solo se indipendenti a livello emotivo. Temono l'abbandono, ma tendono ad affrontare questa paura nascondendo i sentimenti al partner, inviando segnali contrastanti.
- **Gli schivi/paurosi** (abbastanza rari) di solito

SE ANSIOSO E SCHIVO SI INCONTRANO

Collezioni delusioni d'amore? Forse hai un attaccamento da ansioso e scegli partner schivi. Il mix ansioso/schivo può portare ad alti e bassi intensi. Per questo gli ansiosi a volte associano lo stress da relazione con la passione, mentre considerano i partner sicuri, che potrebbero renderli felici, noiosi e poco attraenti. Se ti riconosci in questo schema, dovresti provare a uscire con un partner che non è il tuo solito "tipo".

hanno subito un trauma in passato e temono l'abbandono e l'intrappolamento, di conseguenza hanno relazioni molto complesse.

La scienza ha dimostrato che le relazioni più stressanti sono quelle tra ansiosi e schivi (vedi sopra). Le relazioni con partner sicuri sono le meno stressanti: rassicurano gli ansiosi e non si sentono minacciati dall'indipendenza degli schivi.

Affrontare lo stress insieme

Nessuna relazione è priva di stress. Uno studio americano del 2010 ha analizzato i livelli di cortisolo (pp. 20-21) di 30 coppie su tre giorni, scoprendo che le sensazioni positive dell'uno non avevano grandi effetti sull'altro, mentre lo stress era molto contagioso. Una serie di studi americani del 2009 ha rilevato che i partner con stress extra-relazionali hanno reazioni più negative nei confronti dei disagi del partner, a prescindere dal tipo di attaccamento. Anche le coppie con una buona comunicazione e capacità di risolvere i conflitti possono trovarsi in difficoltà quando sono sotto stress. In generale, tenere a bada il proprio livello di stress migliora la vita del partner, oltre che la nostra, come vedremo nella pagina seguente. »

LA TOP TWO

Nel 2015 lo studio di una banca americana ha evidenziato le due principali **cause di stress in una relazione:**

35%

delle coppie ha **conflitti inerenti i soldi**.

25%

delle coppie sono disturbate dalle **abitudini snervanti** del partner.

PENSA POSITIVO

Perché alcune coppie resistono allo stress e altre no? Una risposta efficace la dà il "Modello Adattativo di Vulnerabilità-Stress" sviluppato nel 1995 dagli psicologi Benjamin Karney e Thomas Bradbury e in uso ancora oggi. I due psicologi affermano che le relazioni durature richiedono a entrambi i partner "processi adattativi" efficaci (capacità relazionali) che aiutano a mediare l'effetto dello stress.

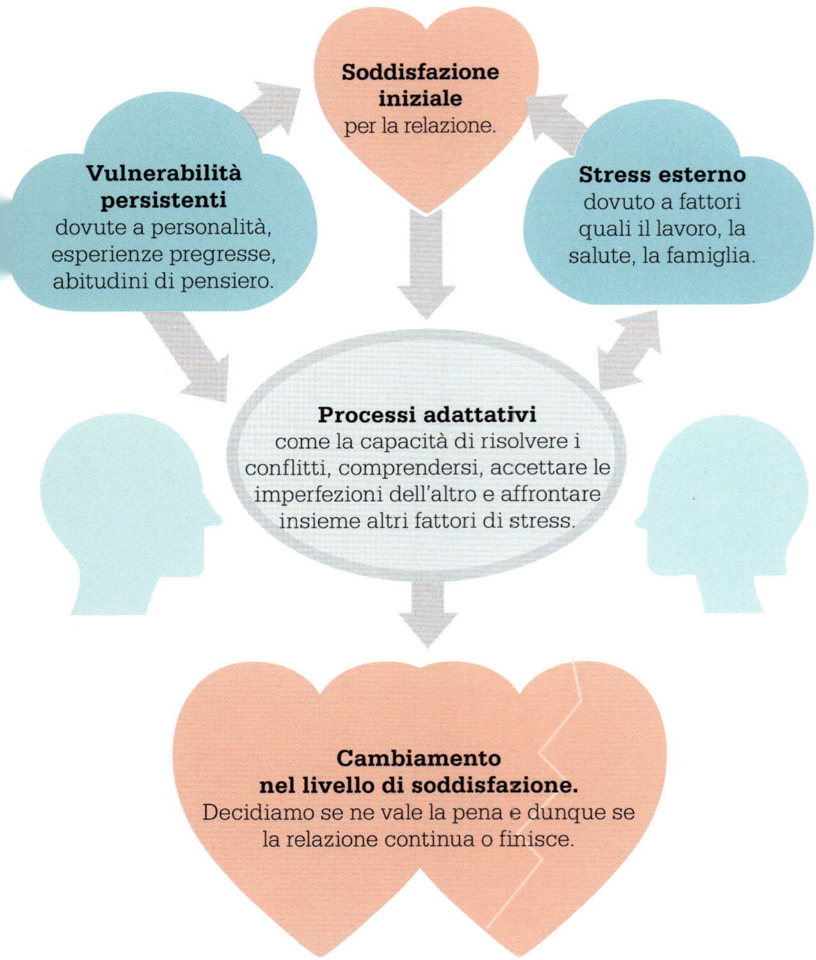

In ogni relazione dobbiamo ammettere che nessuno è perfetto e accettare le vulnerabilità e i limiti del partner. La potenza dei nostri processi adattativi – capacità relazionali – può fare la differenza tra affrontare insieme i periodi stressanti e lasciarsi.

Equilibrio di genere?

Uomini e donne gestiscono lo stress relazionale allo stesso modo? Due studi dimostrano di sì, nonostante i ruoli tradizionali vogliano la donna più emotiva.

Uno studio americano del 2006 sull'attaccamento chiedeva a delle coppie di riflettere sui propri problemi prima di misurare il loro livello di cortisolo. Le donne schive avevano livelli più alti, mentre gli uomini con partner sicure i più bassi. Gli uomini quindi tendono ad appoggiarsi alla partner per gestire i propri sentimenti: un ruolo che stressa le donne schive, non quelle sicure. Un altro studio del 2010 ha rilevato che l'uomo, avendo di solito più potere in famiglia, è quello che stabilisce il clima della relazione. Le donne tendevano a percepire lo stress del marito e avere il cortisolo alto pur se soddisfatte del matrimonio, ma solo gli uomini insoddisfatti del matrimonio percepivano lo stress della moglie.

Affrontare lo stress insieme

Per gli studiosi, il fatto che l'umore dell'uomo influenzi quello della donna e non viceversa è dovuto in parte all'aspettativa sociale per cui la donna deve aiutare l'uomo a gestire le emozioni. Gli uomini dovrebbero quindi cercare una partner sicura, ma allo stesso tempo lavorare sulla gestione dello stress, mentre le donne già stressate dall'intimità dovrebbero cercare un partner sereno. Nelle relazioni, la parità riduce lo stress a tutti.

Le coppie più felici

Come rafforzare una relazione e farla sopravvivere allo stress? Secondo lo psicologo John Gottman, tra i ricercatori più influenti in campo relazionale, esistono varie strategie:

- ✔ Conoscere intimamente gli obiettivi, le aspirazioni e i fattori di stress del partner.
- ✔ Coltivare l'affetto e l'ammirazione per il partner.
- ✔ Se il partner ti invia un segnale di richiesta di affetto, attenzione o gioco, tu assecondalo e non ignorarlo o liquidarlo.
- ✔ Trattevi con rispetto e lasciatevi influenzare l'uno dall'altro. Gottman nota che questa capacità è più spiccata nelle donne, mentre gli uomini hanno bisogno di coltivarla.
- ✔ Di fronte a problemi risolvibili, siate gentili, abbassate la tensione, siate pronti a calmarvi a vicenda e a scendere a compromessi.
- ✔ Rispetta i sogni del tuo partner, anche se non li condividi.
- ✔ Create obiettivi e significati comuni (pp. 44-45).

Gottman definisce "maestri" coloro in grado di gestire queste strategie, in opposizione ai "disastri". Non esiste il partner perfetto, soprattutto sotto stress, ma mantenendo la relazione sicura e complice, riceveremo amore anche nei momenti difficili.

I QUATTRO CAVALIERI

Lo psicologo ed esperto di relazioni John Gottman identifica "I Quattro Cavalieri dell'Apocalisse": quattro comportamenti che stressano a tal punto il partner da rischiare di far crollare la relazione sotto il suo peso. Cerca di evitare:

1 Critica
Le proteste gentili funzionano ("Vorrei che cercassi di essere più gentile con mia madre") ma criticare il partner come persona no.

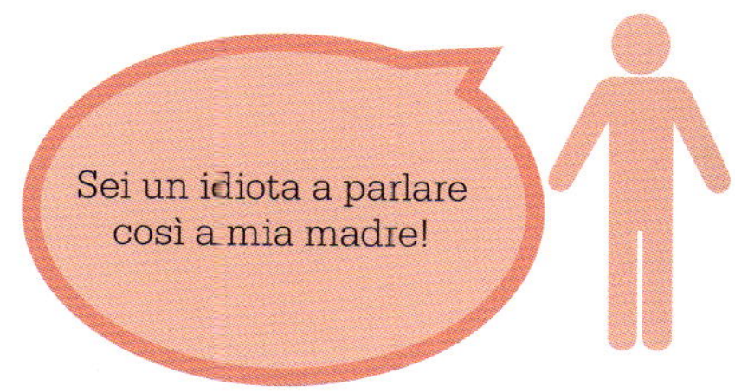

2 Disprezzo
Derisione, sarcasmo, insulti, occhi al cielo: sono atteggiamenti molto stressanti da subire.

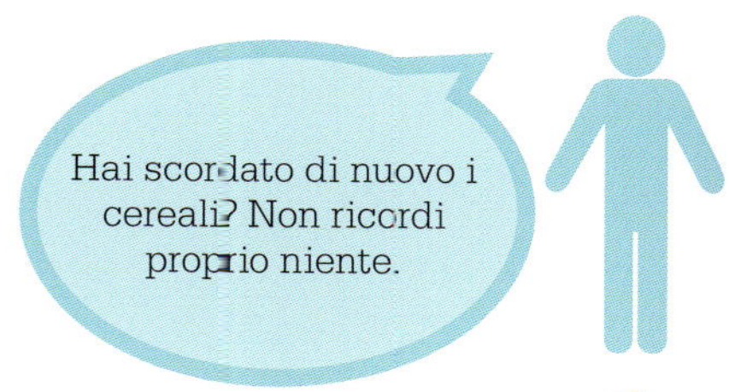

3 Difensiva
Quando il partner si lamenta, è deleterio comportarsi come se non prendessimo sul serio i suoi sentimenti.

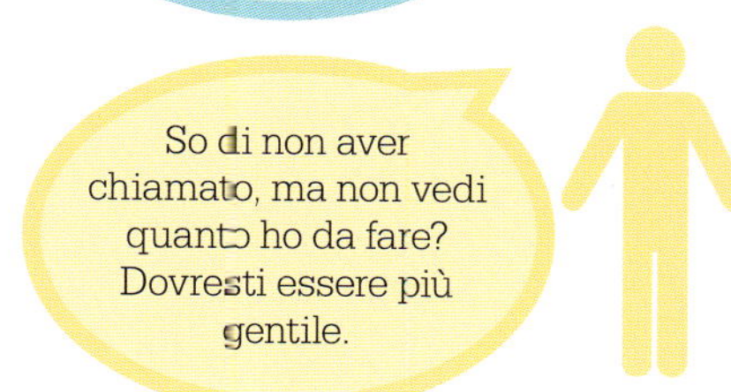

4 Ostruzionismo
Ignorare e non parlare con il partner fa passare il messaggio: "finché ce l'ho con te non esisti".

> I matrimoni felici si basano su un'**amicizia profonda**, cioè sul **rispetto** e il **godimento** della compagnia reciproca.
>
> **John Gottman**
> psicoterapeuta e professore americano

SCUSA, STASERA NON MI VA

SESSO E INTIMITÀ

Il buon sesso è rilassante, ma lo stress può farci sentire meno sexy. Ogni relazione lunga ha alti e bassi, ma se una fase senza sesso dura troppo potrebbe essere il caso di lavorare sul problema per risolverlo.

Purtroppo i nostri corpi non sono progettati per sentirsi stressati e sexy allo stesso tempo. Se ci sentiamo tesi o minacciati il nostro sistema nervoso simpatico attiva la reazione fight or flight (pp. 20-21), ma è la reazione di “riposo e digestione”, anche detta di “nutrimento e riproduzione”, la responsabile dell’eccitazione sessuale, controllata dal sistema parasimpatico. I due sistemi hanno effetti opposti sul corpo, per cui si possono attivare solo uno alla volta, col risultato che se sei stressato, non sei dell’umore giusto.

Qualche notte senza sesso non fa male a nessuno, ma se l’astinenza perdura e la cosa ti frustra, potrebbe essere il momento di indagarne le cause.

Problemi ricorrenti

L’effetto dello stress sulla vita sessuale può essere complicato. Magari ci sentiamo solo troppo tesi in quel momento, o magari si tratta di un problema più a lungo termine, come per esempio:

50%

I terapisti del sesso Barry e Emily McCarthy stimano che circa il 50% delle coppie viva fasi di **calo del desiderio** nell’arco della relazione. Se anche tu sei tra questi, niente panico! È una cosa normale e risolvibile.

- **Sentirsi poco attraente** perché uno o entrambi i partner hanno preso peso per compensare lo stress (pp. 158-161). Il National Healthy Marriage Resource Center americano suggerisce una stanza con illuminazione tenue o assente, oltre all'esternazione di complimenti reciproci in ambito sessuale e non. Dice anche che iniziare una dieta insieme è più facile che da soli. Non dare l'idea che per essere attraenti si deve per forza perdere peso, perché feriresti solo l'amor proprio del partner. Cercate una soluzione insieme e fatene un'occasione di intimità, non di solitudine.
- **Depressione.** Lo stress aumenta il rischio di depressione, ansia e altri disturbi dell'umore, ognuno dei quali può interferire con la libido. In questi casi l'astinenza può essere sintomo di un problema più grave: se ti senti depresso o malato, consulta il medico.
- **Farmaci.** Alcuni farmaci, tra cui molti antidepressivi, possono abbattere la libido. Se diventa un problema, chiedi al medico un'alternativa. Se non puoi cambiare farmaco, prova con contatti fisici meno pressanti, tipo massaggi, carezze e altre attività piacevoli, anche se non portano al sesso.
- **Sentirsi alienati.** Lo stress fa male alle relazioni. La tensione costante tra i partner ostacola il desiderio: in questi casi è prioritario migliorare la qualità della relazione (pp. 70-73).

Allentare la tensione

L'ansia da prestazione è spesso associata a parlare in pubblico (pp. 114-115), ma può riguardare anche l'intimità. La pressione non aiuta a sentirsi sexy: come vivere più serenamente il sesso? La psicologa e sessuologa Linda Savage consiglia una tecnica efficace, il "paradigma del piacere": individuare nel piacere, anziché nell'orgasmo, l'obiettivo del sesso e raggiungerlo con un contatto sensuale senza concentrarsi sulla penetrazione. A volte la soluzione migliore è ampliare la propria definizione di sesso. La passione e la tenerezza vanno oltre il fare l'amore e se consideriamo ogni piacere fisico col partner una parte della nostra vita sessuale, sapremo aprirci a molte altre forme di intimità, senza aggiungere stress.

IL CIRCOLO DELL'ASTINENZA

Se lo stress ha fatto calare il tuo desiderio, rischi di entrare in un circolo vizioso.

In questi casi, la consulente matrimoniale Michele Weiner-Davis consiglia di non aspettare di sentirsi di nuovo sexy: a volte, come si dice, l'appetito vien mangiando. È facile perdere il contatto con la nostra sessualità, ma spesso il desiderio torna non appena smettiamo di aspettarlo e ricominciamo a fare l'amore.

NON TI SENTI AMATO?

Anche quando il sesso c'è, lo stress può comunque inibirci. Il National Healthy Marriage Resource Center individua alcuni elementi critici e invita a lavorare per evitarli:

- È sempre uno a fare la prima mossa?
- Uno dei due acconsente al sesso, ma non ne sembra entusiasta?
- Uno apprezza le prestazioni sessuali dell'altro, ma non ricambia?
- Dopo il sesso uno dei due non esterna il suo apprezzamento?

Un partner ha bisogno di sentirsi desiderato. Se lo stress vi rende distratti nell'intimità, la psicologa Lori Brotto consiglia di ricorrere alla mindfulness (pp. 132-135) per ristabilire il contatto con le sensazioni tue e del tuo partner.

LO STRESS DI ESSERE GENITORI

RASSERENARE LA VITA DOMESTICA

Diventare genitori è meraviglioso, ma senza dubbio è anche stressante. Vogliamo che i nostri figli si sentano sereni e al sicuro, ma questo è un processo che inizia quando siamo sereni noi per primi.

Poche cose ci danno gioia, dolore e stress come diventare genitori. Citando la scrittrice Elizabeth Stone, avere un figlio significa "decidere di avere per sempre il cuore in giro per il mondo, fuori dal proprio corpo". I genitori esauriti diranno che significa anche sacrificare il proprio tempo, sonno e risorse ai bisogni di un'altra persona, che essendo giovane non sempre è animata dal buon senso. Come fa un genitore a gestire lo stress – per il bene suo e dei figli – sotto questa pressione?

I bambini stanno bene?

I bambini hanno bisogno di genitori che diano loro amore, sostegno e disciplina e per farlo devono saper comprendere i sentimenti dei figli, ma secondo uno studio americano del 2012, non siamo bravi come pensiamo.

I ricercatori hanno studiato famiglie con figli "a sviluppo tipico", cioè senza problemi di salute o di apprendimento, tra i 4 e gli 11 anni, rilevando che i genitori sottostimavano le preoccupazioni e il nervosismo dei figli, sopravvalutandone

> Se ti stanno a cuore i bambini, **prenditi cura delle madri**.
>
> **Rick Hanson**
> neurologo americano

invece l'ottimismo e tendendo a dare per scontato che i sentimenti dei figli coincidessero con i propri.

Le cose da ricordare sui figli sono principalmente due:

1 **I nostri figli** sono entità separate e diverse da noi.

2 **Essere piccolo** è più stressante di quanto sembri.

Non bisogna dare per scontato che i bambini stiano sempre bene, almeno finché non si comportano male; o che comportarsi male sia sintomo di rabbia e disobbedienza, anziché di ansia. Tieni presente le paure dei tuoi figli e se si comportano male chiediti se potrebbero essere sotto stress, anziché solo capricciosi.

Fai un passo indietro

L'amore è fondamentale in una famiglia, ma può anche offuscare i tuoi sentimenti. Stando alla scienza, i genitori molto empatici verso i figli potrebbero non essere buoni educatori. Uno studio americano del 2014 ha rilevato che le madri più empatiche nei confronti dei figli avevano anche una reazione fisiologica maggiore a sentirli piangere. Devono quindi controllarsi, perché i genitori empatici, se sotto stress, tendono a ricorrere a una disciplina più rigida (vedi a destra). »

MANTIENI LA CALMA

Adori i tuoi figli, ma fai fatica a restare calmo quando fanno i capricci? Non sei l'unico: uno studio olandese del 2013 ha rilevato che i genitori con risposte emotive forti al pianto dei figli tendono anche a reazioni esagerate e alla disciplina ferrea. Troppa empatia può causare una reazione negativa e stressante:

STRESS DEL FIGLIO

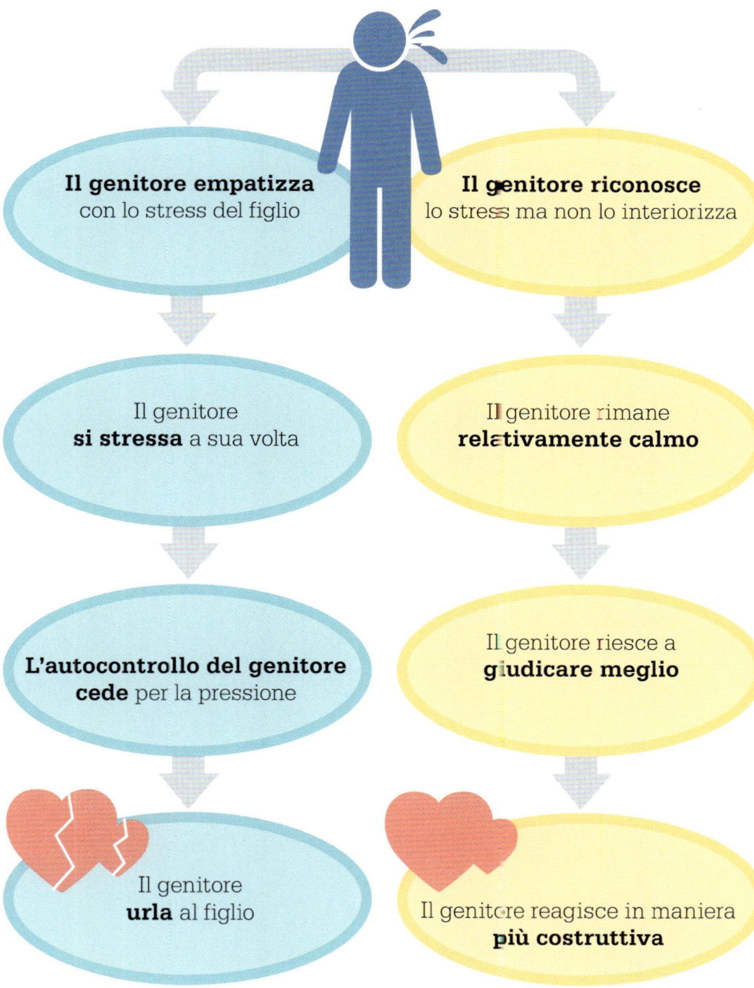

Se ti fai carico dei sentimenti dei figli come fossero i tuoi, perdi la capacità di educarli. Ricorda che tuo figlio non è te, e che devi insegnargli a gestire i sentimenti negativi.

» Sii un esempio

Genitori e figli hanno bisogno di confini emotivi adeguati. Non esagerare nella reazione a uno stress di tuo figlio: aiutarlo a gestire le sue emozioni è un approccio più utile ed efficace. I bambini hanno bisogno non solo di empatia, ma anche di un esempio di umore più sereno.

La mancanza di sonno

Tutti apprezziamo una bella notte di sonno (pp. 162-165), anche se a volte con i figli piccoli diventa impossibile. Ma come dice la psicologa e antropologa Gwen Dewar: "Il risentimento, le riflessioni e le preoccupazioni di non essere efficienti il giorno dopo non aiutano". I sentimenti negativi ostacolano il sonno anche quando potresti dormire rendendoti più irritabile con i figli, che a loro volta tendono a dormire peggio.

Uno studio americano del 2010 ha rilevato che il modo migliore per assicurare un buon sonno a un neonato è comunicargli la "disponibilità emotiva materna/paterna" all'ora di andare a letto, cioè fargli sentire che ha la piena attenzione della madre o del padre, che sono sensibili ai suoi sentimenti. Quando tuo figlio ti tiene sveglio, la strategia migliore è avere pazienza e accettare il fatto che ci vorrà del tempo per farlo dormire.

Preoccupazioni di soldi?

A volte è la responsabilità di genitori a stressarci, ma altre siamo solo persone stressate che per caso sono anche genitori. Il nostro stress di fondo ha un impatto sui figli e sul modo di relazionarci con loro. Secondo un articolo del 2015 della University of Minnesota, molti studi

VALUTAZIONE DELLO STRESS

Il Lazarus è un modello classico per l'elaborazione dello stress (p. 28) che ci aiuta a gestire i nostri sentimenti grazie a una valutazione costruttiva delle circostanze. La prossima volta che il comportamento di tuo figlio mette a dura prova la tua pazienza, prova a seguire questi passi:

Fattore di stress: un evento che crea un problema		Valutazione dello stress: come vedi la situazione	Meccanismo di coping: che decisione prendi	Reazione allo stress: come reagisci
Alle casse del supermercato, tuo figlio fa un capriccio per farsi comprare una caramella.	**Reazione negativa**	"È disobbediente, gli ho già detto che per oggi non può più mangiare dolci!"	"Deve imparare che non tollero questo comportamento."	"Se non la smetti subito, te la faccio vedere io!" **Risultato:** inasprisci il conflitto e fai arrabbiare il bambino.
	Reazione positiva	"È stanco e annoiato, questo ambiente è stressante per lui."	"Devo fargli sapere che lo capisco, ma ricordargli cosa mi aspetto da lui."	"Tesoro, lo so che ti annoi, ma abbi un po' di pazienza. Ti preparo una merenda a casa." **Risultato:** gestisci il conflitto e dai un sostegno a tuo figlio.

confermano che i genitori in difficoltà economiche tendono a prendere i capricci dei figli più sul personale: quando per esempio il bambino non mette a posto i giochi, lo vivono come una provocazione, anziché una distrazione o dimenticanza.

Lo stesso articolo afferma che i genitori possono proteggere i figli dallo stress da soldi dimostrando loro grande affetto e spiegando chiaramente la situazione. La sfida è più complessa di così, ma è dimostrato che, se riesci a mantenere la calma e l'affetto nonostante le difficoltà ad arrivare a fine mese, i tuoi figli si sentiranno al sicuro e sostenuti proprio come quelli delle famiglie più agiate.

Essere genitori non è facile, nemmeno per le persone più affettuose e responsabili. Tenendo presente questo, siate molto orgogliosi dell'ottimo lavoro che state facendo. La famiglia perfetta non esiste, ma con l'affetto e una buona strategia di coping, genitori e figli insieme gestiscono lo stress molto meglio.

I DUE FONDAMENTI

Secondo la sociologa Christine Carter le due condizioni principali per il benessere del bambino sono:

- Ricevere abbastanza amore e affetto.
- Avere genitori o tutori in grado di gestire il proprio stress.

I bambini avvertono le emozioni dei genitori, per cui non sentirti in colpa a ritagliare del tempo per te: ne beneficiano anche i tuoi figli. Le famiglie più felici sono quelle in cui ogni membro è felice, tu incluso.

IL BAMBINO RESILIENTE

Un bambino felice fa felice anche il genitore, perciò far sentire al sicuro tuo figlio è importante anche per te. In America il Center for Effective Parenting ha stabilito delle linee guida per creare un'atmosfera sicura e rilassata in casa:

- ✔ **Trova il giusto equilibrio** tra affetto e regole da rispettare.
- ✔ **Sii disponibile,** di sostegno e rassicurante.
- ✔ **Aiuta tuo figlio a capire** i segnali del proprio stress, come carenza di sonno, mal di testa, mal di pancia, malumore o irritabilità.
- ✔ **Ascoltalo quando parla,** e ponigli domande aperte del tipo: "Che ne pensi di...?" o "Come ti fa sentire?"
- ✔ **Non essere troppo protettivo:** i bambini devono imparare a gestire efficacemente lo stress.
- ✔ **Coltiva la sua autostima** (pp. 42-43).
- ✔ **Insegnagli** a elaborare le critiche (pp. 34-35).
- ✔ **Aiutalo a limitare** lo stress organizzando il tempo (pp. 146-147).
- ✔ **Trasmettigli capacità di problem solving** e re-framing cognitivo (pp. 26-29, 52-53).
- ✔ **Assicurati che dorma a sufficienza**, mangi bene, svolga attività fisica e mentale stimolante (pp. 174-175).
- ✔ **Insegnagli l'assertività** (pp. 92-95).
- ✔ **Stimola il senso dell'umorismo** (pp. 182-183).
- ✔ **Sii un esempio di serenità, ottimismo e fiducia**

AMBIENTE DI LAVORO

ANSIA DA PRESTAZIONE

Uno dei maggior fattori di stress della quotidianità è il lavoro: guadagnarsi da vivere può essere tutt'altro che rilassante. Bisogna saper gestire la pressione e migliorare le nostre capacità di coping.

Un lavoro impegnativo può essere interessante e stimolante, ma ci sono circostanze che lo rendono complesso e insalubre. Ognuno ha i suoi punti deboli, ma al lavoro i fattori di stress più comuni sono:

- Il lavoro faticoso, noioso, traumatizzante
- Poco controllo sul tuo modo di lavorare
- Istruzioni confuse che creano malintesi
- Un ambiente conflittuale o sleale e il mobbing
- Scarso riconoscimento per i tuoi sforzi e poche opportunità di crescita
- Cambiamenti mal gestiti

In breve: il lavoro poco gratificante e frustrante costituisce un ambiente che tende a esaurirci.

Farne una malattia

Un lavoro stressante può avere conseguenze sulla salute? Livelli alti e prolungati di cortisolo possono far male, ma secondo uno studio australiano del 1997 lo stress lavorativo non aumenta per forza la pressione sanguigna. I ricercatori hanno rilevato che i lavoratori stressati avevano la pressione alta solo se usavano strategie di coping "disadattive" come il bere, il cibo spazzatura, il fumare, l'uso di droghe o l'isolamento sociale. I lavoratori che facevano attività fisica, praticavano il rilassamento e usavano strategie di coping basate sul problema (gestione dell'orario di lavoro, rete di sostegno sociale) si mantenevano in salute. Il problema non era lo stress da lavoro in sé, ma i meccanismi di coping scelti: se ricorri a strategie di coping positive, il tuo fisico non risentirà dello stress.

Strategie di coping

Alcuni posti di lavoro sono proprio impossibili, per esempio con un capo prepotente l'unica soluzione sarà cambiare lavoro, ma se il fattore di stress è il lavoro e non la gente, psicologi e medici raccomandano varie strategie:

1 **Inizia la giornata** prendendoti 10 minuti per fare un piano e porti obiettivi realistici (pp. 146-147).

2 **Annota** i livelli di stress durante la giornata. Tieni un diario in cui segnare gli eventi stressanti, con chi ti trovavi e come hai reagito (pp. 40-41). Identifica le situazioni da evitare e coltiva strategie di coping positive.

3 **Trova dei momenti di buco.** Pianificali in anticipo, spegni il telefono e le mail e scaccia il lavoro dai tuoi pensieri (pp. 60-63).

4 **Sfrutta le ferie.** Prenditi le ferie annuali e ricaricati con vacanze e fine settimana rilassanti (pp. 150-151).

5 **Ricorri a tecniche di rilassamento** come la ginnastica (pp. 152-155), lo yoga (p.157) e la meditazione (p.133).

6 **Trova i tuoi alleati al lavoro.** Rassicurare i dipendenti è un compito fondamentale dei responsabili, per cui parla con il tuo di come rendere il lavoro gestibile e l'ambiente tollerabile. Se il tuo capo non è sensibile al tema, cerca colleghi per condividere il carico e per un sostegno reciproco (pp. 176-179).

7 **Rivolgiti** al consulente del lavoro o alle risorse umane per assicurarti un ambiente di lavoro sicuro e piacevole, per esempio non troppo rumoroso o pericoloso, in questo modo non dovrai preoccuparti della tua incolumità.

8 **Non controllare ciò che non puoi.** Per esempio, se la struttura aziendale e la personalità dei tuoi colleghi non dipendono da te, non sprecare energie per cercare di cambiarli (pp. 46-47).

9 **Evita il perfezionismo.** Se svolgi il tuo lavoro bene, non costringerti a fare di più (pp. 34-35).

10 **Trova il lato divertente.** Ridere di una situazione ci aiuta a ridurne l'impatto (pp. 182-183).

11 **Pensa positivo.** Concentrati sull'orgoglio del tuo lavoro, sui punti forti dei tuoi colleghi e su qualunque cosa ti faccia apprezzare il lato positivo delle cose.

Porre limiti adeguati nel lavoro è importante quanto nella vita privata: ricorda che sei molto più del lavoro che fai e dedicargli la giusta quantità di tempo è alla base di un equilibrio sano tra la vita e il lavoro.

»

LE TRE "E"

Howard Gardner, professore di scienze cognitive e pedagogiche a Harvard, individua tre elementi interconnessi che definiscono il "lavoro buono", cioè che genera più gratificazione che stress:

Eccellenza. Sei soddisfatto di lavorare con standard alti.

Entusiasmo. Il tuo lavoro ti piace.

Etica. Ti senti a posto nell'ambito di lavoro e come collega.

Affrontare i compiti

Di fronte a un compito stressante tendiamo a rimandarlo, ma nel contesto lavorativo questo può causare dei problemi: rimandare un incarico aumenta lo stress, perché significa accumulare il lavoro a ridosso delle scadenze o, se non lo fai proprio, metterti in cattiva luce con i colleghi. Come fare per smettere di rimandare e prendere il lavoro di petto?

Non aspettare la motivazione

Lo psicologo Joseph Ferrari afferma che spesso rimandiamo un lavoro perché "non siamo dell'umore" commettendo un grave errore: cediamo all'idea che prima o poi saremo dell'umore giusto, anche se le circostanze non cambiano. Ma se dovessero cambiare a quel punto sarà più urgente e stressante, e avremo ancora meno voglia di affrontarlo. Anziché aspettare il momento giusto, è meglio iniziare un lavoro anche se non siamo motivati. Come afferma David D. Burns, esperto di TCC e autore del best seller *Feeling Good: The New Mood Therapy*, una volta iniziato di solito troviamo anche la motivazione e siamo meno stressati di quando rimandiamo.

> **Prima viene l'azione**, poi la motivazione.
>
> **David D. Burns**
> psichiatra americano ed esperto di TCC

Comincia dallo stress maggiore

Vale il vecchio detto di Mark Twain: se mangi una rana viva come prima cosa al mattino, per il resto della giornata non potrà capitarti niente di peggio. Se hai una "rana" da affrontare, pensare che dovrai farci i conti prima o poi è fonte di stress, perciò sbriga la cosa più temibile per prima e toglila di mezzo, così gli altri fattori di stress faranno meno paura.

Premiati

Lo psicologo Robert Eisenberger propone la teoria chiamata "operosità appresa": in pratica dice che se associamo il lavorare sodo con la gratificazione, il lavoro risulta più soddisfacente e meno stressante. Se hai la fortuna di avere un datore che apprezza i tuoi sforzi, forse godi già di questo beneficio. Studi dimostrano che la lode è una forma di gratificazione sufficiente anche per le piccole cose. Uno studio americano del 2007 ha individuato i due elementi fondamentali della gratificazione: tempestività e

IL LAVORO SMART

Oggi gli psicologi fanno ancora riferimento all'acronimo inventato negli anni '80 dal consulente Peter Drucker per aiutarti a stabilire obiettivi lavorativi percepiti come realizzabili, invece che ansiogeni:

S	Specifici	Scegli obiettivi facilmente descrivibili (la S può stare anche per "semplici" o "sensati").
M	Misurabili	Trova il modo di registrare i tuoi progressi (anche "motivazionali").
A	Affrontabili	Punta a obiettivi realizzabili (anche "accettabili" o "accessibili").
R	Rilevanti	Il risultato deve essere utile (anche "ragionevoli" o "realistici").
T	Temporalmente limitati	Stabilisci la data entro la quale vuoi concludere il lavoro.

affidabilità. Se hai deciso di premiarti per un lavoro fatto bene, mantieni la promessa che ti sei fatto.

Diventare esperti

Secondo uno studio del 2004 della psicologa Fuschia Sirois, le persone tendono a procrastinare quando hanno una bassa stima delle proprie competenze e abilità (pp. 42-43).

Un buon metodo per migliorare la fiducia in te stesso è riflettere sulla vita extra lavorativa e costruire una banca dati mentale dei tuoi successi (grandi o piccoli). In questo modo richiamerai alla memoria i momenti in cui hai dimostrato che sai raggiungere gli obiettivi prefissati, quando vuoi. In questo modo affrontare le sfide lavorative farà meno paura.

Se il lavoro ti mette in difficoltà, sappi che non sei solo. Da un sondaggio svolto nel 2013 dall'American Psychological Association è risultato che solo il 36% degli impiegati sentiva di avere a disposizione gli strumenti necessari a contrastare lo stress da lavoro. Ma con buone strategie di coping e sufficiente tempo libero puoi fare molto per gestire da solo il tuo stress.

TROVARE IL GIUSTO EQUILIBRIO

Gli esperti raccomandano di seguire questi accorgimenti per stabilire un equilibrio sano tra vita privata e professionale:

Ritaglia del tempo senza distrazioni per concentrarti su ciò che conta davvero (pp. 146-147).

Limita l'uso di tecnologie: se non è indispensabile evita di rispondere alle email fuori dall'orario di lavoro (pp. 60-63).

Considera l'ipotesi di accorciare i tragitti. Lavorare da casa o un orario che ti permette di evitare le ore di punta riducono notevolmente lo stress (pp. 96-97).

Pianifica le ferie in anticipo e lascia a casa il lavoro. Se hai bisogno di essere reperibile, concorda degli orari specifici.

C'È MARGINE DI MIGLIORAMENTO?

Purtroppo lo stress da lavoro è normale. Se ti senti sotto pressione puoi limitare i danni agendo sugli aspetti sui quali hai controllo: osserva le tue abitudini e lavora sulle strategie di coping.

54%

Un sondaggio americano del 2016 ha rilevato che il 54% dei professionisti nell'anno precedente si è impegnato a **migliorare il rapporto tra vita privata e lavorativa**.

58%

L'indagine 2017 sullo stress dell'American Psychological Association riporta che il 58% degli intervistati descrive il proprio lavoro come un elemento molto o **significativamente stressante** della propria vita.

BURNOUT DA LAVORO
QUANDO FERMARSI

Arriva un momento in cui la pressione percepita al lavoro va oltre il semplice stress e diventa tossica. Prendersi cura di sé non solo alleggerisce il lavoro, ma a volte è indispensabile se non vogliamo perderlo del tutto.

Dopo una giornata di lavoro è normale sentirsi stanchi, ma se torni a casa sempre spossato e disgustato, potresti essere vicino al burnout e aver bisogno di affrontare seriamente la cosa.

Non è semplice stress?
Il burnout non è stress da lavoro, ma quello che accade quando lo ignori. Un livello alto di stress che perdura nel tempo non ci fa sentire solo ansiosi e sovraccarichi, ma anche disinteressati, apatici, cinici, disperati e persino disgustati dalla vita.
I sintomi del burnout sono simili a quelli della depressione clinica (pp. 202-203). Un articolo pubblicato nel 2013 sul *Journal of Health Psychology* afferma che i tratti comuni al burnout e alla depressione sono così tanti che non ha senso curarli come sindromi diverse a livello scientifico.

Se hai l'impressione di soffrire di depressione clinica è bene consultare un medico. Ma cosa puoi fare se ancora non sei a quel punto, ma senti di esserci vicino?

> **Il burnout** può capitare a qualsiasi lavoratore, dal manager all'operaio.
>
> **Phil Sheridan**
> esperto in risorse umane

Individua i pericoli
Quanto sei a rischio? Stando agli esperti di stress lavorativo e agli psicologi, i segnali da tenere sotto controllo sono:

- **Mancanza di controllo** sul tuo lavoro.
- **Aspettative confuse** difficili da soddisfare.
- **Dinamiche lavorative malsane,** come un capo prepotente o colleghi infidi.
- **Un ambiente di lavoro** in contrasto con i tuoi valori, capacità, interessi e personalità.
- **Un ritmo frustrante,** troppo lento o troppo frenetico.
- **Troppi straordinari** che non ti lasciano il tempo per recuperare e sbilanciano il rapporto vita-lavoro.
- **La tua identità** troppo vincolata al lavoro che fai.
- **Le professioni impegnative** come quelle legate alla sanità, all'insegnamento e alla politica.

LA BURNOUT ZONE

Secondo l'esperto Arnold Bakker quando spingiamo troppo e non riceviamo aiuto si rischia il burnout. Alcuni lavori sono più stimolanti di altri, ma se ci viene chiesto più di quanto riusciamo arriva la frustrazione, come mostrato nella tabella sotto. Rifletti sul sostegno che ricevi e, se ritieni di essere vicino alla zona rossa, dai priorità al tuo benessere.

Risorse: situazioni ed esperienze che il datore mette a disposizione degli impiegati per soddisfare le aspettative. Ad esempio adeguato supporto, feedback costruttivi, libertà di gestire il tempo.

Pretese: pressioni che richiedono ingegnosità ed energia fisica, mentale ed emotiva, possono risultare stressanti se esagerate e non supportate.

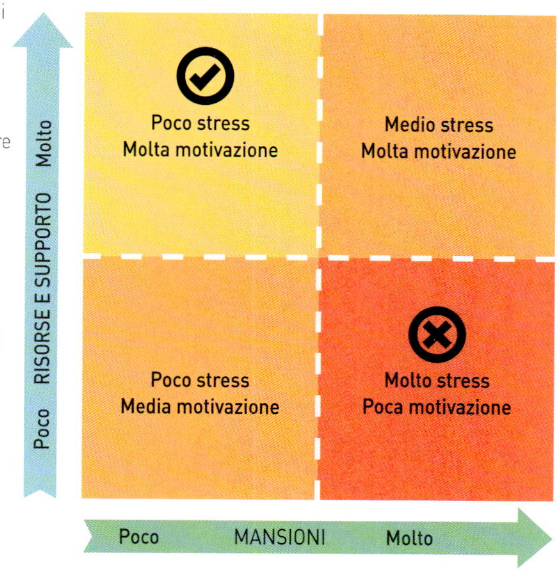

- **Assenza di sostegno,** sia dentro che fuori dall'ambiente di lavoro.

Prevenire il burnout

Se ti senti a rischio, affronta i fatti e dai priorità alla gestione dello stress: uno studio spagnolo del 2014 ha rilevato che chi ignora la propria situazione è più incline al burnout. Perciò attivati per rendere le tue giornate più tollerabili grazie a questi spunti:

- ✔ **Passa il tempo con colleghi leali** di cui ti fidi (pp. 176-179).
- ✔ **Ritagliati un momento** senza dispositivi elettronici (pp. 60-63).
- ✔ **Resta attivo** e non stare seduto più di un'ora di seguito (pp. 152-157).
- ✔ **Trova il tempo** per divertirti e ridere (pp. 182-187).
- ✔ **Cerca momenti positivi** durante la giornata, anche se banali come fare due chiacchiere (pp. 80-83).
- ✔ **Trova tempo** per la famiglia e gli amici (pp. 148-149).
- ✔ **Entra in una comunità** o un'associazione che rispecchi i tuoi valori (pp. 44-45).

Se lo stress ti butta giù, il burnout può essere la sua estrema conseguenza. Dare priorità al tuo benessere è la strategia a lungo termine più efficace.

CHI NE SOFFRE?

Valuta i rischi. Secondo un sondaggio tra i responsabili risorse umane delle principali aziende inglesi:

1 su 3

Circa un professionista su tre lotta con il **burnout**.

2 su 3

2 su 3 hanno risposto che il **motivo** è il **sovraccarico di lavoro**.

1 su 2

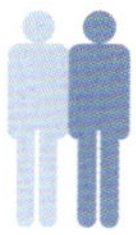

Oltre la metà considera **l'orario di lavoro troppo lungo** come secondo motivo.

1 su 4

Oltre 1 su 4 afferma di avere difficoltà a trovare il giusto equilibrio tra vita privata e lavorativa.

“La vita non è solo un ritmo in continua crescita.”

Mahatma Gandhi
leader del movimento indipendentista indiano

ANSIA DI SPENDERE

LA GESTIONE DEI SOLDI

Avere pochi soldi è stressante, ma tenere a freno gli acquisti può essere difficile, soprattutto in un ambiente che ci spinge a spendere. Esistono dei trucchi per ottimizzare le spese e restare sereni.

Per farsi stressare meno dai soldi occorre avere il controllo sulle spese quotidiane. La grande distribuzione investe grosse cifre nella ricerca di metodi per farci spendere; la psicologa dei consumi Kit Yarrow ne elenca alcuni:

- **I prodotti indispensabili** in fondo al negozio, ti costringono a passare davanti a offerte di ogni tipo.
- **Gli scaffali un po' in disordine** per incoraggiarti a prendere in mano i prodotti. Una volta in mano, tendiamo a comprarli.
- **La musica** per creare associazioni emotive: col volume alto prendiamo il necessario e ce ne andiamo, volume basso e ritmo pacato ci fanno indugiare e considerare altri acquisti.

Prima di fare la spesa, prepara una lista e rispettala. Se compri online, attento alle offerte di "spedizione gratuita" che invitano a comprare altri prodotti: cliccare sul mouse significa spendere soldi veri.

Lo "shopping terapeutico" funziona?

Lo shopping dà una soddisfazione breve, ma ci sono spese che rendono felici a lungo? Uno studio canadese del 2008 mostra che spendere per gli altri fa stare meglio. Uno studio del 2011 aggiunge che la differenza la fa la vicinanza emotiva: gli acquisti per chi amiamo fanno meglio di quelli "d'obbligo" a parenti lontani.

Comprare esperienze anziché oggetti non solo riduce il caos in casa, ma diminuisce lo stress. Come ha detto lo psicologo Matthew Killingsworth nel 2010: "Una mente che vaga è una mente infelice", se abbiamo poco a cui pensare, tornano le preoccupazioni. Fare esperienze può contrastarle. Per lo psicologo Thomas Gilovich aspettare l'arrivo di un pacco è frustrante e il senso di novità breve, mentre aspettare una vacanza o uno spettacolo dà un bel senso di aspettativa e, una volta passati, diventano ricordi piacevoli.

Scegli bene come premiarti

Un diario delle spese può aiutarti a tenere traccia degli acquisti, stressanti o piacevoli. Motivarsi con premi è meglio che con punizioni: quando sei in preda alla tentazione segna anche le spese che non hai fatto. Sapere che hai resistito e risparmiato può essere molto gratificante.

IL "DENOMINATION EFFECT"

La gente usa malvolentieri banconote di grosso taglio, preferisce tagli inferiori, ma una volta che le ha cambiate spende di più.
Consiglio: per evitare quello che uno studio americano del 2009 ha definito il "Denomination Effect", cerca di tenere a portata di mano banconote di piccolo taglio, per fare acquisti più misurati.

Cinque banconote piccole...

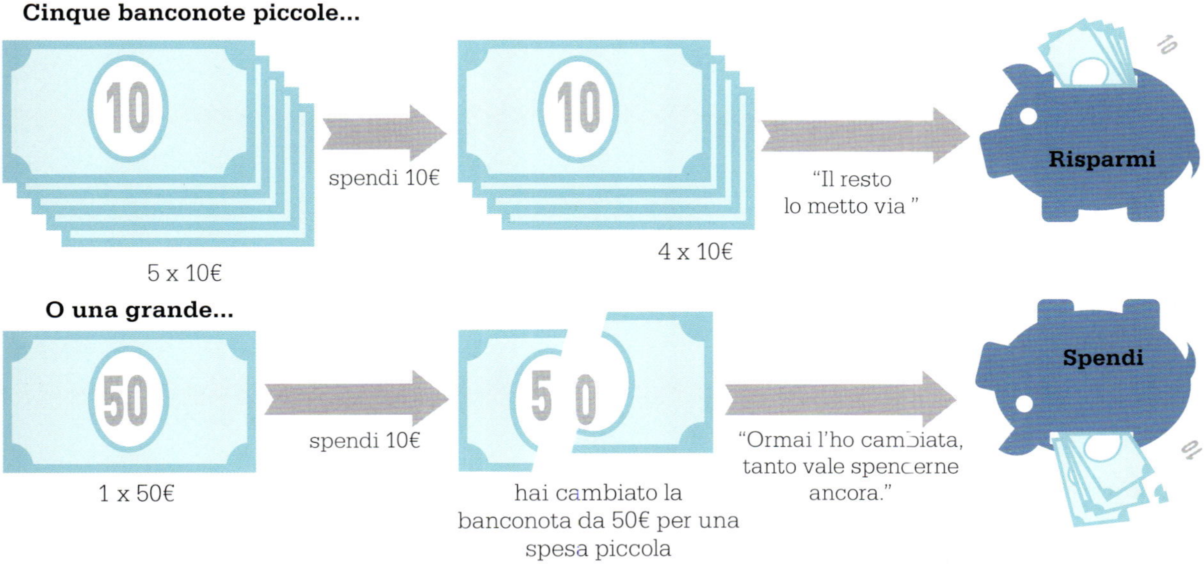

IL CIRCUITO EDONISTICO

Spendere più soldi non significa essere più felici. Secondo un'influente teoria elaborata nel 1971 dagli psicologi Philip Brickman e Donald Campbell, l'aumento di disponibilità può trasformarsi in un "circuito edonistico", una ricerca continua di gratificazioni che ci lascia esausti e insoddisfatti.

Se hai uno stile di vita modesto ma accettabile, probabilmente non ti importa di guadagnare di più e preferisci una vita semplice con più tempo libero. Se ricevi un aumento, la scelta migliore potrebbe essere di mantenere il tuo stile di vita e risparmiare i soldi per il futuro.

PROBLEMI DI SOLDI

SOPRAVVIVERE A DEBITI E INCERTEZZE

Al giorno d'oggi sono in molti a lottare con i debiti e ancor di più ad avere difficoltà ad arrivare a fine mese. Con qualche accortezza potrai gestire meglio lo stress quando i soldi sono pochi.

Con l'economia moderna è normale avere debiti: secondo un censimento del 2016 del Bureau and Federal Reserve Bank di New York, la famiglia americana media ha oltre 16.000$ di debiti solo sulla carta di credito. I debiti sono fonte di stress, ma con un po' di senso pratico si affrontano meglio.

I debiti fanno male?
Lo stress finanziario può fare male al corpo. Secondo uno studio americano del 2016:

- **Le famiglie** con genitori disoccupati spendono il 20% in più in antidolorifici.
- **Le persone** che dovevano raccontare periodi economici instabili lamentavano un dolore fisico due volte più alto.
- **Gli studenti** hanno dimostrato una maggior tolleranza al dolore mentre leggevano un paragrafo che prospettava loro un impiego stabile in futuro, rispetto a quelli che leggevano l'opposto.

PREOCCUPAZIONE DIFFUSA

62%

Nel rapporto 2017 sullo stress dell'American Psychology Association il 62% degli intervistati ha previsto che i soldi sarebbero stati una **fonte di stress** nei 5 anni successivi.

SENSI DI COLPA?

Sintetizzando la situazione economica americana del 2016, il sito NerdWallet ha dimostrato che negli anni scorsi il costo della vita è aumentato più in fretta del reddito medio. Se hai fatto tutto il possibile ma hai ancora debiti, non significa che sei un incapace, ma che le circostanze sono complicate. Come riportato nel 2017 dall'American Psychological Association: "gli americani con reddito basso hanno livelli di stress più alti". Non lasciare che i sensi di colpa peggiorino le cose.

- **L'entità del dolore** dipende dall'instabilità finanziaria personale e dalla situazione economica nazionale.

Uno studio americano del 2004 ha anche rilevato che i pazienti con artrite si aggravavano nei periodi di stress finanziario. Le preoccupazioni di soldi sono diffuse, ma per alcuni sono fonte di stress cronico con effetti sulla salute fisica e mentale.

Come affrontare la cosa?

Se hai problemi di debiti, come prima cosa devi scegliere strategie di coping basate sul problema (pp. 26-29):

- ✔ **Fai un piano.** Non sei solo. Esistono associazioni e agenzie che offrono consulenze gratuite o basate sul reddito, oltre alle aziende a basso costo che ti riorganizzano il piano di pagamento dei debiti. Rivolgiti ai servizi della tua comunità locale.
- ✔ **Stabilisci un budget.** Tieni nota delle spese: vedi cosa puoi eliminare e cerca alternative meno care. Se non sai come fare, cerca online programmi o app gratuite per gestire il budget.
- ✔ **Usa i contanti al posto della carta**: sarà più difficile sforare, ma attenzione al "Denomination Effect" (vedi a p. 89).

Anche Robert Leahy dell'American Institute for Cognitive Therapy consiglia di separare autostima e situazione finanziaria concedendosi più esperienze significative possibili. Se messi in prospettiva, i debiti e lo stress diventano gestibili.

PAGARE PIÙ DEBITI ALLA VOLTA

Quando si ha più di un creditore, è importante fare bene i conti, soprattutto dei tassi di interesse. Uno studio americano del 2011 ha presentato ai soggetti una situazione di debiti simulata con più creditori con tassi di interesse diversi, scoprendo che lo stress di essere in debito offuscava la loro capacità di giudizio.

La strategia migliore individuata dai ricercatori per chi ha debiti multipli è:

1 **Imposta la rata minima** per ogni debito per evitare accumuli e penali.

2 **Usa tutti i soldi** per abbattere il debito con il tasso di interesse più alto.

3 **Una volta saldato quello**, abbatti il debito con il secondo tasso di interesse più alto.

4 **Continua a saldare i debiti** uno alla volta, in ordine decrescente di tassi di interesse.

Nessun soggetto della ricerca ha seguito questa strategia: suddividevano i soldi tra i creditori spendendo di più in interessi, finendo per aumentare i debiti. Il disagio di avere dei debiti non deve impedirti di fare i conti: inizia dalle cifre più basse, poi concentrati nell'estinguerne uno alla volta.

FATTI VALERE!

IMPARARE A PORRE LIMITI

Non riuscire a difendersi di fronte alle pretese altrui è molto stressante. Imparare a farti valere ti aiuterà a sentire un maggiore controllo sulla tua vita.

Se lo stress è sentirsi incapaci di far fronte alle situazioni della vita, bisogna evitare di ritrovarsi in situazioni ingestibili. Ma come fare, se non sappiamo dire agli altri che non siamo disposti ad accollarci altri problemi o incombenze? Per evitare situazioni simili, è importante imparare a farsi valere.

Paura dell'aggressività
Alcune persone non riescono a farsi valere perché hanno paura che dicendo "No" o "Smettila" potranno sembrare aggressive. Ma tra aggressività e assertività c'è una differenza sostanziale:

- **L'aggressività è orientata a vincere.** I diritti, le emozioni e le esigenze del "perdente" sono calpestati.
- **L'assertività è orientata alla giustizia.** Chi si fa valere riconosce che anche gli altri hanno i loro diritti e ignorano il loro volere solo quando è impossibile o irragionevole fare altrimenti.

Se ti senti in colpa a dire "No", ricorda che battersi per un trattamento equo non è un atteggiamento aggressivo, ma adeguato.

PIÙ CONVINCENTE

X8

Quando dici di no a qualcosa, non far intendere che lo faresti, se potessi. Uno studio americano del 2012 ha dimostrato che le persone accettano **otto volte di più** un **"Non lo faccio"** che un "Non posso".

Conosci te stesso
Gli altri potrebbero considerarti meno aggressivo di quanto temi, soprattutto se sei a disagio nel far valere le tue esigenze. Uno studio del 2014 pubblicato sul *Personality and Social Psychology Bulletin* ha rilevato che chi crede di essere ritenuto troppo aggressivo viene in realtà considerato risoluto dagli altri. Questo non significa che devi aumentare la tua assertività: nello stesso studio, il 64% dei soggetti ultra-assertivi si ritenevano nella giusta misura o persino troppo poco risoluti. Forse dovresti chiedere a qualche amico o collega fidato qual è l'impressione che dai. Ma se hai paura di sembrare aggressivo, considera che forse sembri solo sicuro di te.

Tanta, tanta pratica
Come si può migliorare la propria capacità di farsi valere?

- **Parti dalle piccole cose.** Farsi valere sulle piccole cose fa meno paura.

L'EQUILIBRIO PERFETTO

Se qualcuno ti chiede qualcosa che non vuoi fare, per esempio cancellare i piani della serata per aiutarlo, come puoi imporre la tua volontà senza sembrare debole o ostile? Pensa a chi dovrebbe "vincere" la discussione: l'obiettivo è far sentire entrambe le parti soddisfatte. Per mantenere bassi i livelli di stress, è meglio la risposta assertiva:

ASSERTIVITÀ
Io vinco – Tu vinci
Esempio: "Mi dispiace, vorrei aiutarti ma stasera non posso."
Risultato: Imponi un limite sensato.

AGGRESSIVITÀ
Io vinco – Tu perdi
Esempio: "Ma scherzi? Dopo la giornata che ho avuto?"
Risultato: Offendi l'altro e rischi di perdere un sostegno sociale.

PASSIVITÀ
Io perdo – Tu vinci
Esempio: "Be', va bene... Se proprio insisti..."
Risultato: Ti senti sopraffatto, stressato e magari anche risentito.

PASSIVITÀ AGGRESSIVA
Io perdo – Tu perdi
Esempio: "Sono stanchissimo, ma se devo... No, ho detto che lo faccio e lo faccio."
Risultato: L'altro è arrabbiato e tu non ti senti apprezzato.

- **Esercitati.** Fingi di imporre i tuoi limiti di fronte a uno specchio o con un amico per familiarizzare con le espressioni (vedi "Le parole giuste" in alto a destra).
- **Ricorda** che far valere le proprie esigenze è un diritto.

L'assertività è un'abilità che puoi migliorare con la pratica. Col tempo sarai più sereno nel dire un "No" che ti libera dallo stress provocato sia dalle situazioni complicate e non richieste, sia dal timore di non sapere come farti valere quando queste insorgono.

LE PAROLE GIUSTE

Qual è il segreto di una risposta assertiva? Un'espressione sbagliata e dai l'impressione di voler convincere l'altro, mentre usando le parole giuste risulterai gentile e irremovibile.

SBAGLIATO
- ✖ Non sono molto d'accordo...
- ✖ Devo proprio...
- ✖ Preferirei non...

GIUSTO
- ✔ Capisco la tua posizione, ma penso che...
- ✔ La vedo dura: fissiamo per discutere le altre opzioni.
- ✔ Grazie per l'offerta, ma non fa per me.

"NO" IN TRE STEP

Per evitare un atteggiamento sgradevole, anziché lanciare accuse ricorri a tre step soggettivi per porre l'attenzione sulla tua prospettiva:

1 **Descrivi** l'atteggiamento dell'altro.

2 **Descrivi** i tuoi sentimenti.

3 **Fai una richiesta** (gentile ma ferma).

Ad esempio: "Quando ridi del mio accento mi metti in imbarazzo. Smetti di prendermi in giro per questa cosa."

SPUTA IL ROSPO

ESPONI LE TUE NECESSITÀ

Lo stress può derivare da incombenze che si accumulano, ma anche da esigenze non soddisfatte. Imparare a dire le cose di cui hai bisogno è fondamentale per preservare il tuo benessere.

Sei a tuo agio nell'esprimere i tuoi bisogni, anche quando rischi di esporti alle critiche, o la sola idea ti stressa? Un po' di allenamento può aiutarti a guadagnare fiducia ed efficacia.

Sfidare gli altri

A qualcuno può risultare difficile combattere per ciò che vuole. Secondo lo psicologo Nando Pelusi, in quanto animale sociale, l'uomo valuta ogni sua interazione in chiave di potere e dominio e la maggior parte di noi rimane sottomessa. Esporre le nostre esigenze può sembrare una sfida nei confronti dello status altrui e dunque rischioso. Pelusi lo chiama "Neanderthink", un istinto primitivo che non funziona nel mondo moderno. I suoi consigli sono:

- **Accetta** che è giusto fare quello che credi: esprimere le tue necessità può metterti in imbarazzo, esercitati per superare il disagio.
- **Sii chiaro** riguardo ciò che vuoi.
- **Sii civile** e ragionevole: una richiesta non dev'essere per forza aggressiva.
- **Accetta** il fatto che chiedere è lecito e rifiutare anche.
- **Prenditi il tempo** necessario prima di rispondere a qualsiasi domanda.

Trucchi del mestiere

Uno studio egiziano nel 2015 ha pubblicato sul *Journal of Nursing*

Science gli effetti della pratica all'assertività delle infermiere di psichiatria, un mestiere in cui devi bilanciare le esigenze tue e degli altri e mantenere la calma in situazioni critiche.
Alcune tecniche utili.

- Ripetere con tranquillità lo stesso rifiuto, qualunque cosa venga detta.
- Di fronte a situazioni poco chiare o sgradevoli, chiedere ulteriori informazioni.
- Evitare discussioni rabbiose e aspettare che tutte le parti si siano tranquillizzate.
- A fronte di critiche costruttive, ammettere le proprie colpe e i propri errori.
- In situazioni ostili ricorrere al "clouding" o "fogging": trovare un punto della critica su cui si è d'accordo e affermarlo senza andare sulla difensiva o fare promesse.

Usando questo approccio, le infermiere hanno notato un notevole aumento della propria autostima e una riduzione dello stress. A volte può essere dura far valere le tue esigenze, ma con la pratica ti sentirai più sicuro e capace di tutelarti dallo stress.

NON SAI COME INIZIARE?

A volte stare in silenzio è più stressante che parlare, ma far valere la tua opinione o le tue esigenze può essere difficile. Ma è una capacità che puoi acquisire: prova alcuni di questi esempi banali per prenderci la mano.

Comunica a un amico la tua stima per un suo talento o qualità.	"Quelle maratone che fai per beneficenza sono pazzesche."
Al bar o al ristorante chiedi un piatto con semplice tocco personale.	"Con ghiaccio, ma senza limone, per favore."
Se uno sconosciuto indossa qualcosa che ti piace (senza andare nell'intimo), diglielo.	"Ciao, bel cappello! Dove l'hai preso?"
In libreria spiega bene i tuoi gusti e chiedi un suggerimento.	"Mi piacciono i thriller storici. Può consigliarmi qualcosa?"
Assicurati di lodare un collega, se fa un buon lavoro.	"Mi è piaciuto molto come hai gestito quel cliente difficile."
Se ti piacciono il gusto o le attitudini di qualcuno, chiedigli qualche dritta.	"Vorrei ascoltare di più il genere di musica che hai suonato ieri, da dove posso iniziare?"

Descrivendo le cose che ami ti eserciti a parlare di ciò che ti piace e ciò che vuoi in maniera poco stressante: un buon modo per iniziare a far valere le tue emozioni.

MI FA UN FAVORE?

Nel 2016 la psicologa Vanessa Bohns ha chiesto a dei volontari di chiedere in prestito il cellulare a degli sconosciuti. Voleva capire a quante persone avrebbero dovuto chiedere prima di ricevere tre "sì". Stando ai risultati, non bisogna essere troppo timidi:

3 su 10

I volontari pensavano di dover chiedere a 10 persone per ottenere 3 telefoni, stimando che **il 70% avrebbe detto no.**

3 su 6

In realtà hanno dovuto chiedere a 6 persone: **il 50% ha detto sì.**

FATE LARGO!

GESTIRE GLI AMBIENTI AFFOLLATI

Che tu viva in una strada rumorosa o viaggi su bus affollati, l'invasione dello spazio personale è stressante. Non abbiamo il pieno controllo dei nostri spazi, ma alcune accortezze possono ridurne l'impatto.

Treni affollati, quartieri angusti, uffici open-space, strade trafficate: spesso ci troviamo nostro malgrado a stretto contatto con altre persone e questa vicinanza può mettere a dura prova i nervi.

Rilassarsi

Per stare bene, la psicologa ambientale Sally Augustin ci consiglia di limitare l'accesso agli altri nei nostri ambienti. Ecco alcuni consigli per creare spazi di pace nella nostra vita:

- **Immergiti nella natura.** Giardini pubblici, zoo e parchi aiutano a recuperare le energie mentali.
- **Isolati per lavorare.** Il rumore deconcentra e aumenta la tensione. Sistema i mobili, le piante o gli oggetti della scrivania in modo che blocchino le onde sonore.
- **Arreda casa.** Le superfici piane amplificano il suono, ma i materiali morbidi possono attutirlo. Cuscini, tende e tappeti rendono gli ambienti più silenziosi.

Spiacente, è occupato

Per uno studio americano del 2012 per sedere da soli sui mezzi pubblici si usano varie strategie:

> **La privacy** è un bisogno umano primario.
>
> **Sally Augustin**
> psicologa ambientale

TROPPO VICINI

Perché stare nella calca è stressante? Secondo il professor Robert Feldman ci sono tre ragioni: riconoscere la tua può aiutarti a trovare una soluzione:

Qual è il problema?	Possibile soluzione
Sovraccarico Quando si sta molto vicini, la voce, il calore e gli odori degli altri sono più intrusivi. Per i nostri sensi è stressante dover processare tutte queste informazioni insieme a un ritmo incontrollabile.	**Per limitare il sovraccarico sensoriale,** blocca gli input che puoi. Chiudi gli occhi, ascolta la musica o portati dietro una bustina con degli aromi gradevoli.
Bisogno di protezione Ci sentiamo minacciati dalla vicinanza degli altri, perché se ci attaccassero saremmo vulnerabili.	**Se ti senti teso o nel panico,** prova a rilassare il respiro (pp. 128-129). Le persone losche vanno evitate, ma se non sono una minaccia reale, concentrati sul rilassamento.
Gestire le relazioni Preferiamo stare alla larga dalle persone che conosciamo poco per preservare il nostro spazio personale: la vicinanza crea un'intimità che ci mette a disagio.	**Se avverti un'intimità eccessiva,** prova la tecnica dello "scudo" della psicoterapeuta Deb Elkin (a destra). Il gioco creativo può essere un antistress di per sé.

Passive:

- Evitare il contatto visivo.
- Tenere le cuffie e far finta di non sentire quando chiedono se il posto accanto è libero.
- Far finta di dormire.

Provocatorie:

- Allungarsi per occupare più spazio.
- Occupare il sedile accanto con oggetti personali.
- Fingere che il sedile accanto sia occupato. Forse non è molto etico, ma lo studio ha dimostrato che è successo a tutti, senza distinzione. Se sei esausto e hai bisogno di quiete, è meglio usare le strategie passive, più cortesi, ed essere disposto ad accettare che qualcuno si sieda accanto a te. Usare i metodi provocatori rischia di ritorcertisi contro, se qualcuno fa polemica. Non possiamo tenere sempre tutti a distanza, ma quando puoi isolati e usa i momenti di quiete per controbilanciare.

CREA IL TUO SCUDO

Secondo la psicoterapeuta Deb Elkin possiamo allentare lo stress da sovraffollamento creando uno scudo immaginario intorno al nostro corpo, per ogni situazione. La prossima volta che qualcuno invade il tuo spazio, inizia a creare il tuo:

- È fatto di luce abbagliante, di una maglia di metallo, di marmo...?
- È grosso e pesante o sottile e flessibile?
- È di un metallo prezioso o di ferro?
- Ha decorazioni elaborate?
- Ha delle punte aguzze?

Libera la tua creatività e divertiti a progettare il tuo scudo: ti darà un maggior senso di controllo.

SPAZI VERDI

L'ANTICO RIMEDIO DELLA NATURA

Per chi abita in città affollate e frenetiche o lavora in contesti rumorosi, l'ambiente quotidiano rappresenta una fonte di stress. Una passeggiata nel bosco può essere una pausa da calca e rumore.

Negli anni '70 un ospedale in Pennsylvania ha scoperto che i pazienti post-operatori che stavano nelle stanze con affaccio sugli alberi erano di umore migliore, avevano meno dolore e guarivano prima che in altre. Perché? Ovunque tu viva, gli spazi verdi hanno un impatto positivo sul tuo benessere.

Vicini alla natura

Una passeggiata nella natura vale come attività fisica dolce e fa bene al corpo e alla mente (pp. 152-155), ma anche solo osservarla porta i suoi benefici. Ecco alcuni esempi dei suoi effetti rigeneranti:

- **Disturbi cardiaci,** aggravati dallo stress, traggono benefici dall'osservare la natura. Uno studio canadese del 2015 ha rilevato che i cittadini che abitano in strade alberate guadagnano in salute l'equivalente di 20.000$.
- **I bambini vittime del bullismo** o in famiglie disagiate hanno un calo del benessere dovuto allo stress ma, secondo uno studio americano del 2003, quelli che abitano in zone verdi reagiscono molto meglio.
- **Le donne con cancro al seno** hanno, secondo uno studio americano del 2003, una riduzione dello stress e una maggior capacità di far fronte alla malattia dopo sessioni di due ore nella natura a cadenza settimanale.

I SUONI DELLA NATURA

Nel 2013, la psicologa Matilda Annerstedt ha sottoposto alcuni volontari a un colloquio molto stressante, per poi farli recuperare in uno dei tre modi seguenti: una stanza vuota, una stanza con proiettato un bosco "virtuale" silenzioso o una stanza con un bosco virtuale e i suoi suoni. Chi sentiva anche i suoni tornava a livelli di cortisolo e a un battito cardiaco regolari in tempi brevi. Se non puoi camminare nel bosco, ascoltare a occhi chiusi la registrazione di "suoni naturali" può essere un buon compromesso.

Ambienti rilassanti

Una famosa terapia antistress giapponese sviluppata negli anni '80 si basa su passeggiate guidate nella natura, le shinrin-yoku o "bagni nella foresta". Negli esperimenti condotti nel 2010, i soggetti che facevano brevi camminate tra gli alberi riscontravano benefici fisiologici, compreso un abbassamento del cortisolo. Se soffri di stress, vai nel bosco, parco o giardino più vicini: la scienza dice che fa bene. Sempre negli anni '80, gli psicologi ambientali Rachel e Stephen Kaplan hanno sviluppato l'Attention Restoration Theory, secondo cui gli ambienti urbani mettono la nostra attenzione sotto costante stress, costringendoci a stare in allerta e concentrati su semafori, traffico, insegne luminose. Un contesto naturale è uno svago, i Kaplan lo definivano "una vaga fascinazione", che ci ricarica.

Impegno senza sforzo

Ricerche recenti confermano i benefici a lungo termine della natura sulla salute mentale. Uno studio condotto a Edimburgo nel 2013 ha studiato l'elettroencefalogramma di soggetti sani: chi camminava in città mostrava stress e frustrazione, chi camminava nei parchi mostrava stati mentali simili a quelli raggiunti con la meditazione (pp. 132-135). Lo stesso effetto è stato riscontrato in uno studio americano del 2015 in cui soggetti volontari sani dovevano camminare in uno scenario naturale o una strada trafficata. Solo i primi hanno riportato una diminuzione delle preoccupazioni, che come si sa aumentano il rischio di depressione.

Che sia per restare in salute o per riprendersi dai troppi stimoli, camminare nel verde rasserena la mente da un punto di vista neurologico.

CAMMINATA A TEMA

Uno studio americano del 2015 pubblicato sul *Journal of Holistic Nursing* ha rilevato che gli adulti stressati trovano maggior benessere dopo passeggiate meditative in giardini ornamentali, riflettendo ogni volta su temi positivi in specifici punti del cammino. Quando vai a fare due passi nel parco potresti riflettere su uno di questi temi:

MUSICA E SILENZIO

GUARIRE ASCOLTANDO

Se hai bisogno di calmarti o distrarti, prova con la musica. Ascoltare un brano piacevole o un momento di silenzio assoluto può essere un perfetto antistress.

La scienza parla chiaro: la musica rilassante ha un effetto antistress. Nel 2013, un'analisi canadese di 400 diversi studi ha confermato che la musica non solo diminuisce lo stress, ma rinforza anche il sistema immunitario. Ascoltare musica prima di un intervento diminuisce l'ansia dei pazienti più che i farmaci. La musica può dunque essere una grande alleata, ma come sfruttarla al meglio?

SCEGLI IL GENERE

Il genere più rilassante, stando alla scienza, è la musica classica. Uno studio americano del 2014 ha rilevato che la musica classica tranquillizza più del jazz e del pop e, nel 2008, un altro studio ha dimostrato la superiorità della classica anche sull'heavy metal. Comunque la scelta migliore è quella che fai tu: secondo gli psicologi avere il controllo su ciò che si ascolta è di per sé un antistress.

> Quando ascolto la musica, **non temo pericoli**. Sono invincibile, non ho nemici.
>
> **Henry David Thoreau**
> scrittore americano, 1857

SCEGLI IL RITMO

Secondo uno studio tedesco-americano del 2015 esiste un ritmo perfetto per rilassarsi, anzi più di uno. Per sentirsi al sicuro e rilassati, il cervello deve processare il minor carico di complessità al secondo. La capacità rilassante della musica dipende dalla complessità del suo ritmo. I tempi più rilassanti sono:

- **Per ritmi semplici:** 160.8 battiti al minuto
- **Per ritmi moderatamente complessi:** 126.0 battiti al minuto
- **Per ritmi complessi:** 113.6 battiti al minuto

Forse te ne accorgerai istintivamente, come hanno fatto i soggetti dello studio, ma se stai cercando dei brani per diminuire lo stress, segui questa semplice regola: "più è complesso il ritmo, più lento dev'essere il tempo".

60%

Uno studio indiano del 2010 ha dimostrato che gli **atleti esposti a musica rilassante** prima di una gara importante riportano un **calo del 60%** nel livello di **cortisolo.**

IL POTERE DEL SILENZIO

Okay, la musica è rilassante, ma il silenzio? I pareri sono discordanti. Dagli studi è emerso che alcuni tipi di musica sono più rilassanti, ma nel 2005 il medico e musicista Luciano Bernardi ha testato vari generi, rilevando che il battito cardiaco, la pressione sanguigna e il respiro dei pazienti erano più calmi nelle pause che durante la musica e che il contrasto tra l'uno e l'altra rendevano le fasi di quiete ancora più efficaci.

PARTE ATTIVA

Ascoltare la musica rilassa, ma farla? Gli studi confermano che fare musica ha un notevole effetto rilassante indipendentemente da quanto sei bravo. Conceditі dei momenti di creatività musicale privi di aspettative e pressioni. Anziché provare a suonare strumenti difficili o brani complessi, il neurologo Barry Bittman suggerisce di strimpellare qualcosa per puro piacere, per esempio una pianola elettrica: in questo modo potrai rilassarti senza preoccuparti della performance.

CANTARE INSIEME

Se non hai voglia di suonare uno strumento ma ti piace cantare, prova con un coro: uno studio inglese del 2016 ha rilevato che chi fa parte di un coro ha il cortisolo più basso e un sistema immunitario più attivo. Uno studio canadese del 2005 ha anche dimostrato che i benefici di essere in un coro non dipendono dall'esperienza e preparazione, soprattutto se non si prova imbarazzo. Perciò trova un gruppo che non ti giudichi e pensa solo a divertirti.

PREPARARSI ALLO STRESS

Se ti aspetta un'esperienza stressante come un discorso in pubblico, un esame o una gara, la musica ti può aiutare.
Uno studio internazionale del 2013 ha testato il livello di stress di 60 volontari in tre circostanze: riposando in silenzio, riposando al suono dell'acqua che gorgoglia e riposando al suono della musica classica (in quel caso il "Miserere" di Allegri). I volontari hanno poi eseguito il Trier Social Stress Test, che li obbliga a svolgere compiti complessi di fronte a giudici indifferenti.
Il test è risultato stressante per tutti, ma chi aveva ascoltato la musica ha recuperato più in fretta degli altri.

STRESS E TERZA ETÀ

INVECCHIARE BENE

Speriamo tutti di rilassarci un po' in vecchiaia, ma come fare, se la vita continua a darci occasioni di stress? Puoi anche cambiare prospettiva, ma le strategie di coping devono restare solide.

Invecchiando si perde un po' in prestanza fisica ma, come si sa, si guadagna in saggezza e nelle capacità emotive acquisite nell'arco della vita. Ci sono prove che con l'età aumenta anche la resilienza.

Restare arzilli

Il cervello invecchia: dopo i 40 anni perde circa il 5% del suo peso ogni dieci anni, ma questo significa che perdiamo anche la capacità di risolvere problemi? Uno studio pubblicato sul *Canadian Journal of Aging* nel 2011 sulle strategie di coping in un gruppo di volontari dai 20 ai 90 anni dà un esito rassicurante. I soggetti più anziani, pur dimostrando un certo declino cognitivo (rallentamento della memoria e dei processi mentali), riuscivano comunque ad applicare strategie di coping basate sul problema, salvo i soggetti con demenza constatata. La loro capacità di coping non era limitata dall'età: sono stati in grado di risolvere problemi in modo altrettanto attivo ed efficace.
Uno studio brasiliano del 2009 ha rilevato che i soggetti anziani usavano strategie di coping basate sul problema, anziché sull'emozione. Erano cioè più inclini a risolvere un problema che a rassegnarvisi, nonostante entrambi gli approcci siano efficaci nella gestione dello stress.

11.5%

Secondo uno studio del 2016, il 33% dei pre-pensionati pensavano che sarebbero stati **soli,** ma otto anni dopo solo **l'11.5%** di loro lo era davvero. Lo stesso studio suggeriva che eliminando gli stereotipi sulla solitudine con prospettive **positive** si riduce il rischio di essere soli in vecchiaia.

Meno stressati?

Secondo uno studio della Gerontological Society of America del 1996, gli anziani riportano meno fattori di stress. Sono meno soggetti a svolte improvvise e lo stress che provano è di tipo cronico, legato ad esempio alla salute, che è meglio affrontare con un'attitudine basata sull'emozione del tipo "se non puoi curarlo, impara a tollerarlo, invece di lamentarti".

Gli anziani hanno anche più esperienza nell'evitare problemi. Invecchiando si diventa più resilienti, ma di fronte a un problema concreto, gli anziani sono in grado di usare il proprio giudizio proprio come i giovani.

LA CURA DI SÉ IN ETÀ AVANZATA

Medici e psicologi concordano sull'efficacia di queste tecniche per ridurre lo stress nella vecchiaia:

- **Cura la vita sociale.** Un articolo indiano del 2014 pubblicato sul *Journal of Clinical and Diagnostic Research* conferma che la solitudine è un potenziale fattore di stress. Lo psicologo John Cacioppo ha studiato come un buon sostegno sociale riduca del 50% il rischio di morte prematura.
- **Trova nuovi obiettivi.** Che fare una volta in pensione e con i figli fuori casa? Ognuno ha la sua risposta, ma la politica, il volontariato, le attività artistiche e la cura del prossimo danno un senso alla vita, riducendo lo stress (pp. 44-45).
- **Ricerca l'indipendenza.** Potresti aver bisogno di aiuto per muoverti: organizzati per ottenere il massimo dell'accessibilità e avere la maggior libertà di movimento possibile.
- **Cura la salute.** Un'attività fisica dolce, una dieta equilibrata e un bravo medico ti mantengono sano più a lungo.
- **Se ti prendi cura del partner,** ritagliati del tempo per te e crea una solida rete di sostegno (pp. 104-105).

PIANI PER LA PENSIONE

È al sociologo Robert Atchley che si deve la principale teoria psicologica sulla pensione secondo cui è da intendere non come un evento ma un processo che, come ogni fase della vita, ha i suoi fattori di stress.
Se si sa a cosa si va incontro è meno stressante, perciò preparati con le fasi qui sotto:

Fase	Criticità	Tecniche antistress
1. Pre-pensionamento	■ Prendi provvedimenti per la tua serenità futura. ■ Separati emotivamente dalla tua routine.	✔ Rivolgiti a un consulente finanziario. ✔ Pianifica delle attività piacevoli. ✔ Resta in contatto con gli amici di lavoro.
2. Pensionamento	Atchley identifica tre punti di vista ricorrenti: ■ Chi se la gode si sente in vacanza e si diverte. ■ I pensionati da "routine immediata" trovano subito una nuova quotidianità. ■ I tipi da "riposo e relax" si prendono una pausa.	✔ Non esagerare nelle spese: probabilmente guadagnerai un po' meno. ✔ Considera che questa fase potrebbe essere passeggera.
3. Disincanto	■ Noia ■ Perdita dell'identità.	✔ Pianifica il tuo futuro sviluppando nuovi interessi e scoprendoti parte di una comunità.
4. Riorientamento	■ Fai nuovi piani per il futuro.	✔ Pondera bene ogni decisione prima di fare scelte irreversibili come trasferirti in un'altra città.
5. Routine della pensione	■ Trova il tuo spazio in una nuova struttura di vita.	✔ Metti in conto qualche disagio.
6. Occupati della salute	■ Iniziano i problemi di salute.	✔ Assicurati un'assistenza medica e un sostegno emotivo.

SEMPRE AL TUO FIANCO

OCCUPARSI DEGLI ALTRI

Occuparsi di qualcuno, che sia un familiare anziano, un partner malato o un figlio disabile, è molto stressante. È una vita che richiede organizzazione e resilienza, ma non dimenticarti di te stesso.

Occuparsi di qualcuno non autosufficiente, per una malattia o disabilità, è una responsabilità diffusa e spesso non retribuita. Nel 2015 si stimava che ci fossero 7 milioni di casi in Inghilterra e 43,5 milioni negli USA. Se sei in questa situazione, hai bisogno di qualche accortezza in più per gestire lo stress (pagina a fronte).

Lo stress dell'assistenza

Assistere una persona richiede un grosso sforzo fisico ed emotivo. Alcuni studi americani del 2009 hanno rilevato che le madri di figli autistici adolescenti e adulti presentano livelli di cortisolo simili ai soldati in guerra. L'assistenza è difficile. I momenti di sconforto sono normali e non fanno di te una brutta persona. Ricorda che ciò che fai è un lavoro ma anche una dimostrazione d'amore. Nel 2011, l'America's National Family Caregivers Association ha riportato che, dopo aver riconosciuto il proprio ruolo di "assistente" (non familiare che dà una mano), il 90% dei soggetti si impegnava più attivamente nella ricerca di risorse e competenze.

83%

L'associazione Carers UK riporta che **l'83% delle persone che fanno assistenza** sono stressati: non sentirti in colpa, è normale.

COSA POSSO FARE?

Gli psicologi e le associazioni per la salute mentale concordano sull'efficacia di questi metodi per contenere lo stress:

- ✔ **Resta informato.** Informati sulle condizioni mediche del tuo caro e sulle risorse a disposizione.
- ✔ **Condividi le emozioni.** Amici, familiari e gruppi di sostegno possono essere utili, soprattutto se sono competenti e non giudicano.
- ✔ **Sii realistico** riguardo alle tue possibilità e poni i giusti limiti. Affronterai tutto meglio se non pretendi l'impossibile.
- ✔ **Organizzati.** Usa agende e tabelle per dare le giuste priorità e non scordare gli impegni. Tieni le informazioni utili in un luogo accessibile.
- ✔ **Resta in salute.** L'esercizio, l'alimentazione e il sonno sono essenziali: chi si occupa degli altri deve occuparsi di se stesso.
- ✔ **Prenditi una pausa.** Esistono assistenti sanitari che possono sostituirti quando hai bisogno.
- ✔ **Ricorri a tecniche di rilassamento** come meditazione (pp. 132-135) e yoga (pp. 156-157), entrambi utili a livello fisico e mentale per imparare a gestire le emozioni e a ridurre la frustrazione.

OCCHIO AI SEGNALI

Sei sul punto di dover cercare aiuto o prenderti una pausa? Gli esperti di burnout da assistenza raccomandano di tenere sotto controllo i seguenti segnali:

1

Spossatezza.
"Sono troppo stanco, non ce la faccio."

2

Carenza di sonno.
"Non posso dormire. Se poi casca e si fa male?"

3

Irritabilità.
"Levati di mezzo e lasciami in pace!"

4

Negazione.
"L'anno prossimo starà sicuramente meglio."

5

Rabbia.
"Potresti fare meglio, se ti sforzassi un po' di più!"

6

Ansia.
"Come faremo in futuro? Magari non potrò più occuparmene."

7

Depressione.
"La vita non ha più senso per nessuno dei due."

8

Isolamento.
"Non me la sento di vedere gli amici."

9

Scarsa concentrazione e memoria.
"Oh, no, avevamo fissato ieri?"

10

Problemi di salute.
"Mi becco ogni minimo raffreddore in circolazione."

Se ti stai occupando di qualcuno e ti riconosci in alcune di queste affermazioni, considera l'ipotesi di chiedere aiuto al tuo medico o a un gruppo di sostegno.

LASCIAR CORRERE

IL POTERE DEL PERDONO

Molte religioni raccomandano il perdono. La "psicologia del perdono" ne studia i benefici: nelle circostanze e con l'approccio giusti, perdonare può ridurre molto lo stress.

Perché dovremmo perdonare chi ci ha fatto un torto? Secondo l'American Psychological Association, se approcciato nel modo giusto il perdono contribuisce alla nostra salute fisica e mentale. Se concesso spontaneamente, il perdono ti dà forza e riduce lo stress.

Il Forgiveness Project

Gli esperimenti del "Forgiveness Project" di Stanford hanno dato un forte impulso alla psicologia del perdono all'inizio di questo secolo. Lo studio ha dimostrato che perdonare fa bene se puoi rispondere "sì" alla domanda: "Riesci a immaginare di cambiare atteggiamento verso la preoccupazione?".

Se la risposta è sì, prova i passi seguenti:

1 Metti in chiaro come ti senti e spiega alle persone di cui ti fidi ciò che è inaccettabile per te.

2 Cerca di perdonare la persona che ti fatto il torto. Perdonare fa bene a te in primis, non agli altri.

> Prima di **poter perdonare** devi **esserti arrabbiato**.
>
> **Judith Orloff**
> psicologa americana

3 Perdonare qualcuno non significa legittimare il suo comportamento o essergli amico.

4 Ammetti che la tua sofferenza nasce da sentimenti attuali e non dal torto iniziale.

5 Nei picchi di stress prova alcune semplici tecniche come gli esercizi di respirazione (pp. 128-129), l'RMP (pp.130-131) o la mindfulness (pp. 132-135).

6 Accetta di non avere il controllo sulle azioni degli altri. Avere regole su come le cose "dovrebbero essere" è stressante, ma puoi comunque fare del tuo meglio.

7 Identifica gli obiettivi positivi della tua vita. Anziché rimuginare, impiega tempo ed energie per realizzare i tuoi obiettivi.

E LA GIUSTIZIA?

Non si può forzare il perdono, e sentirsi obbligati a farlo quando non si è pronti aumenta lo stress. Un articolo americano del 2015 dedicato ai terapeuti che lavorano sulla capacità di perdono dei pazienti, individua alcune regole importanti:

1

Perdonare richiede uno sforzo emotivo. Limitarsi a dire "Ti perdono" non ti farà sentire meglio.

2

Perdonare non significa dimenticare. Puoi perdonare qualcuno pur soffrendo ancora per il torto che ti ha fatto: lo scopo è riconciliarti con quella sofferenza.

3

Perdonare non significa rinunciare alle conseguenze. Puoi perdonare qualcuno pur considerandolo responsabile, per esempio sporgendo denuncia.

4

Perdonare richiede tempo, non provarci finché non sei pronto.

5

Rabbia e risentimento sono reazioni sane a un torto subito. Il perdono tenta di superarle, ma restano comunque un punto di partenza legittimo e naturale.

8 Ricorda il potere di vivere bene per superare sofferenze e lutti. Concentrati sull'amore, la gentilezza e la bellezza del mondo.

9 Cambia la tua storia. Anziché vittima, sei un vincitore in grado di superare le avversità e imparare dalle esperienze.

Questo approccio si è rivelato efficace anche con persone con profonde ferite e risentimenti personali. Nel 2000 uno studio sulle donne cattoliche e protestanti che avevano perso i propri cari nel conflitto nordirlandese ha rilevato che 6 mesi dopo aver appreso questa tecnica il loro livello di stress era sceso del 50%. I conflitti mondiali presenti e passati dimostrano fin troppo bene che vendicarsi non fa che aumentare la tensione. Non c'è da stupirsi se tra i detti attribuiti al filosofo cinese Confucio c'è anche questo: "Prima di incamminarti sulla via della vendetta, scava due tombe".

Perdonare non è facile e non devi provarci se ti sembra impossibile. Ma se rabbia e risentimento sono causa di stress, tentare la via del perdono può renderti più forte e felice.

SAPER DIRE GRAZIE

LA GRATITUDINE COME ANTISTRESS

La gratitudine è sì una virtù, ma è anche un efficace modo di prendersi cura di sé. Se le sfide della vita ti buttano giù, la scienza consiglia di pensare alle cose belle che hai.

Può sembrare strano dire che bisogna essere grati nei periodi di stress: avere più problemi di quanti si riescano a gestire non è poi una gran fortuna. Ma gli psicologi affermano che coltivare la gratitudine, anche se solo per le piccole cose, aiuta a ridurre lo stress.

Sentirsi meglio

La psicologia positiva, che studia il benessere delle persone, ha dimostrato che la gratitudine diminuisce lo stress. Per esempio in uno studio del 2003 dello psicologo esperto di gratitudine Robert Emmons è stato chiesto a tre gruppi di soggetti di pensare rispettivamente a eventi neutri della loro vita, a scocciature quotidiane e a esperienze di cui sono grati. Chi aveva pensato alle proprie fortune riportava un senso di benessere superiore agli altri.

Uno studio inglese del 2008 ha seguito alcune persone nei loro

> È proprio nei **momenti di crisi** che possiamo trarre più vantaggio dalla **gratitudine**.
>
> **Robert Emmons**
> psicologo positivo americano

periodi di transizione, monitorandone gli stati emotivi. I soggetti con maggior gratitudine percepivano un maggior sostegno dal contesto sociale e avevano livelli di stress e depressione più bassi. Questi effetti positivi non dipendevano dai tratti personali dei soggetti sulla scala dei Big Five (pp. 30-31): la gratitudine fa bene a tutti.

Vincere lo stress

Ecco altri effetti benefici della gratitudine che aiutano a ridurre lo stress:

- **Lo stress disturba il sonno** ma uno studio inglese del 2009 ha dimostrato che le persone grate dormono meglio.
- **I ricordi dolorosi** sono stressanti, ma secondo uno studio americano del 2008 chi ricorda un evento spiacevole e scrive un insegnamento che ne ha tratto si sente meglio e lo affronta con più grinta (pp. 40-41).
- **I problemi di coppia** sono stressanti, ma uno studio americano del 2011 ha rilevato che chi esprime gratitudine verso il partner a una terza persona è anche più incline a comunicare col partner (pp. 70-73).

La scienza afferma che esercitare la gratitudine aiuta a mantenere sotto controllo i livelli di stress.

CI VUOLE MODERAZIONE

La gratitudine non è la cura di tutti i mali, ovvio. La psicologa Amie Gordon ci dà qualche avvertenza:

- ✖ Non costringerti alla gratitudine (vedi a destra).
- ✖ Non sprecare la gratitudine con chi continua a trattarti male.
- ✖ Non usare la gratitudine per accantonare i problemi che vanno affrontati (pp. 140-141).
- ✖ Non essere grato alla fortuna al punto da non dare peso ai tuoi successi e ignorare il tuo valore (pp. 42-43).
- ✖ Non confondere la gratitudine con il debito: puoi apprezzare qualcuno senza dovergli niente.

Insomma, apprezza le cose belle della vita ma non dimenticarti di risolvere i problemi, di porre limiti ragionevoli e di riconoscere il tuo valore: tutte azioni per prendersi cura di sé.

DIARIO DELLA GRATITUDINE

Psicologi e ricercatori consigliano di tenere un diario della gratitudine per mantenere un senso di benessere anche nei momenti di stress. Ecco alcuni consigli:

1 **Pianifica i tempi.** Scrivere tutti i giorni è troppo; la ricercatrice Sonja Lyubomirsky ha osservato che chi aveva scritto una volta a settimana per sei settimane si sentiva più felice, di chi aveva scritto tre volte a settimana. Una o due volte è sufficiente.

2 **Scegli consciamente** di esercitare la gratitudine. Più sei motivato, più il diario sarà utile.

3 **Qualità anziché quantità.** Annotare una sola cosa descrivendo il motivo della gratitudine è più efficace che scrivere poco di tante cose.

4 **Sii più grato alle persone** che alle cose.

5 **Fai caso ai colpi di fortuna:** hanno un impatto maggiore di quelli previsti.

CAPITOLO 3

STRESS MOMENTANEO

TECNICHE PER AGGREDIRE LO STRESS A BREVE TERMINE

PUNTI DI SVOLTA

LO STRESS NEI MOMENTI DI CAMBIAMENTO

Quando la vita cambia in negativo è normale sentirsi sotto stress. A volte però anche i cambiamenti positivi possono essere stressanti, tutto dipende da cosa pensiamo di meritarci.

Ogni tipo di novità che ci impone dei cambiamenti, nelle circostanze pratiche o nell'atteggiamento, richiede impegno. Quando non ci sentiamo in grado di affrontare una sfida, anche se positiva, possiamo sentirci sotto stress.

Autostima e stress

Per evitare lo stress eccessivo, abbiamo bisogno di sentire che la nostra vita è come dovrebbe essere. Se abbiamo una buona autostima, ci convinciamo che ci succederanno degli eventi positivi, se invece la nostra autostima è bassa pensare di meritarsi qualcosa di buono è difficile e può diventare una fonte di stress.

In uno studio del 2004 sull'effetto degli avvenimenti sulla salute, lo psicologo Timothy Strauman ha fatto ai suoi studenti tre domande:

1. Che persona credi di essere?
2. Che persona vorresti essere?
3. Che persona dovresti diventare?

Strauman ha poi verificato i livelli dei globuli bianchi che di solito diminuiscono sotto stress cronico. Alcune risposte hanno mostrato delle difformità interne. Alla domanda 3 ad esempio rispondevano "dovrei lavorare di più", ma alla domanda 1 "sono pigro". Questi studenti avevano un numero inferiore di globuli bianchi

perché lo stress aveva minato il loro benessere.
Se la risposta alla domanda 3 è "non merito il successo" significa che alla 1 hai risposto "sono una persona di successo", questo può essere fonte di stress tanto quanto un fallimento. Studenti che godevano di autostima e successo avevano un livello immunitario alto, mentre quelli con una bassa autostima mostravano un conteggio di globuli bianchi inferiore. Per stare bene con il proprio successo bisogna credere di meritarselo.

Cosa posso fare?
Se hai poca autostima, può essere utile lavorarci su (pp. 42-43). Ecco alcuni suggerimenti che puoi mettere in pratica:

- **Circondati** di persone che ti supportano.
- **Dedica tempo** ed energie a persone e attività che riflettono i tuoi valori.
- **Dedicati ad attività** che ti aiutano a esprimere come ti senti.
- **Prenditi cura di te,** assicurati di dormire e mangiare bene.
- **Ripensa ai momenti difficili** del passato e ricorda come li hai superati.

Ti sembrerà strano doverti preparare a fronteggiare i momenti positivi, ma anche questi producono stress. Prevenire aiuto a gestire lo stress, buono o cattivo che sia.

LE TRE "A"

Secondo lo psicologo americano fondatore dell'Hardiness Institute Salvatore Maddi, il cambiamento ci richiede tre atteggiamenti positivi:

Avversità. Accetta che la vita sia stressante e vivi il cambiamento come un'occasione per imparare.

Abnegazione. Lo stress può farti scivolare nell'alienazione: insisti.

Autocontrollo. Non essere passivo e rigira ogni situazione a tuo favore.

UN ATTEGGIAMENTO SANO

Se siamo convinti di non meritarci niente di buono, un successo o un colpo di fortuna possono farci star male. Uno studio del 1989, condotto per quattro mesi dagli psicologi Jonathan Brown e Kevin McGill, su un campione di 261 studenti a cui era stato sottoposto un questionario di 33 punti, ha dimostrato che gli eventi positivi possono avere un effetto opposto a seconda del livello di autostima. Gli studenti che si sentivano bene con se stessi erano più in salute di quelli con una bassa autostima che si ammalavano spesso.

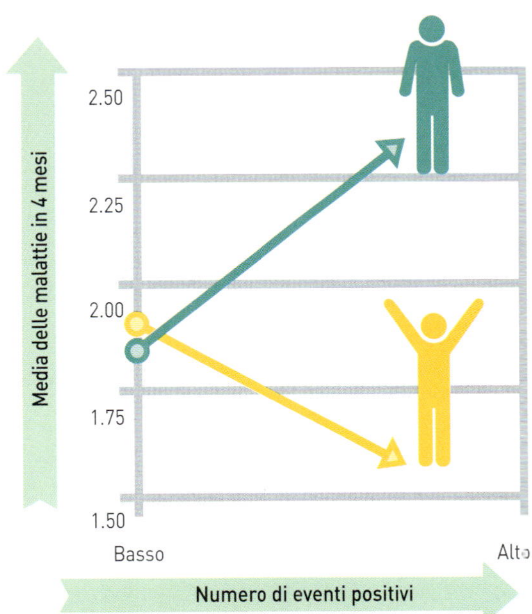

Gli studi dimostrano che dovresti prenderti maggior cura di te quando ti succede qualcosa di bello, soprattutto se hai una bassa autostima.

IL GRANDE GIORNO

COME GESTIRE L'ANSIA DA PRESTAZIONE

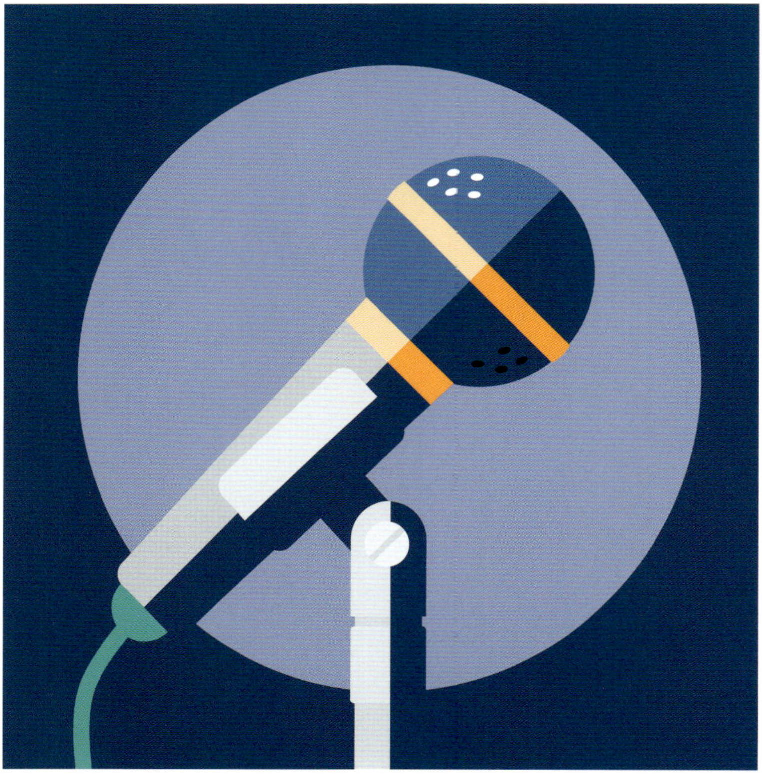

Hai presente quella terribile sensazione di precipitare prima di parlare in pubblico? Be', non sei il solo. L'ansia da prestazione è un fattore di stress molto comune, ma non deve impedirci di raggiungere i nostri obiettivi.

Sono poche le persone che non sentono la tensione di apparire in pubblico, e in alcuni casi l'ansia può essere così violenta da minare la nostra performance. Ma per fortuna c'è un metodo per rilassare i nervi e restare concentrati.

Trova il tuo centro

Negli anni '70 lo psicologo dello sport Robert Nideffer ha sviluppato la tecnica "centrare il bersaglio" che è poi stata riadattata dal collega Son Greene. Si basa sul concetto che il cervello è formato da due emisferi: la parte sinistra associata alla logica, al linguaggio, all'organizzazione e al giudizio; la parte destra ai suoni, alle sensazioni, alle immagini e alle emozioni. Quando ci prepariamo per parlare in pubblico usiamo la parte sinistra, ma per dare il meglio di noi dobbiamo usare anche la creatività della parte destra. Purtroppo la parte sinistra può ostacolare la destra provocando ansia. Ma allora come trovare il giusto equilibrio?

25%

Secondo un sondaggio svolto dalla Chapman University nel 2016 più del 25% degli americani ha **paura di parlare in pubblico.**

Allenamento prima della performance

Prima di parlare in pubblico segui questi consigli e preparati:

1 **Faccia a faccia con te stesso:** chiediti che obiettivo vuoi raggiungere e formulalo con parole d'incitamento. Per esempio invece di dire "spero che gli piaccia il mio discorso", prova a dire "parlerò in modo chiaro, schietto e sincero".

2 **Prova con qualcuno di cui ti fidi.** Evita di riempire i silenzi con "mmm" o "ah".

3 **Scegli un'immagine mentale**, il pubblico che applaude o una frase come "Forza e coraggio", ti aiuterà a ricordare che sei pronto e va tutto bene.

4 **Visualizza la presentazione** dall'inizio alla fine, ti aiuterà ad affrontare il momento cruciale.

5 **Quando sei davanti al pubblico,** scegli un punto dove fissare lo sguardo sotto gli occhi per evitare distrazioni.

6 **Prima di iniziare,** fai un bel respiro. Quando siamo nervosi spesso tratteniamo il respiro aumentando l'ansia.

7 **Usa l'immagine mentale** o la frase di incoraggiamento.

8 **Vai in scena.** Sei pronto a fare quello per cui ti sei preparato.

IL TUO SOSTENITORE NUMERO UNO

L'ansia da prestazione non si supera con un atteggiamento negativo. Scopri qui sotto come parlare a te stesso. Quando sei troppo negativo, prova a riformulare la stessa frase in chiave positiva.

PENSARE NEGATIVO		UN'ALTERNATIVA MIGLIORE
Se fallisco, non so che fine faccio.	→	**Sono forte,** ce la posso fare.
Sono una schiappa in questo genere di cose.	→	Anche se ho avuto problemi in passato **non significa che li avrò sempre.**
Non ho la più pallida idea di come fare.	→	È una **nuova esperienza,** imparerò tante cose.
Tutti quanti vedranno i miei difetti.	→	**Vedranno solo i miei punti forti,** se mi mostro sicuro di me.

La paura di parlare in pubblico non è legata alla performance che facciamo. Tutti i più grandi, da Gandhi a Hugh Grant, hanno provato una scarica di adrenalina prima di un'esibizione. L'ansia da prestazione non è sinonimo di fallimento. Con la pratica e alcune tecniche di rilassamento puoi controllare tua ansia e dimostrare sicurezza.

SCRIVI

Nel 2011 alcuni psicologi hanno chiesto a degli studenti di scrivere i propri pensieri e sentimenti riguardo al prossimo esame che dovevano sostenere. I voti degli studenti sono migliorati, soprattutto quelli più inclini allo stress da studio. Scaricare sulla carta l'ansia da prestazione funziona.

TROVARSI ALLE STRETTE

GESTIRE LO STRESS DA LITIGIO

A tutti può capitare di discutere o di avere un conflitto personale qualche volta, la maggior parte dei litigi genera stress. Di fronte a un disaccordo o a una discussione, come facciamo a restare calmi e sicuri di noi?

In un mondo ideale vivremmo senza discussioni o litigi per interessi personali, ma nella realtà questo è impossibile. Anche quando siamo alle stette con qualcuno, essere sicuri di sé aiuta a gestire lo stress.

PARLARE CHIARO

Quando litighiamo, la chiave per gestire i livelli di stress è essere onesti con noi stessi. Uno studio del 2015 ha testato alcuni volontari per vedere come gestivano i conflitti: coloro che mostravano consapevolezza dei propri difetti erano in grado di gestire lo stress molto meglio degli altri.

Autenticità

Gli studi suggeriscono che uno dei modi migliori per gestire lo stress da litigio è restare autentici. Teorizzata nel 2006 dagli psicologi Michael Kernis e Brian Goldman, l'autenticità si compone di quattro elementi:

- **Consapevolezza.** Conoscere e credere nelle nostre idee, sentimenti, ragioni e bisogni.
- **Giudicare senza pregiudizi.** Accettare i giudizi e le critiche senza mettersi sulla difensiva.
- **Comportamento.** Agire secondo i nostri valori e le nostre inclinazioni.
- **Gestire le relazioni.** Avere relazioni oneste dove lasciare trasparire pregi e difetti.

Se siamo in grado di portare avanti una relazione autentica con noi stessi, la pressione dei comportamenti e delle opinioni altrui sarà meno stressante.

Integrità

Come affrontiamo di solito una discussione? Nel 1983 un team di ricercatori guidati da Alan Sillars ha identificato tre categorie principali:

- **Frammentare.** Litigare per vincere con atteggiamenti ostili, aggressivi e insulti.
- **Evitare.** Comunicare indirettamente o accettare passivamente per abbassare i toni della discussione.
- **Costruire.** Dire ciò che si pensa e lavorare per risolvere il problema.

Nel 2010 dei ricercatori americani hanno studiato queste tre categorie per capire quale provocasse più stress e una risposta negativa per la salute. È risultato che lo stress aveva

QUALCOSA TI TRATTIENE?

Gestire un conflitto richiede delle capacità che spesso non abbiamo. Uno studio americano del 2014 ha identificato una serie di barriere che ci impediscono di comunicare correttamente sotto stress e le rispettive soluzioni.

Problema di comunicazione	Soluzione	Esempio
Il tabù di creare problemi in contesto familiare, culturale o lavorativo	Riconosci il tabù davanti a tutti.	"Sono un po' in imbarazzo a parlarne, ma..."
Scarse capacità di gestire i conflitti	Lavora sul rispetto e sul mantenere la calma.	"Ci siamo fatti prendere la mano, facciamo una pausa per schiarirci le idee."
Difficoltà a comprendere gli altri	Lavora sulle competenze sociali e l'empatia.	"So che non è facile per te."
Questioni emotive irrisolte legate al passato	Assumiti la responsabilità delle tue azioni.	"Mi sono lasciato trasportare, so che non avrei dovuto farlo."
Scarse capacità di risolvere i problemi	Affronta i problemi in modo collaborativo.	"Vogliamo entrambi il meglio per tutti: cerchiamo una soluzione."
Bassa autostima	Arrabbiarsi è normale, fai un passo indietro e cerca di essere oggettivo.	"Non è facile sentirselo dire, ma faccio del mio meglio."
Bassa autoconsapevolezza	Chiedi consiglio a persone di cui ti fidi.	"Mi dicono che sono troppo aggressivo, secondo te è vero?"

colpito tutti i soggetti allo stesso modo, ma i pensieri negativi non avevano avuto effetti sulle persone con atteggiamento costruttivo. Comunicare con sincerità e cercare di risolvere i problemi non rende più facile discutere, ma può diminuire lo stress se non si provano rimpianti. Evitare i contrasti è impossibile, anche se siamo collaborativi per natura. Restare fedeli a se stessi e affrontare le discussioni come un problema da risolvere, invece che come una guerra da vincere o da evitare, può ridurre lo stress al minimo.

LA TEORIA DELLA AUTODETERMINAZIONE

Il concetto di autenticità deriva dalla scuola di pensiero conosciuta come Teoria dell'autodeterminazione, nata nel 1980 dagli psicologi Edward Deci e Richard Ryan. Secondo questa teoria i nostri tre bisogni primari sono:

Autonomia. Il bisogno di avere il controllo della nostra vita.

Competenza. Il bisogno di sentirsi capaci e competenti.

Socievolezza. Il bisogno di stabilire relazioni positive con le altre persone.

Quando uno di questi tre bisogni viene meno, ci sentiamo sotto stress. Discutere con qualcuno, soprattutto se lottiamo per il controllo, se le nostre competenze sono messe in discussione o se la relazione diventa temporaneamente ostile, è fonte di uno stress importante. Un buon livello di integrità personale è cruciale per il nostro benessere. Anche se non possiamo controllare ciò che pensano gli altri, l'importante è sentirsi bene con se stessi.

NON CE LA FACCIO PIÙ!

COME GESTIRE LA FRUSTRAZIONE

Avere a che fare con ostacoli o con persone che continuano a intralciarci può essere stressante. Con un po' di pratica possiamo sviluppare tolleranza nei confronti della frustrazione e gestire i problemi con un atteggiamento più sereno.

La frustrazione è quel sentimento di sconforto che proviamo quando succede qualcosa che non ci aspettavamo. Provare frustrazione nella vita è inevitabile, ma sviluppando un po' di tolleranza è possibile ridurne l'impatto emotivo.

Tolleranza e frustrazione

Lo stress provocato dagli ostacoli che affrontiamo è strettamente collegato alla nostra capacità di gestire il disagio emotivo. Lo psicologo Neil Herrington, specialista in problemi di frustrazione, suggerisce alcune tecniche per migliorare le proprie capacità:

- **Rischiare.** Fai qualcosa di un po' rischioso come un giro sulle montagne russe o guardare un film horror.
- **Stare sotto pressione.** Prova a non lasciare una situazione al primo segno di disagio, come un libro noioso o uno show irritante alla tv.
- **Allenare i muscoli.** Fai la fila più lunga per lavorare sulla tua pazienza o indossa un cappello strano e non vergognarti.

Questi semplici esercizi insegnano a superare momenti di disagio accrescendo la nostra capacità di gestire la frustrazione. Invece di ingigantire il problema biasimando i nostri sentimenti, possiamo affrontare il momento di difficoltà come un evento passeggero, non una catastrofe.

> L'intolleranza alla frustrazione è incapacità di accettare le **differenze** tra le proprie **aspettative** e la **realtà**.
>
> **Meghan Keough**
> psicologa americana

Tollerare chi amiamo

Come ha notato il medico il Alex Lickerman, le persone che ci innervosiscono di più sono spesso quelle più vicine a noi: compagni, figli o genitori. La combinazione tra frequentazione assidua e aspettative nei confronti delle persone care possono essere in contrasto con quello che secondo noi loro dovrebbero fare.

Lickerman suggerisce che il metodo migliore è la distrazione, e non c'è distrazione migliore della gratitudine (pp. 108-109). Immagina che la persona che ti sta dando noia scomparisse all'improvviso dalla tua vita. Sentiresti la sua mancanza? Quando ti soffermi a pensare a come ti sentiresti senza di lei, lo stress momentaneo si riduce fino a scomparire.

A nessuno piace innervosirsi, ma visto che non possiamo evitarlo del tutto, la soluzione migliore è pensare alle cose belle della vita e un momento di irritazione non è la fine del mondo.

? TI DEPRIMI FACILMENTE?

La frustrazione è un'emozione complessa: molto dipende da come ci sentiamo innanzi a un ostacolo. Nel 2005 lo psicologo Neil Harrington ha ideato una scala per misurare il disagio e i livelli di stress derivati dalla frustrazione. Scopri con quante di queste affermazioni sei d'accordo: possono offrirti una panoramica del tuo livello di stress e il modo migliore per superarlo.

1
- Non sopporto di dovermi far carico di compiti pesanti.
- Cerco il modo più semplice di risolvere le cose.
- Non sopporto fare cose che non ho voglia di fare.

2
- Non sopporto di aspettare per ottenere ciò che voglio.
- Non sopporto di essere criticato, soprattutto quando so di avere ragione.
- Non sopporto di essere dato per scontato.

3
- Non sopporto di essere arrabbiato e cerco di farmela passare.
- Non sopporto di essere fuori controllo.
- Se le cose non vanno come dico io, non potrò mai essere felice.

4
- Non posso ridurre le mie aspettative, anche se sarebbe utile.
- Non sopporto di non riuscire a esprime il mio potenziale.
- Non sopporto di lasciare un lavoro a metà o incompleto.

TIPI DI FRUSTRAZIONE	STRATEGIE DI GESTIONE
1 = Intolleranza al disagio: difficoltà a gestire i compiti quotidiani.	✔ Lavorare sulla resistenza (pp. 192-193) può aiutarti ad affrontare momenti di disagio.
2 = Riconoscimento: stress dovuto a un riconoscimento non raggiunto o a un'ingiustizia.	✔ Un approccio diverso alle ingiustizie della vita (pp. 124-125) può rendere la frustrazione più tollerabile.
3 = Intolleranza emotiva: difficoltà a gestire un disagio emotivo.	✔ Esercizi di concentrazione (pp. 132-135) possono migliorare la tua capacità di gestione della frustrazione.
4 = Obiettivi: stress dovuto all'impossibilità di raggiungere gli obiettivi che ti sei prefissato.	✔ Ridurre il perfezionista che è in te (pp. 34-35) può aiutarti a essere più produttivo con meno frustrazione.

LA FINE DI UN AMORE

SEPARAZIONE E DIVORZIO

Tutti sappiamo com'è quando ci spezzano il cuore. Quando una relazione finisce, imparando a prenderti cura di te ti accorgerai che il dolore scompare prima.

Il divorzio, la separazione, la fine di una relazione sono gli eventi più difficili della vita: a volte un amore non funziona e ci troviamo ad affrontare una dolorosa fase di aggiustamento. Prenditi cura di te e vedrai che nonostante lo stress riuscirai a superare anche questa.

Ce la posso fare?

La fine di una relazione fa male, non ci sono dubbi. Qual è il livello di stress quando si affronta una perdita? Nel 2015 una rivista americana ha rilevato una contraddizione: alcuni studi sostengono che le persone sono abbastanza brave a gestire una rottura, ma anche che il divorzio e la separazione aumentano i problemi di alcol e malattie legate a stress e depressione.

La rivista concludeva che per la maggior parte delle persone separarsi è doloroso, ma che molti riescono a riprendersi. Tuttavia tra il 15% e il 20% ritiene che il dolore possa danneggiare la propria salute.

Sii forte

Per essere certi di appartenere a quell'80-85% di persone che

Molte persone hanno un atteggiamento **resiliente** e gestiscono bene il divorzio.

David Sbarra, Karen Hasselmo e Kyle Bourassa
psicologi americani

gestiscono bene la fine di un rapporto, ecco i consigli degli esperti:

- **Cerca di non ossessionarti** sul perché la relazione è finita. Aumenterebbe solo lo stress.
- **Non cercare di tornare con il partner.** Ammettere che la storia è finita non è facile. Se rifiuti di accettarlo prolunghi il dolore e danneggi il tuo benessere (pp. 124-125).
- **Cambia punto di vista.** Ripetere che senza il tuo partner non ce la farai e non troverai nessun altro, ti farà solo sentire peggio. Concentrati su ciò che ti fa stare meglio (pp. 26-29).
- **Pensa a chi sei fuori dalla relazione.** Se hai un'autostima alta e una buona percezione di te (pp. 42-43) sarà più facile immaginare il futuro senza il tuo partner.
- **Qualità del sonno.** Per gestire i tuoi sentimenti hai bisogno di dormire bene (pp. 162-165).
- **Prenditi cura della tua salute mentale.** Se tendi alla depressione, lo stress da separazione può aggravarla. Assicurati di avere il supporto e i trattamenti adeguati (pp. 202-203, 208-209).

Con un po' di pazienza e di ottimismo, riuscirai a superare lo stress iniziale della separazione e a tornare alla normalità. Le rotture fanno male, ma il dolore non dura per sempre.

TUTTI HANNO BISOGNO DI ATTENZIONI

LA CURA DEI FIGLI

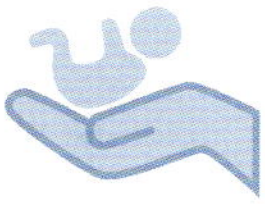

La separazione e il divorzio possono essere duri anche per i bambini. Tieni d'occhio il loro benessere emotivo::

- **È molto importante** non mostrare ostilità verso l'ex. Studi dimostrano che i figli subiscono un forte stress quando i genitori si offendono o si attaccano. Cerca di mantenere un ambiente sereno.
- **Non prenderti la colpa.** Uno studio spagnolo del 2016 rileva che i figli di genitori che litigano molto stanno meglio dopo la separazione. La cosa migliore che puoi fare per la tua famiglia è essere un genitore amorevole e solidale.

LA CURA DI SÉ

Anche se non hai nessuno che dipende da te, preparati a ciò che dovrai affrontare:

- **Perdonarsi** è un ottimo modo per attraversare i momenti duri (pp. 38-39). Non lasciare che la tristezza per la fine di una relazione interferisca con il modo in cui ti prendi cura di te, nel corpo e nell'anima.

Hai una nuova vita da portare avanti gestisci lo stress come una delle tue responsabilità e concedi a te e ai tuoi figli le attenzioni di cui avete bisogno.

GESTIRE LE RISORSE

Una ricerca israeliana del 2011 ha individuato tre modi per sfruttare le proprie risorse contro lo stress da separazione:

- **Risorse economiche.** L'aspetto economico può essere complicato, ma fai tutto il possibile per rimetterti in piedi. La stabilità economica ti aiuterà a sentirti più sicuro.

- **Risorse cognitive.** Crea una narrazione della situazione che stai vivendo che abbia senso per te e ti dia l'impressione di potercela fare (pp. 44-45).

- **Risorse emotive.** Il supporto delle altre persone è importante per farti sentire più sicuro di te (pp. 176-179).

45%

Se il tuo matrimonio è finito, non viverlo come un fallimento: succede a tantissime persone. L'Istituto di statistica americano del 2011 ha stimato che circa il 40-45% dei **primi matrimoni** finisce con un divorzio.

PERDERE QUALCUNO

COME GESTIRE IL LUTTO

Perfino le persone più resilienti provano un forte dolore quando perdono una persona cara. Il dolore provocato dal lutto è inevitabile, ma possiamo affrontare la tempesta con pazienza e comprensione.

Gli psicologi definiscono lutto il periodo di tristezza che consegue alla morte di una persona cara. Piangere i nostri cari è un'esperienza normale, ma una sofferenza profonda può opprimerci. È un momento di grande stress, quindi è importante essere pazienti con se stessi perché guarire richiede tempo.

Reazioni frequenti

Per quanto doloroso, il lutto è un processo sano. Ecco cosa proverai secondo gli esperti:

- **Apatia,** shock o incredulità soprattutto se la morte è stata improvvisa.
- **Ansia** per come andare avanti senza la persona cara.
- **Angoscia e pianto:** spesso le emozioni ci travolgono e scoppiamo a piangere. È normale sognare o immaginare la persona cara.
- **Rabbia** per l'ingiustizia o nei confronti della persona che ci ha lasciati.
- **Difficoltà ad andare avanti** nella quotidianità. Pensiamo che niente abbia più importanza e che non sopravviveremo al dolore.

Il dolore è il prezzo che paghiamo per le persone che **amiamo**.

la regina **Elisabetta II** in un discorso per la commemorazione delle vittime dell'11 settembre

Sii paziente

Il dolore non è né giusto né sbagliato, non essere troppo critico con te stesso per ciò che provi, anche se ti sembra irrazionale o indecoroso.

Alcuni specialisti suggeriscono che se dopo due anni ti senti ancora triste, potresti essere depresso. Chiedi l'aiuto di qualcuno (pp. 202-203, 208-209). Per la maggior parte delle persone il dolore si affievolisce e la vita sembra di nuovo degna di essere vissuta.

Sii positivo

A volte, se trascorriamo un bel momento, ci sentiamo in colpa nei confronti della persona che è morta, ma la professoressa M. Katherine Shear fa notare che "Le emozioni positive sono naturali ed è raccomandato cogliere ogni occasione possibile".

Il lutto è un processo di apprendimento: creiamo una nuova vita dove l'assenza del nostro caro trova una sua sistemazione. Quando sei in balia delle onde della sofferenza (vedi sotto), non c'è niente di male a concederti dei bei momenti.

6-12 mesi

Gli studi dimostrano che la **prima fase del lutto** di solito inizia a calare dopo i primi **6–12 mesi**.

ELABORARE IL LUTTO

La psichiatra M. Katherine Shear ha individuato un processo naturale attraverso il quale il dolore si evolve dall'acuto shock iniziale alla fase di stress in cui la perdita diventa agrodolce invece che devastante. Passerai per gradi da uno stadio all'altro.

SOFFERENZA ACUTA

↓

EVOLVE IN...

- **Elaborazione** di un nuovo mondo e del tuo posto al suo interno.
- **Oscillazione** tra momenti in cui affronti il dolore e altri in cui lo eviti.
- **Ricerca** di nuovi modi per esprimere il dolore in linea con le tue tradizioni culturali e la tua personalità.

↓

ACCETTAZIONE DEL DOLORE

- **Accettazione della morte** e delle sue conseguenze.
- **Sedimentazione dei sentimenti** in un modello meno stressante, costruito intorno ai ricordi della persona.
- **Scoperta** che la vita può tornare a essere piena.

CAVALCARE LO TSUNAMI

La psichiatra Diane McIntosh usa con i suoi pazienti la metafora dello "tsunami del lutto".
Il lutto ci colpisce con un duro colpo e, dopo il primo impatto, tende a ripresentarsi a onde: momenti di relativa calma alternati a ondate di stress e dolore. Quelle onde possono travolgerci per il resto della nostra vita, ma con il tempo si diradano e fanno meno male. Quando il dolore cresce, cerca di cavalcare l'onda e assicurati di arrivare a terra sano e salvo.

AFFRONTARE LA REALTÀ

ACCETTAZIONE E IMPEGNO

Lo stress farà sempre parte della nostra vita. L'ACT (Acceptance and Commitment Therapy) può essere un ottimo modo per accettare la realtà riducendo i danni che può infliggerci.

La falsa convinzione di avere un difetto, come se ci fosse qualcosa che non va in te e non nella situazione, può aumentare lo stress. Se ti convinci che lo stress è parte della vita e ti focalizzi a viverla come vuoi, nonostante le paure e gli ostacoli, ti sentirai più forte.

Accettazione e impegno

Creata nel 1986 dallo psicologo comportamentale Steven Hayes, l'ACT si basa su due punti:

- **L'accettazione** di esperienze indesiderate che non possiamo evitare. Lo stress è un disagio, ma cercare di controllare ciò che non può essere controllato lo è di più.
- **L'impegno** nel creare una vita che rifletta i nostri valori nonostante le avversità.

Come dice il cofondatore Kirk Strosahl, le persone vogliono "essere in contatto coi loro valori per vivere al massimo." Se ci focalizziamo sul significato della vita e la nostra soddisfazione, invece che sullo stress, vedremo la pressione svanire da sola.

42%

MENO STRESS

Una ricerca svedese del 2011 ha dimostrato che l'ACT ha aiutato il **42% di persone** soggette a una forte pressione a ridurre significativamente i livelli di stress.

PENSARE PER IMMAGINI

L'ideatore dell'ACT Seven Hayes usa spesso delle metafore per spiegare come gestire lo stress:

- **Passeggeri sull'autobus.** Lo stress può essere come un passeggero fastidioso sul bus. Non fermarti a litigare: continua a guidare nella direzione in cui vuoi andare.
- **Pallone in mare.** Ignorare lo stress è come cercare di spingere sott'acqua un pallone: i problemi torneranno a galla proprio come quello.
- **Foglie sul fiume.** Immaginati seduto lungo un fiume. Lo stress galleggia sull'acqua come le foglie. Falle portare via dalla corrente.
- **Sabbie mobili.** Lottare per eliminare l'angoscia può farti affondare di più: per ora accetta come ti senti.
- **Il treno dei pensieri.** Immagina un treno che passa, ogni carrozza porta un pensiero negativo o un sentimento scritto sulla fiancata. Non salire a bordo: resta a guardarlo passare.

Contro lo stress prova a usare una di queste immagini, ti faranno sentire in grado di accettare e gestire i tuoi sentimenti.

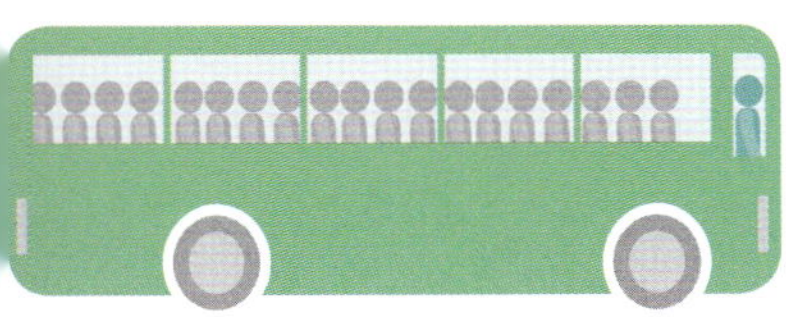

STRESS BUONO

L'ACT fa distinzione tra due tipi di malessere e consiglia di prediligere quello buono.

- **Malessere positivo.** Quando abbiamo un problema, arriva lo stress. Tali circostanze sono impegnative, ma normali e sane. La vita è piena di problemi da risolvere, è inevitabile e deve essere accettato.
- **Malessere negativo.** Il malessere non ci piace e opponiamo resistenza. Ma combattendo i nostri sentimenti, li amplifichiamo rapidamente. Smettendo di evitare il malessere positivo, possiamo evitare quello negativo.

PUNTI CHIAVE

Come si sviluppano l'accettazione e l'impegno? L'ACT suggerisce sei tecniche di base che possiamo usare per aiutarci e ridurre lo stress.

Tecniche base	Cosa significa	Ciò che sembra
Defusione cognitiva	Ascolta i tuoi pensieri, ma ricorda che non sono una verità oggettiva (p. 53).	Non dire "sono un fallito", ma "ho pensieri legati alla mia insicurezza".
Accettazione	Fai spazio ai sentimenti, ma non ti fissare.	"Sono molto nervoso, ma non importa, posso farcela."
Contatto con il momento presente	Sviluppa le tue abilità di autoconsapevolezza (pp. 132-135).	"Io sono me stesso, stressato o no."
Osservazione di sé	Tu non sei i tuoi sentimenti momentanei, ma una coscienza in divenire.	"Io sono me stesso, stressato o no."
Valori	Qual è la cosa più importante del mondo per te? Vivi per quella (pp. 44-45).	"Credo nella generosità. Posso essere generoso anche quando non mi sento bene."
Azione impegnata	Prefiggiti uno scopo e fai di tutto per raggiungerlo (pp. 192-193).	"Voglio andare alla recita dei bambini, anche se mi sento stressato."

"Chi vuoi

che prenda le decisioni

nella tua vita?

L'ansia, la depressione,

la rabbia, **o tu?"**

Kirk Strosahl

psicologo e cofondatore

dell'Acceptance

and Commitment Therapy

INSPIRA, ESPIRA

CONTROLLARE IL RESPIRO

Quando siamo sotto stress il nostro corpo tende a respirare meno a fondo e più rapidamente. Controllare il respiro è un ottimo modo per diminuire i livelli di stress e sentirsi in controllo.

Il respiro affannoso è una risposta naturale del nostro corpo quando avvertiamo una minaccia: quando siamo in modalità "fight or flight" il corpo pensa di avere bisogno di più ossigeno, e iniziamo ad ansimare. Ma quando non dobbiamo scappare davvero, il respiro accelerato può farci sentire peggio e talvolta provocare un vero attacco di panico (pp. 204-207). Dei semplici esercizi di respirazione (come quello nella pagina accanto) possono aiutarti a controllare il respiro quando sei sotto pressione.

Ama il tuo corpo

Secondo gli psicologi e gli pneumologi respirare in modo superficiale può essere causa di stress. Tuttavia è un errore facile in cui cascare. Respirare profondamente richiede muscoli addominali rilassati, che aiutano i polmoni a espandersi. Trattenere i muscoli, come quando fingiamo di avere la pancia piatta ad esempio, incide sul modo in cui

40%

Secondo uno studio belga-canadese del 2002 il **40% della nostra risposta emotiva** dipende da come controlliamo la respirazione.

respiriamo. Quando proverai l'esercizio di respirazione qui accanto, non preoccuparti del tuo aspetto e concentrati sul movimento dell'aria dentro e fuori dai polmoni.

Una raccomandazione

Se sei troppo teso e sul punto di avere un attacco di panico, respirare profondamente può essere una pessima idea. Gli attacchi d'ansia provocano iperventilazione, il corpo espelle troppa anidride carbonica provocando vertigini e svenimento. Un basso livello di anidride carbonica nel sangue ci fa stare peggio.

La psicologa Alicia Meuret ha sviluppato nel 2010 una tecnica che fa uso di capnometri per misurare la frequenza del respiro dei pazienti e aiutarli a capire come controllarlo. Ecco i risultati dello studio: per evitare un attacco di panico devi prima respirare superficialmente e poi rallentare piano piano. Quindi, se sei stressato, respira piano e profondamente, ma se sei in preda al panico fai respiri lenti e poco profondi. Così riuscirai a calmare il corpo e la mente.

MANTENERE LA CALMA

Una ricerca americana del 2006 ha chiesto a un gruppo di volontari di scegliere cosa fare per 15 minuti: preoccuparsi, non pensare a niente o sottoporsi a un esercizio di respirazione.

Poi ai volontari sono state mostrate delle foto scelte dall'International Affective Picture System che suscitavano piacere, repulsione o niente.

Chi aveva fatto l'esercizio di respirazione aveva livelli di stress inferiori.

ESERCIZIO DI RESPIRAZIONE

Controllare il respiro può essere una forma di meditazione, ma può anche contrastare lo stress. Quando hai bisogno di rilassarti, dottori e psicologi consigliano l'esercizio che segue. Se lo fai con regolarità vedrai che rilassarti diventerà più semplice.

1. **Mettiti seduto o disteso in modo comodo.** Se hai tempo inizia con una tecnica di rilassamento muscolare progressivo (pp. 130-131) per preparare il tuo corpo.
2. **Fai un respiro normale,** e valuta quanto è profondo.
3. **Fai un respiro profondo.** Espandi l'addome e respira lentamente.
4. **Se ne senti il bisogno,** alterna respiri profondi ad altri meno profondi per un po', in modo che il tuo corpo si abitui.
5. **Quando ti senti pronto,** respira profondamente per 10-20 minuti. Quando inspiri pensa che stai inalando pace e calma, quando espiri espelli stress e tensione.

LASCIARSI ANDARE

RILASSAMENTO MUSCOLARE PROGRESSIVO

Lo stress ci rende tesi provocando una serie di dolori fisici. Per fortuna esiste una tecnica comunemente riconosciuta che ti può aiutare a sentirti meglio in qualunque momento della giornata.

La tensione muscolare è uno degli effetti principali dello stress. Finché si tratta di una reazione provvisoria che ci permette di combattere o scappare va tutto bene (pp. 20-21), ma una tensione prolungata e cronica può causare mal di testa, dolore alla schiena, crampi, dolori in tutto il corpo, oltre che contribuire all'insonnia (vedi pp. 162-165) e aumentare lo stress. Quando i tuoi muscoli si irrigidiscono puoi provare l'RMP, la tecnica di Rilassamento muscolare progressivo.

La cura quotidiana

Sviluppato dal medico Edmund Jacobson nel 1929, l'RMP è molto usata nei trattamenti per tensione e mancanza di sonno. Anche le ricerche moderne avvallano l'RMP. Uno studio malese del 2011 ha rilevato che l'RMP aiuta i giocatori di calcio a ritrovare la calma. Un altro studio di Hong Kong del 2006 ha scoperto che migliora la qualità della vita e abbassa la pressione sanguigna dei pazienti con problemi cardiaci. Uno studio americano del 1992 ha invece rilevato che le persone affette da epilessia che la praticavano

> Una mente stressata non può esistere in un corpo **rilassato**.
>
> **Edmund Jacobson**
> medico americano
> inventore dell'RMP

regolarmente soffrivano il 29% in meno di convulsioni.
L'RMP è un modo semplice e veloce per rilassare il corpo e la mente. Di solito richiede meno di 10 minuti, ma puoi metterci di più se hai tempo. Continua finché ce la fai, anche una pratica breve può aiutare a rilassarti nei momenti stressanti. L'RMP non solo ti aiuta durante la giornata, ma migliora il sonno.

MINACCIA ALL'ORIZZONTE?

L'omino stilizzato qui sotto sta camminando verso o via da te? Il disegno permette di vedere entrambe le cose, ma le persone ansiose tendono a vedere che si sta avvicinando perché la reputano una minaccia. Una ricerca canadese del 2014 ha chiesto a delle persone di praticare l'RMP prima di guardare il disegno e ha scoperto che il loro pregiudizio rispetto alla figura era molto inferiore. L'RMP aveva diminuito i loro timori.

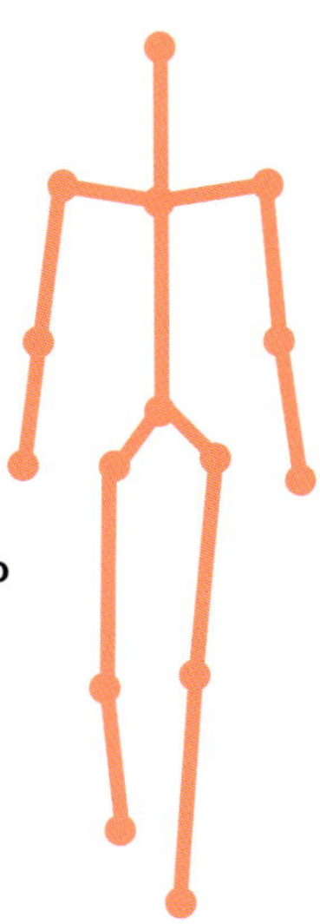

Guarda questo omino, si avvicina o si allontana?

LA TECNICA RMP

Per una persona tesa è difficile rilassarsi. L'RMP prevede la contrazione e il successivo rilascio di gruppi di muscoli procurando una sensazione di piacere. Se soffri di qualche lesione, chiedi prima al tuo medico. L'RMP deve essere fatta da seduti o distesi se non hai problemi a rialzarti.

Mantra per i muscoli

- Contrai e inspira.
- Trattieni per 5-10 secondi.
- Rilassa ed espira.
- Riposa per 10-20 secondi.
- Ripeti per ogni parte del corpo.

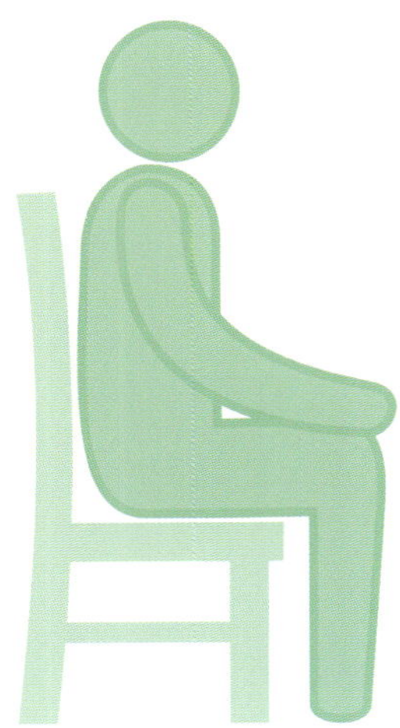

Contraendo e poi rilassando ogni parte del corpo, dopo aver fatto una breve pausa tra una contrazione e l'altra, ridurrai la tensione muscolare, ti sentirai più calmo e a tuo agio.

Inizia con i piedi e risali fino in cima:

1 **Inizia con un piede,** contrai i muscoli arricciando le dita, poi rilassa.

2 **Passa al polpaccio:** piega le dita dei piedi verso di te stirando il tallone, poi rilassa.

3 **Contrai le cosce** insieme ai polpacci e ai piedi, poi rilassa.

4 **Ripeti questi esercizi** per l'altra gamba.

5 **Chiudi una mano** a pugno, poi rilassa.

6 **Contrai il bicipite** e chiudi il pugno, poi rilassa.

7 **Ripeti gli esercizi** per l'altro braccio.

8 **Stringi i glutei,** poi rilassa.

9 **Risucchia la pancia,** poi rilassa.

10 **Fai un respiro profondo** e chiudi il petto, poi rilassa.

11 **Contrai le spalle** fino alle orecchie, poi rilassa.

12 **Spalanca la bocca,** poi rilassa.

13 **Chiudi forte gli occhi,** poi rilassa.

14 **Solleva le sopracciglia,** poi rilassa.

PRENDERE UNA PAUSA

MINDFULNESS E MEDITAZIONE

Da secoli il concetto di mindfulness fa parte di varie tradizioni religiose, tra cui il Buddismo. La medicina occidentale ha iniziato a studiarlo solo da qualche decennio, con risultati eccellenti.

Nel 1979 il professor Jon Kabat-Zinn della facoltà di medicina della Massachussetts University ha fondato la Mindfulness Based Stress Reduction Clinic. Da allora la mindfulness è diventata un campo di studi riconosciuto, con esiti positivi sulla riduzione dell'ansia, lo sviluppo della resilienza e la sopportazione del dolore fisico. Introdurre pratiche di mindfulness nella vita quotidiana è un ottimo modo per tenere sotto controllo lo stress.

Mindfulness: i benefici

Cos'è la mindfulness? In pratica è una forma di consapevolezza che ci aiuta a non giudicare i nostri sentimenti ed esperienze. Uno studio canadese-americano del 2004 ne ha identificato i principali benefici:

- **Livelli di attenzione sostenuti** che aiutano a focalizzare il momento presente e a sviluppare calma e concentrazione.

Avere mindfulness vuol dire svegliarsi, **riconoscere** ciò che sta succedendo nel **momento presente**.

Christopher Germer
psicologo e psichiatra americano

- **Selezione degli stimoli.** Durante la meditazione la mente tende a vagare: lo sforzo sta nell'accorgersene e recuperare l'attenzione. È un ottimo esercizio per imparare a cambiare argomento, cosa utile soprattutto quando hai molte preoccupazioni e vuoi rompere il circolo (pp. 48-49).
- **Osservare i tuoi pensieri.** La mindfulness ti aiuta a essere consapevole dei tuoi pensieri e a identificare e scacciare quelli che più ti infastidiscono anche quando non mediti (pp. 52-53).
- **Guarda le tue emozioni con curiosità** invece di bloccarle. Ciò riduce il potere dello stress su di te. Basta farsi stressare dallo stress!

Tutti questi benefici aumentano la tua capacità di concentrazione e la consapevolezza dei tuoi sentimenti. Nel 2015 un'analisi britannica ha rilevato che la mindfulness è molto efficace nel ridurre la reazione allo stress: si può essere stressati senza ingigantire il problema. Nelle prossime pagine parleremo degli atteggiamenti positivi che favoriscono la meditazione.
A volte, però, questa può creare "ansia da rilassamento".
Se la meditazione ti dà ansia, prova sessioni più brevi.
Se non ti senti ancora a tuo agio prova un'altra forma di rilassamento come l'RMP (pp. 130-131) o esercizi dolci (pp. 152-153).

»

ESERCIZIO DI MINDFULNESS

Se vuoi avvicinarti alla mindfulness, l'esercizio principale a cui tutti gli altri si rifanno è la meditazione sul respiro. Ritagliati un momento della giornata in cui puoi fare pratica senza essere interrotto, in un posto tranquillo.

1 **Siediti in una posizione comoda.** Non c'è bisogno di stendersi se preferisci essere vigile. Mantieni una posizione eretta, ma non rigida e chiudi gli occhi.

2 **Lascia accomodare la tua attenzione.** Senti i suoni intorno a te, le sensazioni del tuo corpo, i pensieri che vagano nella tua testa. Lasciali liberi di essere: non cercare di ignorarli, non ti fissare su di loro. Lascia che vadano e vengano.

3 **Concentra la tua attenzione sul respiro.** Percepisci come inspiri ed espiri, le sensazioni e il ritmo che crei.

4 **Se la tua mente scivola via** (succede sempre, non ti preoccupare) riportala indietro, concentrandoti sul respiro. Continua l'esercizio per 5-10 minuti, o di più se vuoi, poi distogli gentilmente la tua attenzione e apri gli occhi.

Perfino una breve sessione di meditazione, se fatta con regolarità, può aiutarti a mantenere la calma e a essere più consapevole dei tuoi sentimenti e di ciò che ti circonda. L'obiettivo dell'esercizio è la mindfulness stessa, quindi non sforzarti di farlo "correttamente": goditelo e lascia che qualsiasi cosa accada come deve accadere.

MINDFULNESS: UN'ATTITUDINE

Il Centre for Mindfulness in Medicine, Health Care and Society presso l'Università del Massachussetts evidenzia sette aspetti importanti per una buona pratica di mindfulness:

1

Non giudicare
Cerca di essere un testimone imparziale della tua esperienza.

2

Pazienza
La tua attenzione e le tue emozioni vagheranno. Non aspettarti di fare sempre la "cosa giusta".

3

Principiante
Se ti aspetti che ogni sessione di meditazione andrà allo stesso modo, ti distrai da come sta andando davvero. Vivi ogni momento di mindfulness come se fosse il primo.

4

Fiducia
Tu conosci i tuoi sentimenti meglio di qualsiasi insegnante o guru: segui il tuo intuito e sii te stesso.

5

Non sforzarti
Pensare che sei stressato e che devi eliminare lo stress crea delle aspettative sull'obiettivo che "devi" raggiungere. È meglio lasciare che le cose succedano liberamente.

6

Accettazione
Osserva le cose come stanno, anche se non ti piacciono del tutto. Se invece c'è qualcosa di te che non ti piace, non aspettare a cambiarlo.

7

Lasciati andare
Non aggrapparti a certi stati mentali respingendone altri: fanno tutti parte della vita. Lasciali liberi di venire e di andare.

Abbracciando questi atteggiamenti renderai la tua pratica di mindfulness meno stressante e ne trarrai beneficio.

TI SENTI A TERRA?

Uno degli effetti dello stress è abbassare le difese immunitarie. Ottime notizie: la mindfulness può aiutare. Una ricerca americana del 2003 ha testato soggetti che erano stati vaccinati contro l'influenza - un momento in cui il loro sistema immunitario era stressato - e ha scoperto che chi aveva praticato la meditazione durante le otto settimane precedenti aveva una risposta immunitaria migliore. Se lo stress ti logora, la mindfulness può aiutarti a combattere le infezioni.

STOP ALLO STRESS

Stai cercando un po' di mindfulness nella tua vita stressante? La psicologa Elisha Goldstein suggerisce un semplice acronimo per ricordarti di fare pratica perfino nei momenti più bizzarri della giornata, mentre fai la doccia, cammini, mangi o sei in viaggio:

S	Stop	Smetti di fare ciò che stai facendo. Chiudi gli occhi se puoi.
T	Tranquillizzati	Fai qualche respiro, concentrati sulla sensazione dell'aria che entra ed esce.
O	Osserva	Soffermati ad ascoltare come ti senti, nel corpo e nella mente.
P	Percepisci	Ascolta i rumori intorno a te senza giudicare.

Goldstein sostiene che perfino cinque minuti al giorno di mindfulness può ridurre lo stress e farci sentire più soddisfatti.

L'attitudine giusta

Secondo il Centre for Mindfulness in Medicine, Health Care and Society perché la mindfulness funzioni devi avere un atteggiamento scettico, ma aperto. Se dici che non funzionerà è probabile che la tua profezia si avveri, ma anche pensare che guarirà tutti i tuoi mali è un'illusione. La cosa migliore è accettare che la mindfulness sia una competenza che puoi imparare e che bisogna praticare con costanza.

Inoltre la meditazione, anche se potente, richiede una motivazione personale per funzionare. Prova a chiedere a te stesso che persona saresti se ti liberassi dallo stress che ti trattiene. La mindfulness non ha il potere di cambiare chi sei, ma è un ottimo punto di partenza per raggiungere la versione migliore di te, soprattutto se praticata quotidianamente. Una pratica regolare può diventare il centro sereno di una vita stressata nel quale invece di combattere le tue emozioni puoi ascoltarle ed essere te stesso. Tutti dobbiamo gestire lo stress, ma è bene creare uno spazio psicologico in cui smettere di combattere e prendersi una pausa.

Mindfulness è la **consapevolezza** che nasce dall attenzione intenzionale e non giudicante del **momento presente.**

Jon Kabat-Zinn
inventore della mindfulness therapy

FESTEGGIAMO

COME SOPRAVVIVERE ALLE FESTIVITÀ

Il pensiero del Natale o di altre feste ti provoca stress o depressione? Le festività sono un momento difficile per alcuni di noi quindi non ti caricare di aspettative irrealizzabili e prenditi cura di te.

Alle riunioni di famiglia dobbiamo essere allegri, ma in verità possono essere dei momenti molto tesi. Se le festività ti spaventano è bene pianificarle in anticipo.

8 su 10

Secondo un sondaggio dell'American Psychological Association **8 americani su 10** prevedono di essere soggetti a stress durante le vacanze.

Gestire le festività
Ecco qualche consiglio su come affrontare le feste:

- ✔ **Organizzati per tempo.** La psicologa Janet Frank suggerisce che se in famiglia vi scambiate i regali di Natale è una buona idea pensarci durante tutto l'arco dell'anno. Non solo è meno oneroso, ma ti eviti di fare tutto di corsa e in mezzo alla confusione.
- ✔ **Non cambiare le tue abitudini.** La blogger e autrice di Progetto Felicità sostiene che è normale essere stressati quando si interrompe la routine. Vai a letto e alzati come fai di solito, non smettere di fare esercizio e mangia senza privarti però di qualche strappo alla regola. Qualunque cosa dovrai affrontare, il tuo corpo sarà pronto a gestirla.
- ✔ **Stabilisci i limiti** (pp. 92-95). Qualche volta a Natale si deve dire di no, che si tratti del budget per i regali ai figli o di dire a un parente lontano che quest'anno non andremo a trovarlo.

Prendi coscienza di ciò che puoi e non puoi gestire e fallo sapere agli altri.

> Perfino i fratelli grandi si comportano come ragazzini di **otto anni**.
>
> **Pamela Regan**
> professoressa e psicologa americana

5% SAD

Una ricerca americana del 2010 stima che **un americano su 20** soffre di **Disordine affettivo stagionale.** Il SAD è più diffuso se ci si allontana dall'equatore. Le statistiche possono variare a seconda di dove si vive, ma in inverno prendersi cura di sé fa bene a tutti.

Sconfiggere la malinconia invernale

Nell'emisfero boreale le feste come Natale o Hannukkah cadono in inverno. Ad alcune persone le giornate buie provocano un disordine affettivo stagionale, una forma di depressione che passa quando torna la bella stagione.

Il SAD è curato come una depressione normale (pp. 202-203), ma anche con la terapia della luce. I pazienti sono esposti a una luce artificiale che stimola la secrezione di serotonina nel cervello, un neurotrasmettitore antidepressivo, e di melatonina, l'ormone che regola il ciclo del sonno. L'associazione britannica del SAD stima che la terapia della luce è efficace nell'85% dei casi e riduce i sintomi in due settimane di trattamento anche se la cura può richiedere più tempo. Se durante i mesi invernali ti senti giù, è meglio consultare il medico.

DIVERTIMENTO IN FAMIGLIA?

Le riunioni di famiglia implicano il trascorrere del tempo insieme. Vorrebbero farci credere che è una bella cosa, ma se la tua famiglia non è perfetta (e quale lo è?) la realtà può essere stressante. Ecco alcuni consigli per sopravvivere alle vacanze:

LA GIUSTA PROSPETTIVA
Per citare la professoressa Terri Orbuch: "La cosa migliore da fare è abbassare le aspettative, per evitare frustrazioni."
Qualunque sia l'immagine tradizionale di una festa in famiglia, le persone con cui la trascorri sono esseri umani imperfetti, quindi preparati a un evento imperfetto (pp. 34-35).

OCCHIO AI VECCHI SCHEMI
Quando si passa del tempo insieme si possono ricreare i vecchi ruoli di famiglia. Come sostiene la professoressa Pamela Regan, tendiamo a replicare abitudini e comportamenti sepolti da tempo. Resisti alla tentazione e ricorda che sei un adulto.

STABILIRE I LIMITI
Ken Duckworth, direttore dell'America's National Alliance on Mental Illness, ci invita a chiederci: "Perché devo fare cose che mi fanno stare male?" Se detesti l'idea di trascorrere del tempo con una persona in particolare, ricorda che puoi sempre tirarti indietro.

LE BATTAGLIE GIUSTE
Se sei costretto a trascorrere del tempo con dei parenti difficili, fai come dice la professoressa Pamela Wiegartz: "Scegli un altro momento per risolvere le differenze ideologiche o personali che hai con qualcuno." Per un giorno, fai un respiro profondo e lascia stare.

HO BISOGNO DI BERE QUALCOSA

STRESS E ALCOL

Molte persone bevono e non hanno nessun problema. Tuttavia lo stress può complicare la nostra relazione con il bere. Se ti senti sotto pressione, sii consapevole dei rischi legati all'uso di alcol.

Lo sappiamo tutti che bere troppo fa male alla salute, ma nei momenti difficili la tentazione di affogare i problemi in un bicchiere è forte. La soluzione sta nel tenere l'uso di alcol sotto controllo in modo da non peggiorare il livello di stress.

I benefici della moderazione

Una ricerca olandese del 2011 ha testato i livelli di cortisolo di alcuni soggetti durante il giorno e ha scoperto che i bevitori forti (più di tre drink al giorno) avevano livelli elevati durante la notte e al risveglio e mostravano una reazione fisiologica allo stress anche se non avevano problemi di alcolismo. I bevitori moderati invece erano soggetti a minor stress rispetto agli astemi, ma bere in grandi quantità aveva alterato la reazione fisica allo stress. Se bevi più di tre bicchieri al giorno, basta ridurre le quantità di alcol per limitare lo stress.

L'ABUSO DI ALCOL

1 su 12

L'America's National Council sulle dipendenze da alcol e droghe stima che **un adulto su 12** ha **problemi di abuso di alcol o di dipendenza**. Se il modo in cui ti relazioni all'alcol ti preoccupa, non sentirti solo. Non esitare a chiedere l'aiuto di un medico.

Stress e dipendenze

Lo stress può innescare un uso eccessivo di alcol. Una ricerca americana del 2016 ha sottoposto alcuni topi da laboratorio a un forte stress per un'ora e poi gli ha somministrato dosi eccessive di acqua zuccherata corretta con alcol. I topi che non erano stati sottoposti a stress bevevano molto meno rispetto agli altri che invece hanno continuato a bere per le settimane successive.

Il cervello dei topi era stato alterato: lo stress aveva acceso un interruttore che attenuava la risposta alla dopamina, il neurotrasmettitore associato al piacere della ricompensa, quindi erano istigati a bere di più, ma a provare meno piacere. In poche parole, più sei stressato più alcol ci vorrà a farti rilassare e smettere potrebbe essere arduo.

Scegli metodi più efficaci per ridurre lo stress, tipo la mindfulness, l'RMP e gli esercizi di respirazione (pp. 128-135).

Se l'uso di alcol che stai facendo ti preoccupa (vedi in alto a destra), ridurre lo stress può aiutare, ma è bene consultare un medico: un dottore che capisce il problema può esserti di grande aiuto.

Problemi con altre sostanze?

Numerosi studi confermano che lo stress rende più vulnerabili a ogni dipendenza, e più inclini a ricaderci quando cerchiamo di uscirne. Se questo è il tuo caso, gestire lo stress è fondamentale. Una ricerca iraniana del 2013 ha rilevato una cosa molto utile: le persone dipendenti non ricorrevano al coping incentrato sul problema (pp. 26-29) e avevano una bassa tolleranza allo stress (pp. 118-119) rispetto agli altri. Oltre al supporto medico, a cui dovresti ricorrere al più presto, migliorare le tue capacità di coping può aiutarti a guarire.

HAI UN PROBLEMA?

Non tutte le persone che bevono hanno un problema con l'alcol, ma l'alcol può creare una forte dipendenza. Se pensi di avere un problema rispondi a queste domande:

- **Quando inizi** a bere non riesci più a fermarti?
- **Quando gli altri** parlano di quanto bevi, ti arrabbi e ti metti sulla difensiva?
- **Ti trasformi** in un'altra persona quando bevi?
- **Ti senti in colpa** quando bevi troppo?
- **Ti nascondi o menti** riguardo all'alcol che bevi?
- **Riesci a sopportare** un periodo di astinenza?
- **Ti preoccupi** mai di quanto bevi?

Cerca online i questionari AUDIT e CAGE specifici per chi ha problemi di alcolismo. Non c'è ragione di vergognarsi quando si combatte una dipendenza in modo costruttivo.

VUOI DARCI UN TAGLIO?

Lo stress aumenta il desiderio di bere, ma ridurre le dosi è difficile e questo può generare ulteriore stress. Questo circolo vizioso riduce le possibilità di farcela. Lo psicologo ed esperto in dipendenze Mark Griffiths ha alcuni suggerimenti per facilitarti nel processo:

- ✔ **Cerca in famiglia o tra i tuoi amici** qualcuno che voglia affrontare il percorso insieme a te (pp. 176-179).
- ✔ **Esci in piccoli gruppi** ed evita di unirti ai giri di bevute. Di solito la persona che beve più veloce stabilisce il passo.
- ✔ **Quando vai al bar** o al ristorante ordina drink diluiti o analcolici.
- ✔ **Evita le tentazioni.** Conosci i tuoi punti deboli e cerca di evitarli. Per esempio non passare davanti al tuo bar preferito.
- ✔ **Ricorda i benefici.** Smettere di bere è una decisione positiva, un obiettivo a cui aspirare (pp. 170-171). Se bevi meno dormirai meglio, consumerai meno calorie e ti sentirai in salute.
- ✔ **Gratificati.** Tieni un registro delle spese (p. 88) e metti da parte i soldi che spenderesti in alcol per comprarti qualcosa che ti piace.

NON FARE FINTA DI NIENTE

COME IMPEDIRE ALLO STRESS DI COMANDARE

Quando qualcosa ci stressa la evitiamo d'istinto, ma con l'andare del tempo scappare può aggravare lo stress. Affrontare le questioni invece di evitarle è il metodo più efficace per combattere lo stress.

Evitare ciò che ci dà fastidio può diventare un circolo vizioso che genera stress. Riconoscere il problema ci aiuta a rimettere le cose in prospettiva.

Schivare il problema
La psicologa Alica Boyes ha rilevato i metodi più frequenti a cui ricorriamo per evitare un problema:

- **Rifiutare** di pensare a qualcosa. "Sono in ritardo con la dichiarazione dei redditi. Vado al cinema."
- **Schivare** cose che scatenano brutti ricordi. "A scuola mi dicevano che facevo domande stupide. Meglio non chiedere al capo cosa intende."
- **Ignorare** le paure. "Questo nodulo potrebbe essere un cancro. Dal dottore non ci vado, ho troppa paura."
- **Evitare i contesti sociali.** "Se vado alla festa mi prenderanno tutti in giro."
- **Evitare le sfide.** "Se perdo, ci starò malissimo. Meglio non partecipare.

Evitare i problemi è complicato perché funziona, più o meno... ma **ci costa caro.**

Ellen Hendriksen
psicologa americana

In questi casi rischi di peggiorare la situazione o di non liberarti mai delle tue paure.

Rifiutarsi di affrontare una questione provoca ciò che i comportamentisti chiamano "rinforzo negativo" (vedi sotto): evitando il problema non imparerai a gestire il fattore di stress.

Rinforzo negativo

Il concetto di rinforzo è stato inventato dal comportamentista Burrhus Skinner. Evitare i problemi genera rinforzo negativo:

1 Qualcosa mi stressa.

2 Rispondo al fattore di stress agendo in un certo modo

3 Il problema è risolto.

4 La prossima volta che qualcosa mi genera stress farò la stessa cosa.

A volte il rinforzo negativo è utile: quando non allacciamo le cinture di sicurezza scatta l'allarme. L'allarme è il rinforzo che ci costringe a mettere la cintura.

Altre volte però dobbiamo risolvere un problema. Fare finta di niente riduce lo stress, solo temporaneamente, perché andando avanti la questione irrisolta diventa sempre più difficile da affrontare e superare.

IL CIRCOLO VIZIOSO

Evitare un fattore di stress significa non imparare a gestirlo. La cosa migliore è affrontare i nostri problemi sviluppando la capacità di tollerare lo stress e trovare soluzioni.

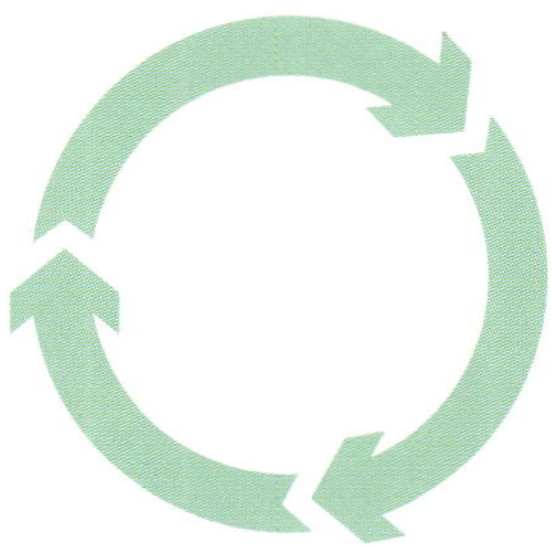

FARE FINTA DI NIENTE

- Qualcosa ti stressa.
- Lo eviti.
- Lo stress svanisce per un po'.
- Lo eviti ancora.
- Non impari a gestirlo.
- Nella tua testa diventa qualcosa che non sei in grado di gestire.

RISOLVERE

- Qualcosa ti stressa.
- Tolleri il fastidio.
- Affronti il problema.
- Ti accorgi che puoi sopravvivere al fastidio.
- Impari a gestirlo.
- Diventa meno stressante.

ESPOSIZIONE GRADUALE

La tecnica dell'esposizione è una forma di Terapia cognitivo comportamentale, CBT (pp. 52-53), che aiuta a ridurre la mancata gestione dei problemi. Ad esempio, supponiamo che tu abbia sofferto di un attacco di panico in un negozio, e ora hai paura che ti succeda ancora. Prova ad esporti al fattore di stress piano piano per aumentare il tuo grado di tolleranza.

1 Con un amico cammina fino al negozio e fermati davanti fino a quando ti senti a tuo agio.

2 Resta fermo davanti al negozio da solo.

3 Varca la soglia con un amico e lascia che l'ansia passi.

4 Entra nel negozio da solo.

5 Entra nel negozio e compra qualcosa.

6 Continua a ripetere l'esercizio finché ti senti perfettamente a tuo agio.

Esistono molti metodi per gestire le situazioni stressanti. Come abbiamo detto a pp. 26-29 e in tutto il manuale, è possibile apprendere questi meccanismi di coping che con la pratica diventeranno sempre più facili e automatici.

STARE BENE

STRESS E SALUTE

Stare male è stressante di per sé, ma anche lo stress può aumentare il rischio di ammalarsi. Prenderti cura di te è il modo migliore per proteggere il tuo benessere psicologico e fisico.

Quando ci ammaliamo siamo più vulnerabili allo stress e viceversa. Tieni sempre presente che il corpo e la mente sono collegati, e gioca d'anticipo sulla tua salute prendendoti cura di te.

Malinconia da malattia

C'è un motivo biologico se siamo giù quando siamo malati: il nostro corpo rilascia la citochina, una proteina che oltre a regolare il sistema immunitario influisce anche sull'umore.

Una ricerca americana del 2001 ha dimostrato che il 45% dei pazienti trattati con citochina artificiale era soggetto a depressione, a meno che non stesse assumendo già degli antidepressivi. Durante o subito dopo la malattia tieni d'occhio la tua salute mentale: lo stress che non è tenuto sotto controllo può portare alla depressione (pp. 202-203), e la citochina aumenta il rischio.

MALATTIA E VACANZA

3%

Lo psicologo Ad Vingerhoets stima che il 3% delle persone **si ammala in vacanza** dopo un periodo di stress. Il suo consiglio: **migliora la tua capacità di riconoscere lo stress**, impara a renderti conto quando stai tirando la corda e **rallenta** invece di andare a schiantarti.

L'effetto boomerang

Ti è mai capitato di ammalarti subito dopo un periodo di forte tensione? Probabilmente si tratta di ciò che lo psicologo Marc Schoen definisce "effetto boomerang". In una fase di stress acuto, gli ormoni dello stress attivano il sistema immunitario svegliando alcuni virus latenti provocando una nuova infiammazione non appena lo stress passa e il sistema immunitario si assesta.

L'artrite o alcune malattie croniche possono peggiorare dopo un periodo stressante.

Alcune sostanze del cervello come il cortisolo e la norepinefrina possono sopprimere la percezione del dolore sovraccaricando il corpo e superando i limiti abituali.

Schoen consiglia di non entrare subito nella fase relax dopo un periodo stressante. Meglio passare attraverso una fase intermedia di assestamento per consentire al cervello di adattarsi per gradi, e al sistema

GIORNO DI MALATTIA?

Se sei troppo malato per andare al lavoro, sei troppo malato. Quindi non aggiungere anche il senso di colpa per non essere andato al lavoro. Ecco alcune frasi utili per avvisare che non vai al lavoro e per ricordare a te e al tuo capo che stai facendo la cosa giusta:

Ho bisogno di un giorno di malattia **per rimettermi in sesto.**

Non voglio attaccare l'influenza a nessuno.

Preferisco che mi passi del tutto per evitare di perdere più giorni di lavoro.

Non riesco a venire al lavoro oggi, **sto troppo male per ragionare in modo adeguato.**

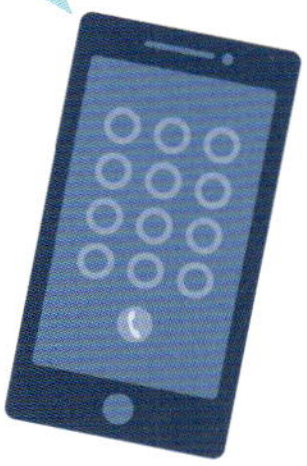

immunitario di continuare a combattere le infezioni.

Se un periodo di stress ti fa ammalare o una malattia ti rende più soggetto allo stress, la soluzione è lasciarsi andare per gradi: evita gli estremi e rilassati nella vita di tutti i giorni.

Il supporto degli amici

Se soffri di una malattia cronica o una disabilità, alcune persone potrebbero farti pressione con commenti del tipo: "tutto succede per una ragione". La maggior parte dei malati e dei diversamente abili trovano stressanti commenti simili perché chi parla è come se dicesse che non vuole sentire lamentele. Sapere che i medici non vogliono che i pazienti sottovalutino i loro sintomi può essere di conforto. Una ricerca indiana del 2007 ha dichiarato che coloro che sottovalutano la serietà di una condizione clinica spesso non riescono a portare a termine il trattamento.

Il supporto degli altri può essere di grande aiuto (pp. 176-179), quindi scegli gli amici che sanno tirarti su di morale nei giorni in cui non ti senti bene.

Attenzione ai sintomi

Certe volte lo stress ci può far sentire male dal punto fisico anche se non c'è niente che non va: mal di testa, rash cutanei, lo sforzo emotivo può provocare veri e propri sintomi (pp. 196-197). Se avverti spesso dei sintomi senza un reale motivo chiedi al tuo medico se lo stress può essere la causa. Ciò non significa che i sintomi non sono reali e sono "solo nella tua testa". Non sottovalutare il potere dello stress nel provocare effetti indesiderati e dolorosi. Lo stress fa parte della tua salute generale e prenderti cura di uno vuol dire prendersi cura di entrambi.

SBOLLIRE DOPO LO STRESS

Vuoi evitare di ammalarti subito dopo un periodo stressante? Lo psicologo Marc Schoen ti consiglia di sbollire piano piano:

Fai esercizio, corri o fai le scale in serie per 5-6 minuti più volte al giorno.

Cimentati in rompicapo come puzzles o una partita a scacchi per 30-60 minuti.

Se mantieni questo livello di competizione per tre giorni riduci il rischio di ammalarti.

CAPITOLO 4

UNA VITA MENO STRESSATA

VIVERE CON PIÙ CALMA

TROPPA CARNE AL FUOCO

STABILIRE LE PRIORITÀ

La vita moderna ci richiede di gestire compiti impegnativi sotto stress.
Come fare a prendere la decisione giusta sentendo il peso delle aspettative?

Lo stress ti manda in confusione e non sempre prendi la decisione giusta. Questo aspetto influenza l'organizzazione e la gestione delle mansioni che svolgiamo. Imparare a percepire i compiti più oggettivamente e con meno emotività è il primo passo verso un'organizzazione perfetta.

Fare la scelta migliore

A seconda di come interpretiamo una sfida, siamo in grado di gestirla meglio. Uno studio anglo-australiano del 2016 ha affidato ai partecipanti due progetti: uno ben delineato e l'altro poco chiaro e di difficile realizzazione. Per svolgere entrambi è stata offerta una ricompensa di 6 centesimi, per uno solo la metà. Visto che il progetto poco chiaro aveva solo il 20% di possibilità di riuscita (se considerato che l'altro ne aveva l'80%), dargli priorità significava non ottenere alcuna ricompensa.

Tuttavia i ricercatori hanno presentato la situazione in due modi diversi: un gruppo concorreva per vincere soldi, l'altro per non perderli.

Il risultato? I soggetti con la prospettiva di un guadagno sono andati sul sicuro e hanno ottenuto la ricompensa. Quelli che temevano di perdere invece hanno dato priorità al progetto con scarse possibilità di riuscita e hanno fallito entrambi gli obiettivi.

Punta al guadagno

Gli esseri umani sono creature

PRENDERE LE DISTANZE

Come indica uno studio israelo-americano del 2008, sotto stress tendiamo a organizzarci peggio, ma creando la giusta distanza emotiva tra noi e la situazione possiamo migliorare le nostre capacità organizzative. Lo studio delinea quattro opzioni:

- **Distanza temporale.** A cosa darebbe priorità una persona nella mia situazione tra 10 anni?
- **Distanza fisica.** A cosa darebbero la priorità dall'altra parte del mondo?
- **Distanza sociale.** Se al posto tuo ci fosse un'altra persona, cosa dovrebbe fare secondo te?
- **Distanza immaginaria.** Quale sarebbe la priorità se questa situazione non fosse reale, ma solo immaginaria?

Queste tecniche aiutano le persone a pensare con lucidità quando si sentono sotto pressione. Se hai un problema insormontabile, prova a mettere della distanza tra te e lui.

che mal sopportano un fallimento: lo stress di evitare un risultato negativo ci porta a correre più rischi. Quando ti trovi a decidere quale compito svolgere prima, pensa in termini di guadagno invece che di perdita. È un approccio più logico e meno stressante.

SPINGERE O TIRARE?

Gli psicologi hanno identificato due categorie di obiettivi:

Meta da avvicinare

Punta a un risultato positivo: "Passerò tutti gli esami".

Meta da evitare

Punta a evitare un risultato negativo: "Devo riuscire a non contrarre debiti".

Uno studio inglese del 2014 ha scoperto che siamo più stressati quando ci concentriamo a evitare una meta. Riformulando i tuoi obiettivi da un punto di vista positivo, invece che negativo, sarà più facile tenere alto il morale in caso di compiti impegnativi.

VALUTARE GLI SFORZI

Dare il 100% in ogni situazione è impossibile, quindi ti devi organizzare. Avere una lista strutturata di cose da fare riduce la sensazione di avere troppa carne al fuoco. Lo psicologo Jeff Szymanski ha creato un semplice sistema di valutazione:

Valutazione	Cosa comporta	Tipo di sforzo
Compito A ★★★★	È fondamentale farlo bene.	Scegli tre compiti in cui devi dare il 100% e fai del tuo meglio.
Compito B ★★★	Un risultato medio-buono è sufficiente.	Dai l'80% a ciascun compito, accontentati del risultato e non cercare la perfezione.
Compito C ★★	Richiede uno sforzo minimo.	Impegnati solo lo stretto necessario.
Altri compiti ★	Richiedono tempo, ma non sono rilevanti.	Non sprecare energia, dedicati quando hai un momento libero.

Quando dobbiamo barcamenarci tra lavoro, studio e vita privata, Szymanski suggerisce di porci questa domanda: "Cosa voglio dalla mia vita?". Dando priorità a ciò che è importante, puoi diventare più efficiente e ridurre lo stress.

QUESTIONE DI EQUILIBRIO

GESTIRE CASA E LAVORO

Cercare l'equilibrio tra casa e lavoro è uno dei compiti più difficili e stressanti che dobbiamo affrontare. L'equilibrio non è mai perfetto, ma avere una rete di sostegno aiuta.

Oggigiorno sono poche le famiglie che possono permettersi di avere un solo stipendio: di solito entrambi i genitori lavorano e per i genitori single la vita è due volte più difficile. Trovare l'equilibrio tra casa e lavoro non è semplice, ma il segreto sta nella solidarietà, il sostegno reciproco, la flessibilità e la creatività nel gestire il tempo.

Sovraccarico

Quando c'è troppo da fare, uno studio canadese del 2010 pubblicato sul *Journal of Marriage and Family* ha individuato alcune strategie facili da usare:

- **Ridimensionare** la percezione che abbiamo del tempo necessario a svolgere un lavoro in ufficio o a casa.
- **Chiedere aiuto** ad amici o parenti o pagare qualcuno per i servizi che ti offre, come le pulizie in casa.
- **Stabilire i ruoli al lavoro,** migliorare l'orario di lavoro o le responsabilità.
- **Stabilire i ruoli in casa,** invitando i figli o il partner a svolgere il lavoro di casa, pianificare il tempo in famiglia e aiutarsi a vicenda quando necessario.

Le donne hanno mostrato di essere molto disponibili a ridimensionare il proprio tempo libero. Stabilire i ruoli al lavoro aiuta solo chi davvero vuole farlo, in genere gli uomini sono più restii. La strategia più efficace è risultata ristabilire i ruoli in casa.

Adattarsi

Come dimostrato dallo studio canadese di cui sopra, per gli uomini ristabilire i ruoli sul lavoro è più complicato. La questione di

---

Nel 2016 il Ministero del Lavoro americano ha rilevato che buona parte dei genitori lavora. I bambini che hanno ricevuto una buona educazione e amore imparano a trovare il giusto equilibrio tra lavoro e famiglia.

48%

in quasi la metà delle coppie sposate **entrambi i partner lavorano**.

70.5%

Più di **2 donne su 3** e 9 uomini su 10 **con figli sotto i 18 anni** lavorano.

genere può essere un ostacolo: un altro studio canadese del 1984 ha dimostrato che i genitori single di maggior successo ricoprivano un ruolo ambivalente in famiglia senza lasciare che gli stereotipi intaccassero la loro autorità o il lato affettivo. Il professore di management e avvocato di famiglia Scott Behson ha un consiglio per tutti gli uomini che hanno difficoltà a trovare l'equilibrio tra casa e lavoro, che anche le donne troveranno utile:

- **Sfrutta le pause** per svolgere piccoli compiti legati alla famiglia, come pagare le bollette o chiamare a casa.
- **Organizza i turni.** Se il tuo posto di lavoro lo permette, esci prima o arriva più tardi per riuscire a gestire meglio la famiglia e recupera la sera o nei weekend.
- **Scova i "buchi liberi"** al lavoro, i momenti morti in cui puoi portarti avanti con il lavoro e finire prima.

Gestire la famiglia e il lavoro sarà sempre impegnativo, ma a seconda del sostegno che ricevi e della capacità di organizzare il tempo può essere più o meno stressante. Approfitta dei buchi al lavoro per stare in contatto con il tuo partner, dargli il sostegno di cui ha bisogno e apprezza gli sforzi che fate l'uno per l'altro.
Così facendo ti accorgerai che essere una famiglia equilibrata non è poi tanto difficile.

COME FACCIO?

A volte lo stress di gestire casa e lavoro è così forte che non sai come fare. Uno studio del 2005, svolto dalla psicologa Gloria W. Bird, ha creato un utile schema di tecniche di coping. Cerca la soluzione che fa per te.

Tecnica di coping	Applicata al lavoro	Applicata a casa
Coping personale basato sul problema	✔ Suddividi un compito in compiti minori. ✔ Imposta il lavoro. ✔ Lavora più velocemente. ✔ Chiedi informazioni e aiuto. ✔ Accetta i tuoi limiti.	✔ Esprimi i tuoi bisogni. ✔ Ritagliati del tempo per la famiglia, niente telefonate, messaggi, ospiti o altre distrazioni. ✔ Stabilisci degli standard realistici.
Coping individuale basato sull'emozione	✔ Trova un linguaggio positivo. ✔ Abbandona i problemi irrisolvibili. ✔ Pratica tecniche di rilassamento. ✔ Resta calmo e controlla le tue reazioni in pubblico.	✔ Controllati. ✔ Accetta il fatto che gli altri membri della famiglia abbiano idee ed emozioni diverse. ✔ Fai attività fisica. ✔ Rilassati.
Coping di coppia	✔ Fatti carico delle mansioni di casa e dei figli quando il partner ha una crisi al lavoro. ✔ Fai da parafulmini. ✔ Dai consigli. ✔ Alleggerisci la vita del tuo partner.	✔ Trovate il tempo di parlare. ✔ Formate una squadra. ✔ Evitate familiari particolarmente fastidiosi o impegnativi.
Coping di gruppo (famiglia e colleghi)	✔ Stabilisci un buon rapporto con i colleghi. ✔ Allevia lo stress degli altri con delle distrazioni. ✔ Esprimi le tue preoccupazioni se necessario. ✔ Dimostrati comprensivo.	✔ Sii di supporto alla famiglia. ✔ Accetta di essere aiutato dalla tua famiglia. ✔ Favorisci il supporto reciproco.

IL TEMPO LIBERO CONTA

IL VALORE DEL RELAX

Quando siamo stressati l'unica cosa che vorremmo fare è riposarci. Tuttavia, gli studi dimostrano che dedicarsi a un hobby stimolante può essere il modo migliore per ricaricarsi.

Ti piace disegnare, fare arrampicata o giocare a scacchi? Questi e altri hobby stimolanti ti aiutano a gestire meglio lo stress.

Attivazione comportamentale

Negli anni '70 un team di psicologi gestito da Peter Lewinsohn ha sviluppato la teoria dell'"attivazione comportamentale" (AC) per trattare la depressione, ma può essere di grande aiuto anche per gestire lo stress.

In genere lo stress ci fa sentire meno gratificati della nostra vita. Se la scarsa gratificazione permea altri campi della vita, possiamo perdere interesse nelle cose che ci piace fare. Ridurre le esperienze gratificanti può a sua volta accrescere lo stress. L'AC fornisce un approccio esterno al problema: facendo attività che ci piacciono otteniamo una gratificazione emotiva che

PIACERE E ABILITÀ

Starsene sul divano non è una cattiva idea, ma a volte il modo migliore per controbilanciare lo stress è affrontare una sfida. In questo caso gli psicologi hanno trovato la chiave del benessere in quello che chiamano "piacere" e "abilità". Con piacere si intendono tutte le attività che ti divertono di più, e con abilità le attività che ti fanno sentire competente e rafforzano la tua autostima. Entrambi sono ottimi modi per sviluppare la resilienza necessaria nei momenti difficili.

LO STRESS NON TI FERMERÀ

Quando affrontiamo un momento difficile, non abbiamo voglia o energia di fare ciò che di solito ci tira su di morale e ci rilassa.
Secondo il fondatore dell'American Behavioural Activation, Peter Lewinsohn, questo provoca un circolo vizioso: lasciando che lo stress intralci i nostri hobby, generiamo un nuovo modello di comportamento meno gratificante che ci porta a provare meno piacere in quello che facciamo. Trovando il tempo di praticare i tuoi hobby, ridurrai lo stress divertendoti.

genera pensieri e sensazioni positivi. Quando sei sotto stress è nel tuo interesse continuare a fare ciò che ti fa stare bene.

Esperienze ottimali

Un'esperienza interessante e stimolante può rigenerarti più che restare seduto sul divano. Secondo lo psicologo Mihály Csíkszentmihályi usando le tue abilità di attivazione comportamentale puoi dare vita a esperienze ottimali, cioè trovare il flusso giusto (pp. 174-175) per sentirti coinvolto, forte e fiducioso, quindi meno stressato. Fai spazio alle sfide, ti aiuteranno a sviluppare la resilienza necessaria contro lo stress.

A CACCIA DI SODDISFAZIONE

Se il tuo tempo libero non ti soddisfa, prova questo: per due mesi tieni un diario del tempo libero ed evidenzia le attività che ti danno più piacere e abilità (vedi accanto). Poi pianifica nuove occasioni per praticarle è un ottimo modo per diventare resilienti.

Giorno	Attività	Piacere (da 1 a 10)	Abilità (da 1 a 10)
Venerdì	Preparato la cena	4	7
	Rimasto al computer	5	3
Sabato	Fatto jogging	3	9
	Suonato la chitarra	7	8
	Visto un film	8	2

SANO COME UN PESCE

IL RUOLO DELL'ATTIVITÀ FISICA

Uno dei mezzi più efficaci e semplici di combattere lo stress è fare attività fisica. Oltre ai benefici fisici, fare moto ci aiuta a mantenere la calma, a diventare più resilienti e a gestire meglio i momenti di difficoltà.

Lo stress agisce sul corpo e sulla mente, accelerando il battito del cuore o rendendoci più lucidi. Anche l'attività fisica lo fa, ecco perché ci aiuta a gestire le difficoltà: esercitando il corpo riusciamo a gestire lo stress e a superarlo.

La chimica dello stress

Quando siamo sotto pressione i livelli di cortisolo e di noradrenalina crescono per permettere al corpo di combattere o scappare (pp. 20-21). Anche l'attività fisica impiega le stesse componenti, aiutandoci a ridurre la risposta allo stress quotidiano. Riducendo il cortisolo con un regolare esercizio diminuisce il rischio di malattie da stress cronico, come depressione e problemi cardiaci. Ecco perché fare sport con regolarità protegge il nostro benessere mentale e fisico.

Migliorare la salute mentale

Fare attività fisica rende più felici, stimolando il lento rilascio di serotonina, che ha effetto antidepressivo e aiuta il buonumore, e di noradrenalina, che riduce dolore e ansia. Il collegamento tra sport e riduzione dei sintomi della depressione è dimostrato. Infatti molti centri di cura consigliano di fare esercizio in casi di lieve e moderata depressione. Per le forme più gravi di depressione, un'indagine inglese del 2013 su 39 diverse ricerche ha confermato che l'attività fisica ha la stessa efficacia dei farmaci e

QUANTO SPORT DEVO FARE?

Gli specialisti consigliano ai soggetti adulti e in salute di seguire il consiglio qui sotto. Puoi decidere di creare il tuo programma personale che alterni attività intensa a moderata ogni settimana. Un minuto di esercizio intenso corrisponde a due minuti di esercizio moderato. Se hai problemi di salute, consulta il medico per stabilire insieme un programma adatto te.

MINIMO SETTIMANALE #1 **O** **MINIMO SETTIMANALE #2**

UNA MENTE RESILIENTE

L'attività fisica stimola la resilienza emotiva. In uno studio del 2013 a Princeton, dei topi di laboratorio sono stati dotati per 6 settimane di una ruota per fare movimento e poi esposti a un fattore di stress (acqua fredda). L'attività fisica ha avuto un ottimo impatto sul cervello dei topi:

- **Ha stimolato la crescita di nuove cellule** cerebrali in zone del cervello adibite alla regolazione delle emozioni e al controllo dello stress a medio e lungo termine.
- **Ha rilasciato il GABA,** un neurotrasmettitore fondamentale nella riduzione dell'ansia a breve termine.

In breve, l'attività fisica favorisce il rilascio rapido di alcune componenti chimiche che determinano la nostra capacità di gestire lo stress futuro.

della psicoterapia nella riduzione dei sintomi depressivi. Essendo associata allo stress cronico, la depressione necessita di un regime serrato di esercizi che aiutano a mantenere la salute della mente nei momenti difficili.

Prevenzione dalle malattie

L'attività fisica riduce gli effetti di esperienze stressanti. Uno studio americano del 2013 ha analizzato la reazione di un campione di giovani adulti in salute ad immagini spiacevoli dopo aver fatto sport o riposato. Chi non aveva fatto attività fisica aveva livelli di stress più elevati. Fare sport aiuta a controllare le reazioni emotive sotto stress.

Diventare efficienti

Avere più compiti di quanti riusciamo a gestire è fonte di stress. Uno studio neozelandese del 2012 ha scoperto che fare sport migliora le "funzioni esecutive", cioè l'abilità di pensare in modo critico, prevedere, organizzare i pensieri e controllare i comportamenti. Questa abilità è cruciale per il coping basato sul problema e si può migliorare con la pratica.

Qual è l'attività fisica più adatta? Qualsiasi cosa va bene purché ti tenga in movimento, aumenti il battito cardiaco e la sudorazione (vedi "quanto sport devo fare?"). L'importante è stabilire una tabella di marcia che ti piaccia, in modo da rispettarla senza fatica. Col tempo diventerà un'attività quotidiana gratificante capace di aumentare la tua resistenza fisica e mentale e la resilienza.

TERAPIA DEL CAMMINO

PASSEGGIATE ANTISTRESS

Molti studi hanno rilevato che l'attività fisica aiuta a ridurre lo stress: camminare è molto raccomandato. Se hai bisogno di rilassarti trova il tempo di fare una passeggiata.

Trovare il tempo di andare in palestra non è sempre facile, ma camminare è un'attività che puoi fare dappertutto: scendi dall'autobus un paio di fermate prima o fai una passeggiata nel quartiere in pausa pranzo. È un ottimo antistress.

> Camminare ha una speciale connessione con la **creatività**... all'aperto o sul tapis roulant.
>
> **Marily Oppezzo e Daniel L. Schwartz**
> psicologi della Stanford University

I benefici di camminare

Secondo psicologi e medici ci sono ottime ragioni per camminare:

- ✔ **La camminata veloce** è un esercizio aerobico che aiuta a mantenere la salute fisica e mentale (pp. 152-153).
- ✔ **Camminare fa rilasciare** le componenti chimiche del cervello che aiutano ad abbassare i livelli degli ormoni dello stress come il cortisolo (pp. 20-21).
- ✔ **Camminare rigenera le cellule del cervello,** migliorando l'umore.
- ✔ **Camminare in gruppo** favorisce le capacità relazionali (pp. 176-179).
- ✔ **Camminare è gratis.**

Insomma, camminare è un modo facile e accessibile per ridurre lo stress.

MIGLIORA LA MEMORIA

20%

Secondo uno studio americano pubblicato nel 2008 indipendentemente da quanto e da dove lo fai, **camminare migliora la memoria e i livelli di attenzione del 20%.**

A mente lucida

Camminare è un'ottima occasione per praticare la mindfulness (pp. 132-135). In uno studio tedesco pubblicato nel 2012, alcuni volontari sotto stress tra i 18 e i 65 hanno preso parte a un programma di mindfulness basato sul cammino. Dopo quattro settimane la maggior parte dei partecipanti si è dimostrata molto più serena.

Se questo genere di percorso ti interessa, ecco cosa fare e cosa no:

- **Presta attenzione** alle sensazioni che provi mentre cammini, prendine atto senza commenti o giudizi.
- **Sgombra la mente** e pensa solo alla sensazione di camminare.
- **Se un pensiero fastidioso** ti disturba, concentrati sul respiro fino a quando sarà passato.

A mente sgombra

Oltre a essere un'ottima occasione per praticare la mindfulness, camminare aiuta anche a "sgombrare la mente". Gli psicologi Rebecca McMillan, Scott Barry Kaufman e Jerome Singer sostengono che estraniarsi ha i suoi benefici. Sognare a occhi aperti in modo costruttivo permette alla mente di liberarsi dei propri meccanismi di controllo abituali e creare nuove connessioni inconsapevoli, aiutandoci a risolvere problemi stressanti o ad avere idee creative con una nuova prospettiva. Secondo uno studio americano del 2014, gli studenti che prima di un esame di creatività facevano movimento mostravano un pensiero più innovativo di quelli che erano rimasti fermi. Fare un'attività fisica che richiede poco sforzo, come camminare, è ideale per sognare a occhi aperti in maniera costruttiva.

POSTURA PERFETTA

Mantenere la posizione corretta mentre sei fuori per un giro o una camminata veloce rende camminare più facile ed efficace. Metti in pratica questi consigli e in poco tempo avrai una postura perfetta:

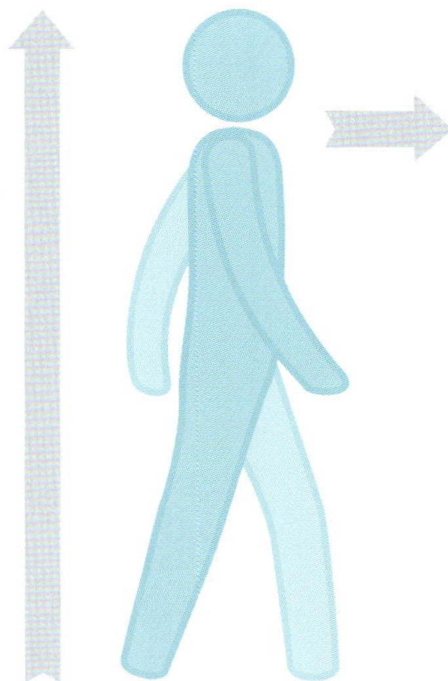

1 **Schiena dritta,** né in avanti né in dietro.

2 **Sguardo fisso davanti** a te a 6 m di distanza.

3 **Mento parallelo** a terra per non sforzare il collo.

4 **Spalle rilassate.** Sciogli le spalle e lasciale cadere in una posizione comoda.

5 **Muscoli addominali** e lombari attivi.

6 **Glutei leggermente contratti** per ridurre il dolore alla schiena.

7 **Telefono o altri apparecchi** in tasca per evitare la tentazione di fissare la tua mano.

Camminare correttamente è più semplice e meno faticoso e riduce la fatica mentale.

Insonorizzare

Come sostiene lo psicologo Robert Biswas-Diener, sognare a occhi aperti protegge da un ambiente stressante. È stato dimostrato che camminare all'aria aperta è utile (pp. 98-99), ma indipendentemente da dove si fa, lasciare la mente libera di vagare protegge dagli effetti di una vita stressante, affollata e rumorosa. Fare una passeggiata nella natura o in città, meditando o sognando a occhi aperti, è un ottimo esercizio per rilassare mente e corpo.

BATTERIA RICARICATA

20%

Ti senti troppo stanco per qualunque cosa? Uno studio americano del 2008 ha rilevato che **camminare regolarmente** aumenta **la carica di energia** del 20% e riduce la stanchezza del 65%.

MINDFULNESS E MOVIMENTO

YOGA E TAI CHI

Un consiglio frequente quando siamo stressati è di andare a lezione di meditazione o praticare esercizi dolci. Se l'idea ti ispira, i ricercatori sostengono che è un ottimo modo per riacquisire la calma.

Ritagliarti un momento della settimana da dedicare ad attività rilassanti è di grande aiuto. Se cerchi qualcosa di abbordabile, prova con lo yoga o il tai chi. Sono due attività altamente raccomandate ai pazienti con livelli di stress elevati. Ma cosa ne pensa la scienza?

Valutare i benefici

Sia lo yoga che il tai chi hanno effetti positivi nella gestione dello stress ed entrambi consistono in esercizi dolci (pp. 152-153). Di solito le lezioni si svolgono in gruppo: può essere ottimo per trovare persone disponibili. Studi medici sostengono che lo yoga e il tai chi, se praticati con regolarità, hanno effetti antistress sulla nostra biochimica:

- **Migliorano** i livelli di neurotrasmettitori dell'umore come la dopamina e la serotonina.
- **Rilasciano** ormoni antidolorifici chiamati endorfine.

> Ci sono momenti in cui hai solo bisogno di **muoverti** e lavorare sul tuo corpo.
>
> **Melanie Greenberg**
> psicologa americana e insegnante di yoga

- **Riducono** i livelli di agenti chimici del cervello come la noradrenalina e il cortisolo.

L'idea che praticare yoga e tai chi con regolarità aiuti a controllare lo stress sta ottenendo molti consensi. Un'analisi tedesca del 2013, ad esempio, ha scoperto che lo yoga aiuta le persone a uscire dalla depressione, e un altro studio internazionale del 2014 ha rilevato che il tai chi regola lo stress di molti tipi di persone diverse.

Le ricerche in questo campo sono ottimiste: gli studiosi sembrano confermare i benefici. Se dopo una lezione ti senti già meglio, allora sei sulla buona strada.

Pratica sicura

La respirazione profonda, fondamentale nello yoga e nel tai chi, è molto rilassante, ma attenzione: come sostiene uno studio americano del 2005 pubblicato sul *Journal of Alternative and Complementary Medicine*, respirare troppo profondamene durante la pratica può provocare vertigini, giramenti di testa o irritabilità, con rischio di aggravare una malattia mentale preesistente. Cerca un buon insegnante per evitare di strafare e vai dal medico se riscontri effetti indesiderati.
Fare yoga e tai chi deve essere un piacere, quindi pratica in contesti sicuri e goditi i loro effetti antistress.

GUIDA PER PRINCIPIANTI

Il tai chi, nato come un'arte marziale di difesa, è influenzato dalla cultura e dalla filosofia tradizionale cinese. Attraverso movimenti circolari fluidi e a spirale, bilancia il flusso del qi (energia vitale) attraverso il corpo, creando un sano equilibrio tra yin e yang. Il tai chi porta la nostra attenzione sul respiro, rallentando i movimenti del ritmo frenetico della vita per creare uno stato mentale e spirituale più tranquillo.

Lo yoga ha origine in India e la sua versione tradizionale include etica, spiritualità, meditazione e stretching. Lo yoga occidentale contemporaneo tende a concentrarsi su asana (posture), pranayama (respiro) e dyana (meditazione). L'enfasi sulla respirazione e la concentrazione mentale genera uno stato che è allo stesso tempo ricco di energia e rilassato.

Entrambe queste pratiche favoriscono la mindfulness (pp. 132-135), che gli studi hanno dimostrato essere un potente antidoto allo stress. Se vuoi combinare attività fisica e meditazione, vale la pena provare.

MENTE SANA IN CORPO SANO

Fare attività fisica riduce drasticamente lo stress (pp. 152-153) e aiuta ad affrontare le sfide della vita oltre che a sentirti più sicuro del tuo corpo. Alcuni benefici dello yoga e del tai chi sono:

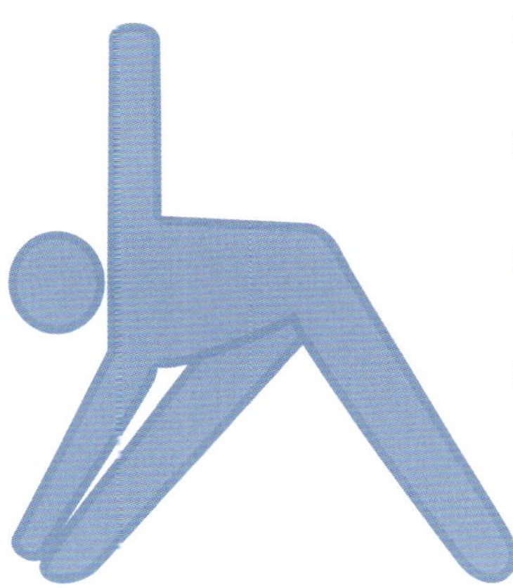

- **Attivare** tutti i principali muscoli e articolazioni.
- **Rinforzare le ossa** riducendo il rischio di osteoporosi.
- **Migliorare le articolazioni,** l'equilibrio e la coordinazione.
- **Aiutare a respirare** più a fondo accrescendo la capacità polmonare e migliorando la circolazione.

STRESS E CIBO

MANGIARE SOTTO STRESS

Nessuno è contento di mangiare male e prendere peso. Tenere sotto controllo la dieta quando siamo stressati può essere difficile, il che peggiora il nostro stato di salute. Ma come fare ad avere una buona relazione con il cibo?

Nelle culture in cui la bellezza è associata alla magrezza, il cibo può essere un argomento spinoso. Conoscere meglio i nostri impulsi ci aiuta a sviluppare una relazione positiva con il cibo, anche quando siamo sotto pressione.

Fame nervosa

La ragione per cui tendiamo a mangiare troppo quando siamo sotto stress è di natura fisiologica. Lo stress stimola la produzione del cortisolo, che a sua volta stimola l'appetito. Il nostro corpo è preparato ad affrontare alcune minacce fisiche, come evitare predatori: il cortisolo stimola il corpo a fare scorta di energia in caso di un pericolo imminente. Questo spiega perché spesso ci consoliamo con il cibo: non è gola, ma la risposta naturale del corpo allo stress.

Inoltre, il cortisolo e il cibo spazzatura sono collegati. Uno studio americano del 2001 ha rilevato che i volontari con un alto livello di cortisolo in risposta a un pericolo assumevano la

Lo stress altera le funzioni metaboliche facendoci **prendere peso.**

Denise Cummins
psicologa e professoressa americana

SOTTO STRESS

80%

Quando siamo stressati, alcuni mangiano di più altri di meno, ma secondo un'inchiesta americana del 2013, le abitudini alimentari di **4 persone su 5** cambiano sotto stress. Mangiare sano nei momenti difficili può essere una vera sfida, quindi fai molta attenzione alle tue scelte alimentari.

TENTAZIONI

Mangiare male è una **reazione comune allo stress**. Un'inchiesta del 2017 dell'American Psychological Association ha rilevato che **1 donna su 4** e **1 uomo su 5** soffrono di fame nervosa.

26% donne

18% uomini

FAME?

Il movimento "Intuitive Eating" fondato in America dalle dietologhe Evelyn Tribole ed Elyse Resch consiglia di distinguere tra:

FAME REALE

Il bisogno del corpo di assumere calorie.
Meglio soddisfarlo con cibo sano, consumato con calma, attenzione e in modo regolare.

VOGLIA DI BUONO

Il bisogno psicologico di assaporare e masticare.
Meglio soddisfarlo con piccole quantità di alimenti appetitosi.

La fame da stress ha a che fare con la voglia di buono, quindi se sei tentato di mangiare fuori pasto, scegli qualcosa di piccolo e gustoso. Ma ricorda: quando sei sotto stress non saltare i pasti.

stessa quantità di cibo dei volontari con livelli bassi, ma tendevano a mangiare molto più zucchero.
La scienziata dello sport Christine Maglione-Garves ha notato che il cortisolo porta a mettere su pancia: prendiamo peso, caloria dopo caloria.

Uno studio americano del 2005 ha scoperto che l'aumento di peso può essere un modo per disattivare la risposta allo stress: cavie di laboratorio hanno interrotto la produzione di cortisolo dopo aver messo su abbastanza grasso. C'è di più: un altro studio americano del 2009 ha rilevato che le scimmie con una dieta calorica, quando sottoposte a stress prendono più peso di quelle meno stressate.

Insomma, se ti senti in colpa o insicuro riguardo al tuo aspetto fisico, sii più gentile con te stesso. Il primo passo da fare è smettere di incolparti.

Devo mettermi a dieta?

Mangiare sano fa bene al corpo e alla mente, quindi se vuoi avere una dieta più equilibrata consulta un dietologo.

Diffida delle diete che garantiscono la perdita di peso in poche settimane: molti studi confermano che oltre a non essere sane non risolvono i problemi di stress. Le diete di questo tipo non affrontano le cause alla base dell'aumento di peso e quindi hanno effetti poco duraturi.

Stress da numeri

Lo stress di contare le calorie può diventare un problema. Uno studio americano del 2010 ha ridotto a 1200 le calorie giornaliere dei soggetti per 3 settimane: chi era costretto a contarle è risultato più stressato di chi non aveva la preoccupazione dei numeri. Mangiare meno però era tutt'altro che facile: entrambi i soggetti avevano livelli di cortisolo elevati. Nelle pagine seguenti ti presentiamo delle soluzioni efficaci per combattere la fame da stress.

»

» Diete drastiche: un fallimento

Studi dimostrano che l'assunzione di troppe poche calorie ci rende inclini a mangiare in modo incontrollato. Uno studio americano del 2010 ha sottoposto alcune cavie di laboratorio a una dieta ferrea per un breve periodo, rilevando che i soggetti sotto stress consumavano molte più calorie di quelli che non avevano fatto la dieta.

Secondo gli studiosi, la tensione di avere poche calorie a disposizione li ha resi sensibili allo stress e incapaci di controllare i propri comportamenti, portandoli a rifugiarsi nel cibo.

Questo non significa che se hai fatto una dieta sei destinato a riprendere peso.

Ma se sei ingrassato dopo un periodo stressante, una dieta drastica ti farà più male che bene. Riduci lo stress e smetti di sentirti in colpa: mangiare sano è la tua priorità.

BUONE ABITUDINI

Cosa fare se ti sei un po' lasciato andare e il tuo aspetto fisico non ti soddisfa? Gli specialisti suggeriscono di essere indulgente: stress e cibo sono una combinazione pericolosa, ma se ti vuoi bene, avere uno stile di vita più sano diventa possibile.

RISPETTA LA FAME
e i tuoi sentimenti. Dietologi e nutrizionisti del movimento "Intuitive Eating" hanno evidenziato che reprimere i tuoi sentimenti aumenta il desiderio di mangiare. Quando hai fame mangia e fermati quando sei sazio. Evita di mangiare male per gratificarti (vedi sotto).

SII PIÙ INDULGENTE
con il tuo corpo e metti da parte il perfezionismo (pp. 34-35, 68-69). Uno studio americano ha rilevato che le persone troppo perfezioniste, soprattutto verso il proprio corpo, tendono ad alternare dieta a grandi abbuffate. Un atteggiamento più tollerante e una maggiore fiducia nelle proprie capacità (pp. 18-19) renderà mangiare meno stressante.

EVITA LE RESTRIZIONI.
Un'inchiesta americana del 2007 ha scoperto che il 64% delle persone che hanno fatto una dieta tendono a riprendere i chili che hanno perso e anche di più subito dopo. Cerca di avere un'alimentazione sana e nutriente in modo duraturo.

SCEGLI UN'ALIMENTAZIONE
che ti soddisfi. Secondo la psicologa americana esperta in nutrizione Melanie Greenberg "fare una vita sana aggiunge piacere ed energia alla tua vita". Guarda le buone pratiche qui accanto.

RILASSATI.
In uno studio neozelandese del 2009, i partecipanti sono riusciti a perdere peso senza alcuna dieta. Ecco come hanno fatto: rilassamento muscolare progressivo (p.131), respirazione profonda (p.129) e yoga (p.157). Ridurre lo stress riduce l'impulso della fame.

GLICEMIA: CONOSCILA

Tutti i cibi aumento il livello di zucchero nel sangue, ma quelli ad alto contenuto glicemico di più. L'indice glicemico indica la velocità con cui il corpo assorbe e metabolizza il cibo. Sotto stress, spesso cerchiamo una rapida iniezione di energia mangiando schifezze ad alto contenuto glicemico che dopo un paio di ore provocano un crollo degli zuccheri, facendoci stare ancora peggio. Per mantenere un umore costante, assicurati che i tuoi pasti contengano la corretta proporzione di alimenti con pochi zuccheri:

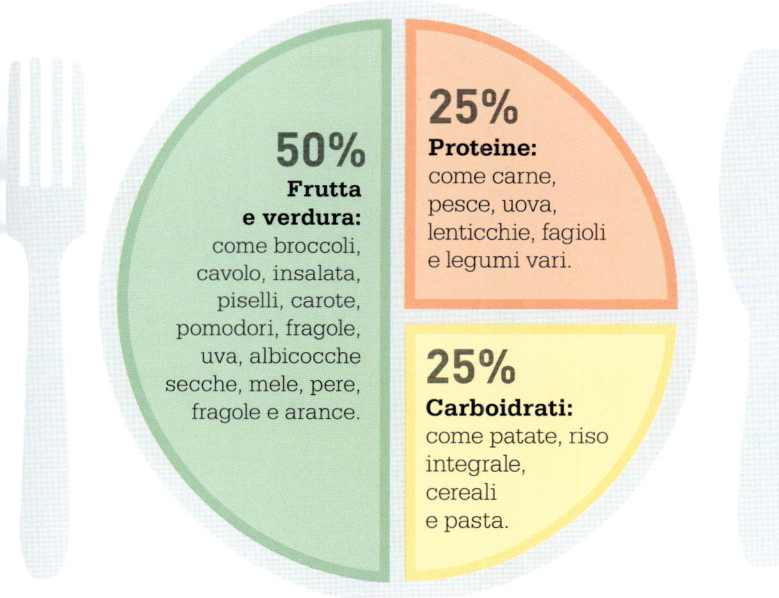

CIBI ANTISTRESS

I cibi probiotici che incoraggiano la crescita di batteri amici sono ottimi per la salute e secondo la ricerca condotta dagli scienziati irlandesi John Cryan e Ted Dinan nel 2017, riducono i livelli di stress, almeno nei topi. Gli studi sull'uomo sono ancora in corso, ma nel frattempo ecco alcuni cibi che sono raccomandati in una dieta bilanciata:

- ✔ Carciofi
- ✔ Asparagi
- ✔ Banane
- ✔ Cicoria
- ✔ Aglio
- ✔ Porri
- ✔ Latte
- ✔ Avena
- ✔ Cipolle
- ✔ Grano

L'IDEA MEDITERRANEA

La tradizionale dieta occidentale, ricca di zuccheri, carni grasse e cibi lavorati è negativa per la nostra salute mentale. Una ricerca australiana pubblicata nel 2015 ha scoperto che questo genere di dieta provoca il restringimento dell'ippocampo associato con la regolazione dell'umore. Uno studio spagnolo del 2013 ha rilevato che la dieta mediterranea arricchita di noci conduce a una vita più sana e senza stress.

Integra i pasti con:

- **Cereali integrali** al posto di pane bianco, riso o pasta.
- **Pesce** azzurro come lo sgombro, ricco di omega-3, antidepressivo naturale.
- **Carne magra,** soprattutto bianca come il pollo.
- **Olio d'oliva** per cucinare e condire.
- **Frutta** al posto di torte e dolci.
- **Noci,** nocciole e mandorle.
- **Se bevi alcol,** preferisci il vino.

SOGNI D'ORO

SCONFIGGERE L'INSONNIA

Stress e insonnia sono un circolo vizioso: restiamo nel letto con gli occhi sbarrati e ci innervosiamo perché non riusciamo a dormire. Se fai fatica a riposare bene la TCC ti offre delle soluzioni.

Se conduci una vita frenetica, dormire può sembrare una perdita di tempo, invece è cruciale per la tua salute. Secondo l'America's National Sleep Foundation l'insonnia cronica, intesa come incapacità di dormire per almeno tre notti a settimana in un periodo di tre mesi, ha serie ripercussioni sul fisico e la salute mentale. Le persone che riposano bene traggono maggior beneficio dall'attività fisica, hanno meno difficoltà a gestire le emozioni, non sono soggette all'ansia e hanno migliori funzioni cognitive. Dormire bene è importante, quindi se non ci riesci tieni d'occhio "l'igiene del sonno" (vedi

QUANTO È DIFFUSA?

1 su 3

Secondo uno studio dell'America's National Sleep Foundation del 1991 **1 persona su 3** soffre di insonnia prima o poi.

1 su 10

Uno studio del 2002 pubblicato dalla rivista internazionale *Sleep Medicine Reviews* riporta che il **10–15%** degli adulti soffre di **disturbi persistenti del sonno**.

accanto) e prova alcune tecniche di TCC (vedi dopo).

Le famose otto ore

Tutti pensiamo che otto ore di sonno siano l'ideale, ma in realtà varia a seconda della persona (vedi sotto). Uno studio del 2015 pubblicato su Sleep Health propone una "tabella del sonno". Fai attenzione alla qualità e alla quantità del sonno: sei ore di sonno profondo ristorano più di otto ore di sonno irregolare. Di solito, se abbiamo accumulato stanchezza nelle notti precedenti, abbiamo bisogno di dormire di più.

Sonno perso

Come confermato da uno studio finlandese del 2007, la mancanza di sonno si accumula. Una brutta nottata non fa male a nessuno, ma tre o quattro consecutive aumento i livelli di cortisolo e la pressione sanguigna: stare svegli troppo a lungo provoca un debito di sonno. Recuperare la stanchezza non è semplice, ma se hai fatto tardi qualche sera di seguito, per esempio per consegnare un lavoro, puoi risolvere il problema andando a letto presto. Se invece soffri di insonnia cronica, dovresti prendere provvedimenti (vedi pagina successiva). »

DI QUANTE ORE HO BISOGNO?

La maggior parte delle persone ha bisogno di dormire più di quanto faccia. La tabella mostra le ore di sonno di cui in media si ha bisogno per dare il massimo.

Età	Ore di sonno giornaliere				
	Troppo poche	Accettabile	L'ideale	Accettabile	Troppe
Neonati (0-3 mesi)		11-13	14-17	18-19	
Infanti (4-11 mesi)		10-11	12-15	16-18	
Primi passi (1-2 anni)		9-10	11-14	15-16	
Bambini (3-5 anni)		8-9	10-13	14	
Ragazzi (6-13 anni)		7-8	9-11	12	
Adolescenti (14-17 anni)		7	8-10	11	
Giovani adulti (18-25 anni)		6	7-9	10-11	
Adulti (26-64 anni)		6	7-9	10	
Anziani (più di 65 anni)		5-6	7-8	9	

Troppo poche — Accettabile — L'ideale — Troppe

IGIENE DEL SONNO

Se soffri di una lieve forma di insonnia, affronta la questione a partire dall'igiene del sonno:

- **Non stare a letto** di giorno a leggere o a guardare la tv, il tuo corpo deve capire che quello è il posto dove dormire.
- **Fai attività fisica** la mattina o attività più rilassanti come lo yoga la sera (pp. 152-153).
- **Non dormire** durante il giorno a meno che la sonnolenza non costituisca un rischio per la tua salute. Nel caso fai un sonnellino di soli 30 minuti.
- **Evita alcol,** caffeina, cioccolata e nicotina dopo pranzo e spezie la sera.
- **Evita di bere** troppo prima di andare a letto, così non dovrai andare in bagno durante la notte.
- **Rendi la tua camera** piacevole e accogliente, fai sì che il letto sia comodo.
- **Stabilisci un rito** della buonanotte sano: spegni gli apparecchi elettronici, leggi un libro o ascolta musica rilassante.

Così aiuterai il corpo a prepararsi ad andare a dormire e a rilassarsi interrompendo il collegamento tra letto e insonnia. Se questi consigli non sono sufficienti, prova con la Terapia del Controllo dello Stimolo (TCS) o la Restrizione del sonno.

Se hai molto da fare, dormire ti renderà più produttivo.

TCC per l'insonnia

Lo scopo della TCC è di migliorare l'umore e ridurre l'ansia andando ad agire sui pensieri e sui comportamenti. La TCC per l'insonnia è raccomandata dalla American Academy of Sleep Medicine e si basa sull'idea che andare a dormire generi ansia. La Restrizione del sonno, la Terapia del Controllo dello Stimolo (vedi accanto), insieme all'igiene del sonno (p.163), aiutano chi soffre di insonnia.

Chiedere aiuto

Se nessuna di queste tecniche funziona, consulta un medico: potresti avere un disordine del sonno o un disturbo di salute che deve essere curato. I sonniferi perdono efficacia col tempo e provocano assuefazione: i medici di solito li prescrivono solo per due-quattro settimane.

Sconfiggere l'insonnia richiede tempo e determinazione, ma con la pazienza e grazie ai metodi qui descritti riuscirai a dormire meglio.

QUALE SPECIE SEI?

Quando ti senti al meglio? Secondo i ricercatori del sonno Michael Smolensky e Lynne Lamberg, le persone rientrano in uno dei gruppi qui sotto. I colibrì fanno tardi la sera e si alzano presto, ma tendono ad accumulare stanchezza. Se sei un gufo o un'allodola assicurati di dormire abbastanza.

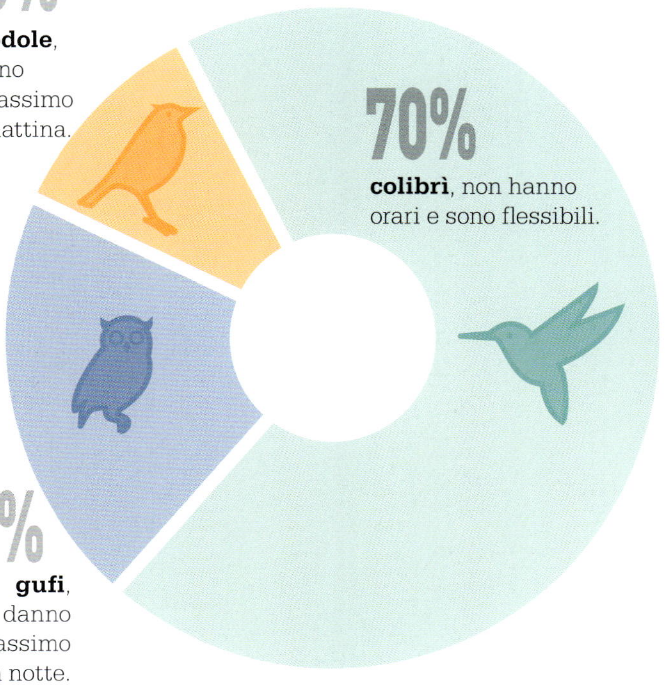

PROBLEMI DI FONDO

Le cause dell'insonnia sono molte: mediche, psicologiche o contingenti (come il fuso orario o un turno di lavoro). Pensa alle peggiori notti in bianco che hai passato e identifica i fattori di stress che ti possono aiutare a trovare soluzioni a lungo termine.

- **Insonnia iniziale:** difficoltà a prendere sonno, spesso legata all'ansia (pp. 204–207).
- **Insonnia centrale:** risvegli nel cuore della notte, può essere associata a una malattia, al dolore o alla depressione (pp. 202–203).
- **Insonnia terminale:** sveglia troppo presto, spesso legata alla depressione (pp. 202-203).

TIRIAMO LE SOMME

30%

Nell'America's National Health Interview Survey del 2010, **il 30% dei lavoratori** ha dichiarato di **non dormire abbastanza**, cosa che porta a seri problemi di salute.

$2,000

Le persone stanche sono **meno produttive**. Uno studio americano del 2010 ha stimato che le perdite economiche dovute alla stanchezza ammontano a **2000 dollari a testa** all'anno.

CONTROLLO DELLO STIMOLO

Secondo uno studio pubblicato nel 1998 sul *Behavior Modification* journal e un altro del 2006 realizzato dall'American Academy of Sleep Medicine, la Terapia del Controllo dello Stimolo è il trattamento più efficace contro l'insonnia cronica. Per riuscire davvero ad addormentarsi, occorre andare a letto solo quando si ha sonno:

1 **Resta sveglio** fino a quando non ti viene sonno. Ricorda che la stanchezza e il sonno non sono la stessa cosa: quando sarà il momento ti verrà da sbadigliare e ti sentirai gli occhi e la testa pesanti.

2 **Non guardare l'ora**, se c'è un orologio in camera nascondilo o toglilo, metti il cellulare dove non puoi vederlo.

3 **Se dopo 15-20 minuti** sei ancora sveglio, alzati. Esci dalla camera e fa' qualcosa di noioso o rilassante, come leggere o praticare una tecnica di rilassamento. Evita gli apparati elettronici, inclusa la televisione.

4 **Resta in piedi** finché ti torna sonno, poi vai a letto senza controllare l'ora.

5 **Ripeti i passaggi** finché non ti addormenti.

6 **Alzati ogni mattina alla stessa ora,** indipendentemente da quanto hai dormito. (Ancora una volta non curarti dell'ora, usa la sveglia sul telefono.) Così abitui il corpo alla routine e le notti successive dovresti dormire meglio.

CALCOLA L'EFFICACIA DEL SONNO

Chi soffre di insonnia deve migliorare l'efficacia del proprio sonno, ovvero ridurre il numero di ore che trascorre a letto con gli occhi sbarrati. Per calcolare la tua devi fare:

$$\frac{\text{ore di veglia}}{\text{ore trascorse a letto}} \times 100 = \text{efficacia del sonno in percentuale}$$

Ad esempio, se trascorri sei ore sveglio e nove ore nel letto l'efficacia del tuo sonno è del 67%. Secondo la Restrizione del sonno l'obiettivo è arrivare all'85% in modo che quasi tutto il tempo trascorso a letto sia di sonno.

RESTRIZIONE DEL SONNO

Sebbene le cause dell'insonnia siano molteplici, hai il potere di migliorare l'efficacia del sonno. La Restrizione del sonno ti induce a dormire attraverso un meccanismo di "prendere o lasciare" decidi le ore di sonno per notte e alzati alla stessa ora tutti giorni, anche se ti sembra di non aver dormito abbastanza. Il cervello imparerà che il tempo dedicato al sonno è limitato e cercherà di sfruttarlo al massimo. Come fare:

1 Stabilisci un lasso di tempo leggermente superiore a quanto dormi di solito, ma meno di quanto hai bisogno. Sei ore potrebbero bastare.

2 Punta la sveglia calcolando sei ore di sonno. Cerca di rispettare gli orari ed evita di dormire durante il giorno.

3 Dopo 5-10 giorni dovresti riuscire a dormire sei ore piene. Adesso vai a dormire 30 minuti prima del solito.

4 Dopo altri 5-10 giorni che ti sei abituato a dormire sei ore e mezzo, vai a dormire di nuovo 30 minuti prima. Continua così finché raggiungi le ore necessarie (p.163).

VITA SEMPLICE

SGOMBRARE LA CASA E LE ABITUDINI

Tenere ordinato lo spazio intorno a te è difficile quando sei sotto stress. Tuttavia un ambiente disordinato tende ad aumentare lo stress: riordinare può aiutarti a stare meglio.

Oggigiorno viviamo sommersi dalle cose che compriamo e non sempre siamo in grado di liberarcene. Il riordino aiuta ad abbassare i livelli di stress.

Disordine e cervello

Il disordine influisce sul nostro modo di pensare. Una serie di studi condotti dall'University of Minnesota e pubblicati nel 2013 ha chiesto ai volontari di rispondere ad alcune domande rispettivamente chiusi in una stanza ordinata e in una disordinata:

- Alla richiesta di **donare soldi,** l'82% dei soggetti nella stanza ordinata ha accettato contro il 47% degli altri.
- All'offerta di **una caramella o una mela** i volontari nella stanza ordinata erano più propensi a scegliere il cibo più sano.
- **Messi alla prova sulla creatività,** i volontari nella stanza disordinata avevano idee migliori.
- **Davanti alla scelta** di una marca famosa contro una sconosciuta, i soggetti nella stanza ordinata preferivano il prodotto più familiare, mentre gli altri quello nuovo.

Insomma il disordine ci rende più creativi, ma anche meno responsabili. Quando devi affrontare un compito stressante che richiede impegno, un ambiente disordinato può scoraggiarti.

Anche concentrarsi è più difficile nel caos. Uno studio americano del 2011 della Princeton University Neuroscience Institute ha scoperto, grazie all'uso di risonanze, che le persone circondate da un contesto disordinato avevano più difficoltà a processare le

NON VUOI BUTTARLO VIA?

75%

Uno studio americano del 2012 ha scoperto che il 75% delle famiglie a reddito medio **non possono parcheggiare** la macchina in garage perché c'è troppa roba...

11 milioni

Nel 2007 il *New York Times* ha rilevato che più di 11 milioni di americani hanno **preso in affitto** dei locali per sistemare le proprie cose in eccesso.

FARE ORDINE

Serve aiuto per liberarti di alcune cose? Prova alcuni di questi consigli:

1 Lontano dagli occhi lontano dalla mente. Metti gli oggetti di cui non sei sicuro di volerti liberare in una scatola chiusa. Se dopo una settimana o un mese non gli hai ancora trovato sistemazione, butta la scatola senza aprirla.

2 Con calma, ma accuratamente. Scegli un posto della casa da sgomberare, ad esempio un armadio, puliscilo bene, e non ti fermare finché non hai deciso cosa dare in beneficenza o cosa riciclare.

3 Tu non sei le tue cose. Non ti vincolare alle cose che possiedi: tu sei tu, anche senza di loro.

4 Ama le persone, non le cose. Dare via un oggetto legato a qualcuno non significa rovinare la vostra relazione. Non c'è bisogno di tenere tutti i regali che ti ha fatto per dimostrare di volergli bene.

5 Credi nel futuro. Conservare qualcosa perché "non si sa mai" è segno di ansia. Convinciti che ce la farai anche senza.

6 Distingui tra desiderio e realtà. Vestiti in cui speri di rientrare e libri che non hai mai letto sono tutti ricordi di un passato insoddisfacente che non danno alcuna gioia. Lasciali andare.

7 Non incolparti. Il senso di colpa è stressante e rende più difficile riordinare.

8 Basta con il perfezionismo. Se pretendi che casa tua sembri una di quelle case da rivista, non ti libererai mai dallo stress. Una casa pulita è più che sufficiente.

informazioni. Il disordine è un'informazione visiva: quando ce n'è troppo cattura la nostra attenzione distraendoci.

Perché riordinare è così difficile?

Alcuni studi condotti dal Premio Nobel Daniel Kahneman e i suoi colleghi tra gli anni '70-'90 hanno trovato la ragione:

- **La prospettiva.** Una perdita ha un impatto maggiore di un guadagno equivalente: il dispiacere di perdere 5€ è maggiore del piacere di trovarli.
- **Il contesto.** Quando qualcosa è nostro, anche se da poco, gli diamo più valore di quanto non faremmo altrimenti.

Non c'è da stupirsi se separarci dalle cose superflue è difficile: il nostro cervello è restio all'idea. Uno studio del 2012 della Yale University ha scoperto che gli accumulatori seriali liberandosi degli oggetti superflui erano in grado di sgombrare parti della mente associate al dolore fisico. Riordinare è stressante quanto il disordine in sé.

Se ti senti sommerso dalle tue cose, segui i consigli qui sopra: ti aiuteranno a rendere il percorso meno sgradevole. Non c'è bisogno di buttare via tutto, alcune cose possono stimolare la tua creatività, ma a un luogo ordinato corrisponde una mente più serena.

POSSO FARCELA

GESTIRE LA FORZA DI VOLONTÀ

Hai notato che, quando sei sotto stress, tendi ad agire d'impulso e a prendere decisioni affrettate? Capire come oscilla la tua forza di volontà ti può aiutare a restare lucido anche quando ti senti stanco e stressato.

Lo stress attiva la formula "fight or flight", ma talvolta aggredire qualcuno o scappare dal problema non è la soluzione. Resistere a questo impulso ci prosciuga: la forza di volontà non è infinita, ma per fortuna, se impariamo a conoscerla, possiamo incrementarla.

Deplezione dell'io

Per lo psicologo Roy Baumeister, pioniere dalla teoria della deplezione dell'io, resistere ad agire d'impulso e gestire lo stress richiede energia. Se le tue riserve di energia scarseggiano, star fermi su una decisione finché non ci siamo ricaricati non è facile, come dicono molti studi:

- In un esperimento di Baumeister del 1998, i soggetti a cui era stato chiesto di risolvere un indovinello col divieto di mangiare un biscotto rinunciavano dopo 8 minuti, quelli a cui era stato concesso il biscotto resistevano fino a 19.
- Secondo uno studio americano del 2005, i giorni in cui le persone dovevano dimostrare più autocontrollo tendevano a bere di più.
- In un altro studio americano del 2010, i consumatori con poco potere d'acquisto che dovevano decidere ciò che potevano permettersi erano più propensi a mangiare schifezze facendo spese.

L'autocontrollo, come i muscoli, dopo un po' si stanca: resistere alle tentazioni e alla frustrazione e gestire lo stress mettono a dura prova la volontà. Lo stress assorbe l'energia che serve a fare scelte sane.

Che la forza sia con te

Cosa fare se lo stress ti prosciuga le energie, ma non vuoi perdere il controllo? Ecco alcune possibilità:

✔ **Credi nella tua forza.** Uno studio del 2010 della Stanford University sulla deplezione dell'io ha rilevato che i soggetti a cui era stato fornito un questionario sulla limitatezza della forza di volontà mostravano minor forza di volontà rispetto ad altri con un questionario diverso. Baumeister ha notato che l'autoaffermazione fa bene alle persone con medi livelli di deplezione, ma chi li ha più alti deve riposare prima di affrontare nuove sfide. Per lo stress lieve può bastare un atteggiamento propositivo.

✔ **Fai pratica.** Uno studio del 2010 condotto dallo psicologo Mark Muraven sulle persone che smettono di fumare ha rilevato che praticando piccoli atti di autocontrollo si ottenevano risultati migliori.

✔ **Libera la mente.** Uno studio svizzero del 2012 suggerisce di praticare un breve periodo di meditazione per aiutare la capacità di autocontrollo a crescere (pp. 132-135).

Se sei esaurito è più difficile tenere il controllo, ma la pratica e il piacere ti aiuteranno ad accrescere la tua forza di volontà.

ENERGIA DA MANGIARE

Mantenere l'autocontrollo richiede energia, che brucia glucosio (lo zucchero nel sangue e maggiore fonte di energia del corpo). Per mantenere la forza di volontà mangia cibi a basso contenuto glicemico (p. 161): studi dimostrano che cibi a bassa glicemia mantengono i livelli di zuccheri più stabili. Questo ti protegge nei momenti in cui la volontà cede, ad esempio resistere alla tentazione di mangiare schifezze tra i pasti.

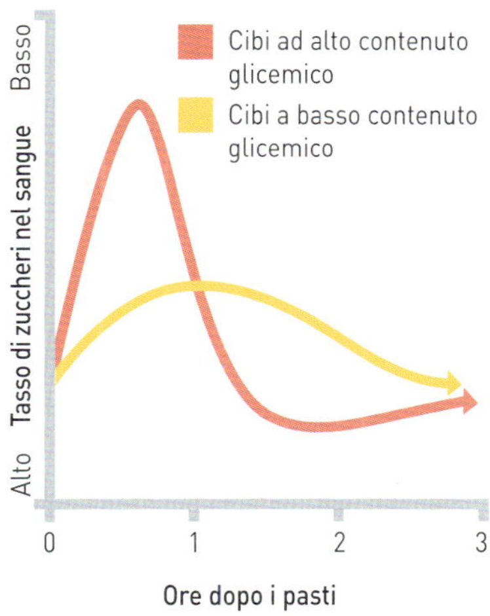

TI SENTI DEBOLE?

27%

Secondo un rapporto del 2011 condotto dall'American Psychological Association il 27% di persone dichiara che il loro **più grande ostacolo** è la mancanza di forza di volontà. Se essere debole ti fa sentire in colpa, sappi che non sei solo e che **non sei debole quanto credi**.

BATTERIE SCARICHE?

Secondo uno studio americano del 2011 i maggiori fattori scatenanti della mancanza di autocontrollo sono:

- **Cattivo umore.** Ad esempio: "A che serve smettere di fumare? A nessuno importa se sto meglio".
- **Fare strappi alla regola.** "Devo fare attenzione agli zuccheri, ma la vaschetta di gelato è aperta..."
- **Tentazione incontrollabile.** "Devo bere di meno, ma c'è l'open bar e poi tutti stanno bevendo."
- **Autocontrollo alterato** per colpa dell'alcol o della deplezione dell'io. "Ho fatto il bravo tutta la settimana, quindi adesso me lo merito."

Se devi star fermo su una decisione, fai attenzione a questi ostacoli, ripensa ai fattori che ti hanno fatto perdere il controllo in passato e cerca di prevenirli prima che si ripresentino.
Se invece lo stress ti ha prosciugato la forza di volontà, cedere alla tentazione è un sollievo temporaneo, ma a lungo andare non ti farà sentire meglio. Meglio identificare la fonte dello stress e attivare le tecniche di coping per combatterlo.

VECCHIE ABITUDINI

MANTENERE IL CONTROLLO SOTTO STRESS

In periodi di stress mantenere le buone abitudini è più difficile. Se hai la tentazione di lasciarti andare e mettere da parte i progetti di una vita sana e controllata, forse ti occorre un approccio sistematico diverso.

Ti è mai capitato di iniziare la palestra o decidere di risparmiare per poi ripiombare subito nelle vecchie abitudini? Lo stress assorbe la nostra forza di volontà e interferisce con la capacità di giudizio, rendendoci la vita più difficile. Ci sono dei motivi neurologici per questo: se vuoi cambiare abitudini, meglio che ti prepari ad affrontare tempi duri.

Pensare per obiettivi

È facile avere buone intenzioni quando siamo tranquilli e rilassati. Quando ci prefiggiamo uno scopo, pur sapendo che dobbiamo apportare dei cambiamenti pensiamo che valga la pena perseguirlo. Se però siamo in balia degli ormoni dello stress, è semplice ricadere nella direzione opposta. In uno studio tedesco del 2012, 69 volontari hanno assunto placebo o ormoni dello stress a loro insaputa. Le radiografie al cervello fatte loro durante la somministrazione di semplici

66 giorni

Uno studio inglese del 2009 ha scoperto che ci vogliono almeno **66 giorni per trasformare un nuovo comportamento** in abitudine. Lo stress non favorisce i cambiamenti, quindi non essere troppo duro con te stesso e fai progetti a lungo termine.

test a premi, hanno mostrato che il gruppo sotto placebo aveva una sana attività cerebrale nei lobi prefrontali associati al comportamento per obiettivi. Il gruppo stressato invece ha mostrato attività inesistente nelle regioni cerebrali associate al raggiungimento degli obiettivi, invariata nelle regioni legate alle abitudini comportamentali. Se il corpo è sotto stress, la biochimica gioca contro di te, impedendoti di disfarti di vecchie abitudini e ottenere risultati.

Superare i blocchi

Insomma, niente di rassicurante dalla scienza se stai cercando di liberarti da una brutta abitudine. Modificare i vecchi schemi quando sei sotto stress è difficile e una mano ti farebbe comodo. Pianificando sistematicamente e liberandoti dalle complicazioni, sarà più facile sviluppare un atteggiamento positivo anche sotto stress.

RIDUCI LE OPZIONI

Secondo uno studio americano del 2008, avere troppe scelte a disposizione indebolisce la tua forza di volontà e fermezza. Elimina le scelte superflue dalla tua vita.

Ad esempio:

✔ Scegli un numero preciso di outfit da indossare per andare al lavoro e metti solo quelli.
✔ Fai sempre la stessa colazione o pranzo, a patto che siano bilanciati, oppure stabilisci una tabella di cosa mangiare ogni giorno della settimana.
✔ Scegli un giorno alla settimana per fare la lavatrice o passare l'aspirapolvere.

Escludendo lo stress dalla routine quotidiana, sarà più semplice prendere le decisioni importanti.

STABILISCI I TUOI OBIETTIVI

Il modo in cui parli dei tuoi obiettivi fa la differenza. Gli psicologi distinguono tra obiettivo positivo d'acquisizione e obiettivo negativo inibitorio (vedi sotto). Se vuoi liberarti di una cattiva abitudine, prova a immaginare l'obiettivo in chiave positiva. Se ti convinci di guadagnarci qualcosa invece di perderci, ti accorgerai che non è poi così stressante.

Obiettivo inibitorio: "Non mangerò mai più schifezze."

Obiettivo d'acquisizione: "Mi sforzerò di mangiare sano per X giorni".

"SE-ALLORA"

Ideata dallo psicologo Peter Gollwotzer nel 1999, la tecnica del "se-allora" è ottima per prendere delle decisioni concrete. Guarda i due esempi qui accanto. Studi dimostrano che la tecnica del "se-allora" ci aiuta in ogni tipo di situazione: vale la pena provarlo.

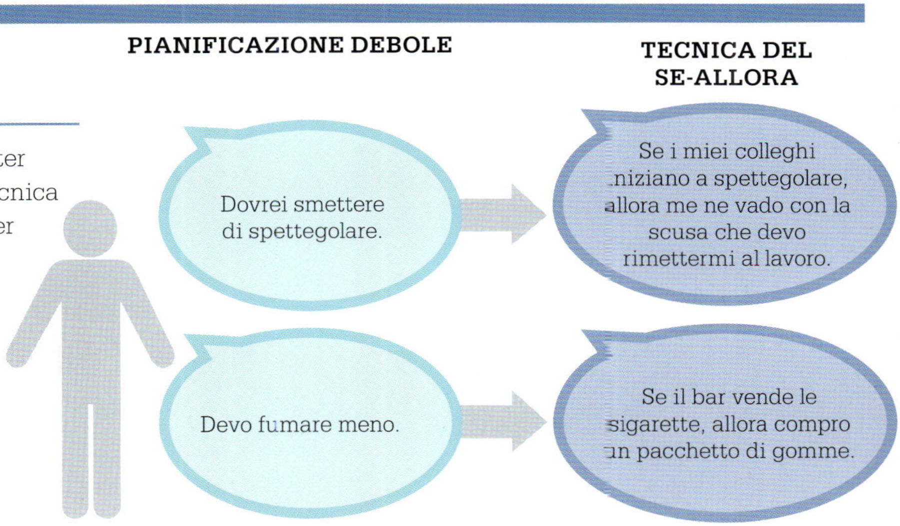

“L’aspirazione dell’essere umano non è l’assenza di tensione, ma **trovare qualcosa di stimolante** e difficile per cui combattere.”

Viktor Frankl

psichiatra sopravvissuto alla Shoah

IMMERSIONE TOTALE

L'ARTE DI TROVARE IL FLOW

Un ottimo antidoto contro la sensazione di non riuscire a gestire tutto è il flow, ovvero la zona di flusso: uno stato di coinvolgimento totale nell'attività che stiamo facendo.

Negli anni '70 lo psicologo ungherese Mihály Csíkszentmihályi ha identificato una teoria davvero rivoluzionaria: "il flow (flusso) è quella zona in cui sei del tutto assorbito dalla vita". Il flow è il risultato della combinazione di vari fattori:

- **Concentrazione estrema** sul momento presente.
- **Azione e consapevolezza** agiscono insieme.
- **Alienazione della autoconsapevolezza.**
- **Sensazione di controllo** su ciò che stai facendo.
- **Distorsione della percezione del tempo**, che passa senza che te ne accorga.
- **Esperienza autotelica**, un'esperienza intrinsecamente gratificante.

Perdersi nel flow significa essere in uno stato di assorbimento tale da scordare il mondo e le sue pressioni per un attimo.

Spingi al massimo

Nel 1988, Csíkszentmihályi ha condotto uno studio su 250 adolescenti con flusso alto e basso. I ragazzi con low-flow trascorrevano molto tempo in attività poco stimolanti come socializzare o guardare la TV. Quelli con high-flow invece avevano scopi più stimolanti, come sport o hobby, anche se erano convinti che i loro compagni si divertissero di più. Eppure i ragazzi con high-flow mostravano autostima superiore e una felicità più duratura.

A volte lo stress è così intenso che dobbiamo solo riposare, ma un altro modo per riprenderci è immergerci nel flusso di una nuova sfida. Trovare il flow negli hobby o nel lavoro produttivo è un ottimo antidoto allo stress.

DIARIO DELL'UMORE

Cerchi il tuo flow? Prova il Metodo di Campionamento dell'Esperienza. Metti una sveglia sul telefono a intervalli regolari, quando suona fermati e scrivi una pagina di diario su come ti senti:

- **Cosa stavo facendo** e con chi ero?
- **In una scala da 1 a 10** quanto era stimolante?
- **Mi sentivo capace** (da 1 a 10)?
- **Quanto ero assorto** (da 1 a 10)?
- **Come mi sentivo?** Stressato/calmo/felice/annoiato/solo/fiducioso/ansioso/interessato/coinvolto/fiero/capace?
- **Il tempo passava** veloce/lento/normale?
- **Quando faccio questa attività** cosa penso di me stesso?

Fallo per alcuni giorni e poi rileggi i momenti che sono stati più stimolanti e in cui ti sei sentito più coinvolto. In questo modo riuscirai a identificare cosa ti piace fare nella vita e decidere di perseguirlo per eliminare lo stress.

COME SI CREA IL FLOW?

Secondo il ricercatore Owen Schaffer, creare un'esperienza di flusso richiede opportunità, azione e risultati. In questo modo si crea un ciclo positivo in cui è facile rimanere assorto. Se sei sotto stress e hai bisogno di una ricarica, scova le attività che meglio contengono questi tre elementi.

IL FLOW APPLICATO AL LAVORO

Secondo lo psicologo Daniel Goleman, ci sono tre vie principali per incoraggiare il flusso:

Trova un lavoro che rispecchi le tue abilità, abbastanza stimolante da esserne coinvolto, ma non opprimente da restarne schiacciato.

Fai un lavoro che ti piace o che rifletta i tuoi valori (pp. 44-45).

Migliora la concentrazione, pratica la mindfulness e la meditazione (pp. 132-135).

LA RETE DI SICUREZZA

AMICIZIA E SOSTEGNO

Noi uomini siamo esseri sociali, per mantenere la salute mentale e fisica abbiamo bisogno di relazioni interpersonali.
Avere amici e persone che ti sostengono è un ottimo modo per difenderti dallo stress.

Se abbiamo troppo da fare, tendiamo a mettere da parte gli amici. Eppure le persone a cui vogliamo bene sono un ottimo cuscinetto contro lo stress.

Istinto animale

L'amicizia fa parte della nostra evoluzione di animali sociali. Una rete fidata di mutuo sostegno aumenta le possibilità di sopravvivenza, come dimostra il regno animale, in cui avere una forte alleanza si traduce in maggiore resilienza allo stress e benessere fisico. Sentirci al sicuro in presenza di un compagno fidato fa parte della nostra natura.

Uno studio americano del 2010 ha rilevato che le persone con una buona rete di sostegno sociale hanno un tasso di mortalità del 50% inferiore degli altri.
È stato dimostrato che isolamento e solitudine (pp. 190-191) sono fattori di rischio

GRAZIE DI ESSERCI

Uno studio canadese-americano del 2011 ha rilevato i livelli di cortisolo dei volontari coinvolti mentre tenevano un diario dettagliato sulle esperienze negative che vivevano giorno per giorno. In presenza del sostegno di un amico il cortisolo restava stabile, a differenza di quando erano da soli. Innanzi a un fattore di stress, il nostro corpo si sente più al sicuro se in compagnia di una persona fidata.

altrettanto pericolosi che il fumo o l'obesità.

Ti capisco

Quando un amico soffre, stiamo male per lui. Uno studio americano del 2013 condotto su soggetti che osservavano un amico o uno sconosciuto subire lievi scariche elettriche ha rilevato che la reazione allo stress variava: lieve quando capitava allo sconosciuto, elevata quando capitava all'amico.

Il cervello non fa distinzione tra pericolo subito o pericolo inflitto a un amico: tendiamo a identificarci completamente. Sapere che un amico sta male è fonte di stress, eppure sapere che qualcuno ci capisce e che non siamo soli è una potente fonte di consolazione.

Dare-avere

Sapere che gli amici sono lì per noi è di grande conforto, ma anche dare il proprio sostegno aiuta a ridurre lo stress. Uno studio americano del 2015 ha chiesto ai soggetti di tenere un diario per 14 gironi degli eventi stressanti e delle azioni altruiste che compivano per gli altri. Coloro che assumevano comportamenti prosociali erano immuni allo stress.

L'idea di dover fare favori agli altri quando ti senti affogare, può sembrare azzardata, ma in realtà si tratta di atteggiamenti prosociali minimi come aprire la porta a qualcuno. Perfino piccoli gesti di generosità e cortesia contribuiscono a migliorare l'umore, riducendo lo stress.

Nelle pagine seguenti troverai dei consigli per ottimizzare il sostegno della tua rete sociale.

IN CHE MODO L'AMICIZIA AIUTA?

Gli psicologi propongono due modelli di come il sostegno degli altri ci aiuta a stare meglio:

La "Direct-Effects Hypothesis". L'amicizia stimola la salute emotiva e fisica, indipendentemente dalle circostanze.

La "Buffering Hypothesis". L'amicizia è più potente quando siamo sotto stress, aiutandoci a creare la distanza psicologica necessaria tra gli eventi e noi.

Il modello che rispecchia le tue cerchie sociali è solo una scelta personale. In entrambi i casi, amici fidati aiutano ad alleviare lo stress.

BISOGNO DI UN ABBRACCIO

Quando non ce la fai più, chiedi un abbraccio. Numerosi studi hanno rilevato che il contatto fisico emotivo:

- **Riduce** i livelli di cortisolo.
- **Stimola** il nervo vago del cervello, rallentando il battito cardiaco e la pressione sanguigna.
- **Aumenta** l'ossitocina o ormone dell'amore, facendoci sentire più rilassati e fiduciosi.
- **Attiva** il rilascio della dopamina nel centro del piacere del cervello.

Insomma, la scienza ha dimostrato che l'abbraccio di un amico fa bene a entrambi.

Scegliere bene

Avere dei buoni amici su cui fare affidamento nei momenti bui è un grande sollievo, ma alcuni di loro possono causare più stress che altro. Se un amico porta nella tua vita più dramma che relax, la professoressa e psichiatra »

TU E IL TUO GRUPPO

Di quanti amici hai bisogno? Averne troppi può essere fonte di stress. Secondo i biologi che studiano il cervello dei primati, il numero di relazioni strette che riusciamo ad avere dipende direttamente dalle capacità mnemoniche: più stretta è la relazione maggiore è la richiesta da parte del cervello. Oltre un certo numero, si rischia di farci sfuggire aspetti importanti del rapporto.

I cinque cerchi qui sotto mostrano il numero massimo di persone che siamo in grado di gestire a seconda del livello di intimità. Una cerchia ristretta di buoni amici può essere sufficiente. Ma se sei un animale sociale e la tua cerchia ti stressa, considera di allontanarti da qualcuno con cui sei meno intimo.

» Irene Levine suggerisce di:

- ✔ **Pensarci bene** in un momento tranquillo. Le decisioni prese a caldo possono ritorcertisi contro. Rifletti se chiudere del tutto una relazione o raffreddarla un po'.
- ✔ **Prendere le distanze** dalle relazioni meno strette. Inventa delle scuse per non vedervi, finché non sarà più necessario.
- ✔ Quando vuoi chiudere una relazione **metti per iscritto e ripeti ad alta voce** ciò che vuoi dire per arrivare preparato. Evita di addossare la colpa, le persone cambiano e questa decisione è una tua responsabilità.

Questo non significa che devi allontanare qualcuno solo perché ha un problema, sarebbe scortese e avrebbe ripercussioni sul resto dei tuoi amici. Ma con la giusta energia potresti incoraggiare la tua cerchia di amici a essere più positiva (pp. 180-181).

Le amicizie negative richiedono molta energia.

CONTAGIO EMOTIVO

Quando si attraversa un periodo difficile, un amico vale l'altro? Secondo i ricercatori americani Nicholas Christakis e James Fowler tendiamo ad assorbire l'umore dei nostri amici come in una specie di "contagio emotivo". In uno studio del 2008 hanno rilevato che:

1 km

Avere **un amico felice che abita a 1 km** da noi aumenta le nostre possibilità di essere felici del **25%**.

3 gradi

Sono 3 i gradi di separazione attraverso cui possiamo essere influenzati dall'umore degli altri:

1 Persona stressata.

2 L'amico ne risente.

3 L'amico dell'amico ne risente.

4 L'amico dell'amico dell'amico ne risente.

Se è un momento difficile, è meglio uscire con gli amici più sereni e ottimisti che con quelli negativi. Nessuno è immune al contagio emotivo, prova a intercettare il mood giusto.

Se un amico è in difficoltà, prova a indirizzarlo verso un atteggiamento positivo. Le buone amicizie sono fondamentali per la tua salute mentale. Le persone giuste salvaguardano il tuo benessere e sono la tua ancora di salvezza nei periodi di maggiore stress.

10 minuti

Uno studio americano del 2010 ha rilevato che 10 minuti di **conversazione amichevole** stimolano le funzioni del cervello: una breve chiacchierata al telefono aiuta ad affrontare meglio i problemi.

AMICIZIE TOSSICHE

Le amicizie negative aumentano lo stress. La counsellor e ricercatrice Suzanne Deggers-White ha identificato setti tipi di amici da cui guardarsi le spalle:

1 **Nuove conoscenze** che vogliono diventare intimi troppo in fretta.

2 **Amici che chiamano** solo nel momento del bisogno.

3 **Amici che non tengono conto** delle tue preferenze quando fate qualcosa insieme.

4 **Amici che parlano solo di sé** e dei loro interessi.

5 **Amici che si lamentano** che non ci sei mai.

6 **Amici che si sentono in competizione** con te.

7 **Amici che non si fanno problemi a chiederti soldi,** ma non te li rendono mai.

Voler aiutare i propri amici è normale ma se ti circondi di persone in grado di "dare e avere" ti sentirai meglio e meno stressato.

LINGUAGGIO POSITIVO

I BENEFICI DI NON LAMENTARSI

Quando siamo stressati sfogarsi è un istinto naturale. Tuttavia la scienza dimostra che è meglio smettere di lamentarsi.

Molte persone ritengono che sfogarsi, "buttare fuori", "togliersi un peso dal cuore" aiuti ad alleviare lo stress. In realtà lamentarsi troppo provoca più problemi di quanto immagini. Fai attenzione a ciò che dice la neuroscienza e assumi abitudini positive.

Adattamento del cervello

Per mandare un'informazione da una parte all'altra del cervello, i nostri neuroni fanno un lavoro di squadra. L'informazione passa da un neurone all'altro attraverso i neurotrasmettitori creando veri e propri ponte. Gli impulsi elettrici che viaggiano attraverso questi ponti portano l'informazione da un punto a un altro del cervello. Alcuni ponti tendono a rafforzarsi quanto più vengono usati: questo processo si chiama apprendimento. Ciò accade anche in caso di emozioni o comportamenti negativi. Quanto più usiamo un linguaggio negativo, tanto più svilupperemo la tendenza a ricorrervi.

Sfogare la rabbia fa parte dell'esprimere le emozioni… può sembrare una buona idea, ma non lo è affatto.

Jeffrey Lohr
psicologo americano

COME LA METTIAMO?

Se vuoi parlare di qualcosa che ti fa stare male a un amico o al partner, prova una di queste frasi per riformulare la situazione in chiave positiva:

- ✔ Devo dare il massimo.
- ✔ Sarà una bella sfida.
- ✔ Mi richiederà tante energie.
- ✔ Cercherò di fare finta di niente.
- ✔ Devo strignere i denti e tenere duro fino alla fine.
- ✔ Non vedo l'ora che finisca.

LAMENTELE COSTRUTTIVE

Lo psicologo Robin Kowalski distingue tra due tipi di lamentele: strumentale, con il fine di risolvere un problema pratico, come restituire un capo fallato, ed espressiva, con il fine di ottenere una reazione dalle persone. La prima è di tipo positivo; se invece dovessi sentire il bisogno di lamentarti in modo espressivo, ricorda di farlo con moderazione:

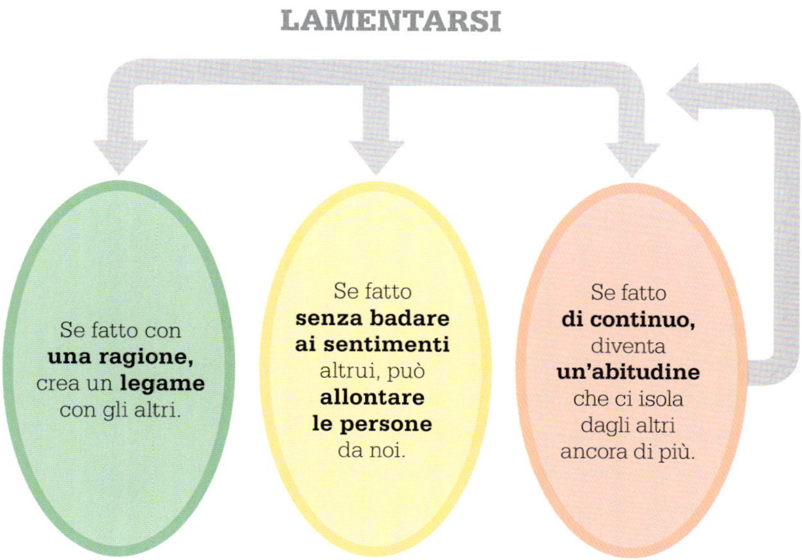

Lamentarsi troppo ha un'influenza negativa: il costante parlare male rafforza le vie nervose che trasmettono quelle emozioni. Il cervello impara a processarle e ben presto potremmo ritrovarci di pessimo umore senza alcuna ragione. Quindi è bene limitare al massimo i pensieri e il linguaggio negativi in favore di pensieri ed emozioni positivi che stimolino le vie nervose della felicità.

Tirare su di morale
Se un amico è sotto pressione, ti può capitare di doverlo stare a sentire anche se non vorresti. Visto che siamo permeabili alle emozioni altrui, la cosa migliore è promuovere con gentilezza un atteggiamento positivo. Alcune tattiche utili:

- **Linguaggio del corpo positivo.** Spesso si assume la postura della persona che abbiamo davanti. La postura influenza l'umore, se tieni un atteggiamento positivo anche l'altra persona lo farà.
- **Fornisci feedback positivi.** Se puoi dire qualcosa di carino, non esitare a farlo: migliorando l'umore dell'altra persona potrebbe decidere da sola di smettere di lamentarsi.
- **Cambia argomento** e parla di qualcosa di più positivo.
- **Non fomentare la negatività.** Quando ci lamentiamo ci aspettiamo una risposta. Non ti sbilanciare e limitati a commenti del tipo "mmm" o "capisco". Entra nella conversazione solo quando salta fuori un argomento più positivo.

Lamentarsi non fa male di per sé, ma a lungo andare sviluppiamo la tendenza a provare ciò che esprimiamo. Quindi cerca di mantenere le tue conversazioni positive.

IL LATO DIVERTENTE

IL RUOLO DELL'UMORISMO

Lo stress è capace di compromettere negativamente il nostro benessere, ma ridere si è rivelato un antidoto potente. Riuscire a sdrammatizzare ridendo dei momenti divertenti ha un forte impatto sullo stress.

Alcuni saranno sorpresi di sapere che dietro ai benefici di una risata ci sono un gran numero di studi che dimostrano scientificamente quanto ridere faccia bene al corpo e alle emozioni riducendo i livelli di stress.

I benefici fisici

È stato dimostrato che ridere riduce fisiologicamente lo stress. Dopo una bella risata, il corpo si sente più disteso, la pressione sanguigna e il battito cardiaco si abbassano lasciandoti una sensazione di distensione. Questo accade perché ridere:

- **Riduce** la produzione di cortisolo.
- **Rilascia endorfine** che aumentano la tolleranza al dolore e accrescono il piacere, l'ottimismo e la fiducia in se stessi.
- **Rilascia serotonina** che riduce l'ansia e la depressione.

RIDERE FA BENE

Lo stress indebolisce il sistema immunitario (pp. 20-21), ma una risata può aiutare a rinforzarlo. Uno studio americano del 2003 ha rilevato che dopo aver mostrato un video divertente ai partecipanti, non solo la loro percezione dello stress era diminuita, ma l'attività delle loro cellule immunitarie era incrementata significativamente.

- **Rafforza** il sistema immunitario (vedi Ridere fa bene).

Ridere allevia il dolore

Uno studio inglese del 2011 ha dimostrato che coloro che avevano riso di gusto guardando una commedia riuscivano grazie alle endorfine a tenere le mani dentro un cestello del ghiaccio molto più a lungo degli altri. Se ti trovi ad affrontare lo stress causato da un infortunio o una malattia, guardare qualcosa di divertente non solo aiuta a distrarti, ma rende il dolore più tollerabile.

A colpi di battute

Lo stress è la difficoltà nel superare le sfide della vita, ma ridere riduce sensibilmente i fattori di stress. Uno studio americano del 2010 dopo aver mostrato una serie di foto potenzialmente tristi, ha chiesto ai volontari di reinterpretarle in uno dei seguenti modi:

- **Senza umorismo:** ad esempio il commento alla foto di un uomo che eviscera un pesce potrebbe essere "È fortunato ad avere un buon lavoro".
- **Con umorismo nero e sprezzante:** "È il lavoro ideale per chi puzza".
- **Con umorismo positivo e spontaneo:** "Voleva tanto lavorare con gli animali...".

I soggetti a cui era stato chiesto di fare una battuta positiva risultavano meno soggetti allo stress. I ricercatori concludono che ridere è una forma di re-framing cognitivo (pp. 52-53).

Ridere insieme

Ridere rafforza l'amicizia. Nel 2000 il neuroscienziato Robert Provine ha scoperto che quando le persone ridono insieme ad altre tendono a sentirsi più unite nonostante solo il 10-20% delle risate siano in risposta a vere e proprie battute. La semplice presenza degli altri basta a rendere l'atmosfera più divertente. Secondo Provine: "Lo stimolo reale della risata non è la battuta, ma la presenza dell'altra persona". Ridere insieme rafforza i legami che ci aiutano a proteggerci dallo stress (pp. 176-179).

Umorismo personale

Ciò che troviamo divertente è molto soggettivo. Vari studi dimostrano che la salute mentale e fisica migliora quando sentiamo il controllo su alcuni aspetti della nostra vita. Ridere è una forma di empowerment: decidere di ridere ci fa sentire più in controllo, più capaci di gestire la situazione e meno sfiduciati. Uno studio americano del 1996 ha scoperto che i pazienti postoperatori che guardavano film divertenti avevano bisogno di meno antidolorifici degli altri. A risentirne di più invece erano i pazienti costretti a guardare film comici che non apprezzavano. Per ottenere dei benefici è importante trovare qualcosa di divertente per noi. Indipendentemente dal tipo di umorismo, ridere fa stare meglio a livello mentale e fisico avvicinandoci agli altri.

Dal punto di vista fisiologico e cognitivo, ridere è un eccellente antistress. Vedere il lato divertente delle cose e riderci su ti aiuta a stare meglio.

LA TUA BIBLIOTECA

William Fry, esperto di umore e professore emerito di psichiatria e scienze comportamentali alla Stanford University, suggerisce due passi per costruire la propria "biblioteca della risata":

1 Riconosci ciò che ti fa ridere a crepapelle. Non importa se è un gioco di parole sciocco o un cartone animato, basta che ti faccia ridere.

2 A partire da questo, crea una vera e propria biblioteca di libri, film, fumetti che ti fanno ridere. Nei momenti bui la tua biblioteca personale può esserti d'aiuto.

“Ridiamoci sopra.

Andrà tutto bene,

insieme

possiamo farcela.”

Sophie Scott

Neuroscienziata

e comica

SPAZIO ALLA CREATIVITÀ

COMBATTERE LO STRESS CON L'ARTE E IL FAI DA TE

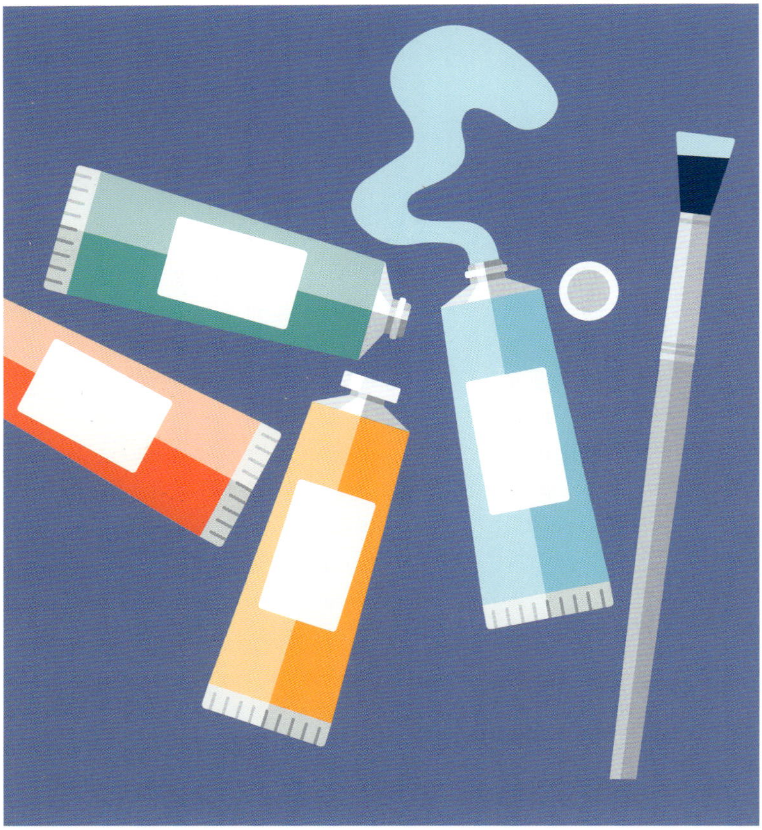

Sei una persona artistica e creativa? Un po' di creatività può dimostrarsi un ottimo antistress e renderti più resiliente.

Quando si parla di creatività, non ci riferiamo solo alla pittura: chiunque prenda in mano una matita, un uncinetto, uno scalpello o un violoncello potrà trarre giovamento dal creare qualcosa. Se hai perduto la gioia di vivere, la creatività può aiutarti a ritrovarla.

Cominciamo dall'inizio

L'idea di metterci alla prova con l'arte spaventa molte persone. Talvolta abbiamo paura di non avere abbastanza talento o preferiamo apprezzarla invece di crearla. Per fortuna non occorrono doti particolari per godere dei benefici della creatività: l'atto di creare qualcosa con le nostre mani è rilassante in sé. Uno studio americano del 2016 ha chiesto ai soggetti coinvolti di realizzare un'immagine a loro scelta. Dopo 45 minuti, i tre quarti dei partecipanti dimostravano un calo del livello

COLORARE

I libri per adulti da colorare hanno subito un'impennata di vendite negli ultimi anni, ma le immagini che colori possono fare la differenza. Uno studio americano del 2012 ha scoperto che quando coloriamo un mandala, un pattern scozzese o un foglio di carta bianco i livelli di stress si riducono drasticamente.

Se l'idea di colorare come metodo antistress ti attira, scegli immagini rilassanti.

FINESTRA DI TOLLERANZA

Nel 2010 lo psicologo Daniel Siegel ha dichiarato che i nostri livelli di stress sono racchiusi in una "finestra di tolleranza", che consiste nella zona ottimale priva di noia o agitazione, ma ricca di stimoli. Per chi tende a sentirsi sopraffare dalle emozioni, la creatività fornisce uno spazio sicuro in cui sperimentare ed esprimere i propri sentimenti, espandendo così la finestra di tolleranza allo stress.

di cortisolo, pur non avendo alcuna esperienza nel campo artistico. (Del quarto restante, alcuni mostravano livelli di cortisolo più elevati. Se l'idea di fare arte ti stressa, non la fare.)

Fattore di stress positivo
La creatività riduce lo stress non solo perché è rilassante, ma anzi perché produce uno stimolo, un fattore di stress positivo che incentiva l'attività cerebrale. Uno stress positivo migliora la nostra resilienza e la capacità di far fronte allo stress in generale.

Sottoponendoci a fattori di stress positivo, spalanchiamo quella che lo psicologo Daniel Siegel chiama "la finestra di tolleranza" (vedi sopra).

Se credi di non avere abbastanza talento, non lasciarti scoraggiare. Qualsiasi tipo di attività artistica, dalla decorazione di dolci, alla calligrafia, dallo scrivere canzoni alla saldatura, è in grado di migliorare le tue capacità di coping.

> La creatività ha un potere **curativo** e **protettivo** sul nostro benessere mentale, attiva il sistema immunitario e **riduce lo stress**.
>
> **Jill Leckey**
> esperta del benessere

CICLO POSITIVO

Svolgere attività creative stimola ciò che uno studio neozelandese del 2016 ha chiamato "spirale del benessere". È stato chiesto a un gruppo di studenti di tenere un diario per 13 giorni: coloro che il giorno prima avevano svolto attività creative mostravano maggior "prosperità" e benessere ed erano incentivati a essere ancor più creativi.

SPIRALE CREATIVA

Le attività svolte dagli studenti includevano: scrittura creativa, cucito, uncinetto, cucina, disegno, grafica e design digitale, musica. Anche tu puoi creare la tua spirale, basta scegliere l'attività che preferisci.

IL POTERE DEGLI ANIMALI

L'EFFETTO CALMANTE DEGLI ANIMALI

Giocare con un cucciolo è uno dei più grandi piaceri della vita, per questo ha un effetto calmante. Studi confermano che avere un animale per amico o giocare con quello di qualcun altro diminuisce drasticamente lo stress.

Come molti di noi sanno avere un animale migliora la qualità della vita e abbassa considerevolmente lo stress. Se non ne hai uno, prenderti cura di un animale ti aiuterà a stare meglio e sentirti più sicuro.

Padroni rilassati

Trascorrere del tempo con il tuo animale è rilassante, ma anche sapere che è a casa ad aspettarti lo è. Uno studio americano del 2002 ha misurato il battito del cuore e la pressione sanguigna di un gruppo di persone a cui era stato somministrato un problema difficile di matematica. Coloro che possedevano un cane o un gatto:

- Avevano la pressione sanguigna e la frequenza cardiaca a riposo inferiore prima dell'inizio dell'esperimento.
- Avevano i battiti e la pressione più bassi durante lo svolgimento del problema.
- Avevano più elevata capacità di recupero alla fine del test.

Avere un cane o un gatto **riduce l'impatto** di eventi potenzialmente stressanti.

Deborah Wells
psicologa irlandese

Gli effetti persistevano anche quando l'animale era assente. Il semplice fatto di possedere un cane o un gatto rendeva i soggetti più tranquilli. Quando l'animale entrava nella stanza, gli effetti erano ancora più evidenti, riducendo gli errori di calcolo, lo stress fisico e aumentando la concentrazione durante lo svolgimento del problema proposto dal test.

Qualità di vita migliore

La compagnia di un animale rende la vita più sana e tranquilla anche a lungo termine. Uno studio condotto nel 2015 a cavallo tra Australia e Stati Uniti, in cui oltre il 60% delle famiglie possiede un animale, ha notato che le persone uscivano di più e avevano più occasione di comunicare con gli altri. Circa il 40% dei padroni intervistati ha confermato di aver conosciuto nuove persone grazie ai propri cuccioli. I padroni dei cani in particolar modo avevano tre probabilità in più di fare nuove amicizie degli altri.

Gli animali creano ciò che i ricercatori chiamano "interazione sociale accidentale", ossia l'opportunità di conoscere persone che altrimenti non avresti avuto modo di conoscere grazie a un argomento in comune. Scambiando aneddoti e consigli sui propri animali, le persone creano nuovi legami capaci di alleviare lo stress (pp. 176-179).

Tempo ben speso

Il semplice contatto con un animale favorisce il nostro benessere. Uno studio italiano del 2011 ha dimostrato che gli anziani di una casa di riposo, lasciati giocare con i cani per 90 minuti alla settimana mostravano un calo del 50% dei sintomi depressivi dopo sei settimane, e una migliore percezione della qualità della vita.

Se non hai spazio per tenere un animale, giocare con quello di qualcun altro è altrettanto rilassante. Insomma, stare in compagnia di un amico animale è tempo ben speso dal punto di vista della riduzione dello stress.

NON SOLO AMICI PELOSI

La scienza ha dimostrato che quando si tratta di antistress non occorre avere un amico pelosetto. Un esperimento israeliano del 2003 ha fatto credere a soggetti aracnofobici che avrebbero tenuto in mano una tarantola e invece è stato dato loro un coniglio, una tartaruga o un peluche. I soggetti che accarezzavano gli animali mostravano livelli di stress inferiori di quelli con il peluche, indipendentemente che l'animale avesse una coda morbida o un rigido guscio. Qualsiasi animale stimola un effetto antistress, tranne forse le tarantole.

NON RIESCI A DORMIRE?

Se lo stress interferisce con il sonno, avere un animale non è una buona idea. Un'inchiesta inglese del 2014 ha scoperto che il 54% dei padroni si lamenta di non riuscire a dormire quanto vorrebbe perché viene svegliato troppo presto. Se soffri di insonnia (pp. 162-165) prendi in considerazione altri fattori antistress prima di ritrovarti a fare levatacce indesiderate.

È COSÌ CARINO!

Stai affrontando un periodo impegnativo? Uno studio giapponese del 2012 ha scoperto che le persone sottoposte a un test di concentrazione a cui subito dopo venivano mostrate immagini di cani e gatti avevano una performance del 10% migliore rispetto alla prima volta. Secondo i ricercatori provare empatia e amore li ha resi più vigili, riducendo lo stress.

SOLO SOLETTO?

STRESS E SOLITUDINE

Gli esseri umani sono creature sociali: se non ci sentiamo vicini agli altri il nostro stress aumenta. Studi dimostrano che sulla solitudine abbiamo più controllo di quanto crediamo.

La solitudine è una notevole fonte di stress e attiva gli stessi recettori del dolore del cervello come ha rilevato uno studio americano del 2003. La solitudine fa male, letteralmente. Proprio per questo relazioni con amici e parenti sono in grado di ridurre la sofferenza. Vari studi associano la solitudine al rischio di contrarre malattie mentali e fisiche. Sconfiggere la solitudine è la cosa migliore che puoi fare per te e la tua salute.

Da solo, ma non solo

Quando ti senti solo è facile convincerti che nessuno voglia avere a che fare con te. Ti farà sentire meglio sapere che questa percezione non è affatto oggettiva. Uno studio americano del 2000 ha scoperto che studenti non ancora laureati che si definivano "soli" non mostravano alcuna differenza in altezza, peso, risultati scolastici, fascino, estrazione economica o numero di relazioni sociali degli altri.

Insomma, persone nella stessa situazione possono avere reazioni emotive diverse alle circostanze. Se ci sforziamo di avere reazioni più positive, lo stress da solitudine sparirà.

> Certe volte stare **in mezzo a tanta gente** è la **solitudine più grande**.
>
> **Louise Hawkley e John Cacioppo**
> psicologi americani

Combattere la solitudine

Com'è possibile sentirsi soli in una stanza piena di gente o se abbiamo tanti amici? Una ricerca dello psicologo ed esperto in neuroscienze sociali, John Cacioppo, ha rilevato che le persone con elevata allerta sociale nei confronti di possibili minacce, tendono a sentirsi più sole delle altre.
Cacioppo suggerisce di usare le tecniche cognitivo-comportamentali (pp. 52-53) per alleviare la sensazione di disadattamento. Ad esempio se reagisci in modo esagerato quando un amico dimentica

I SOCIAL

A volte la solitudine deriva dal fatto che abitiamo lontano dalle persone che amiamo. In questi casi, i social sono il mezzo più semplice per restare in contatto. Ma la domanda è: davvero i social ci fanno sentire più vicini agli altri? Secondo la psicologa Moira Burke, dipende dall'uso che ne facciamo:

Uso passivo
Leggere i post altrui senza commentare ti fa sentire più solo. Spesso la vita degli altri sembra più interessante della nostra, almeno su internet, cosa che ci fa sentire ancora più emarginati.

Comunicazione per like
Mettere un like non ti farà sentire meno solo. Fare un clic non richiede un grande coinvolgimento, quindi non ha alcun impatto emotivo.

Comunicazione per status
Fare annunci generici, non riferiti a nessuno, accresce il senso di solitudine. Lanciamo un segnale a cui speriamo di ottenere una risposta che potrebbe non arrivare mai.

Comunicazione per messaggi
Mandare un messaggio o chattare ci fa sentire meno soli poiché consiste in un reale scambio interpersonale.

L'isolamento è stressante, ma quando le circostanze ti impediscono di frequentare amici o parenti, internet può essere la soluzione più pratica. In questo caso la comunicazione per messaggi ottimizza il contatto con le persone che ami.

di chiamarti, domandati se la tua reazione è appropriata alla situazione.

Questo tipo di re-framing cognitivo ci aiuta sentirci meglio e a migliorare le nostre capacità sociali. Come dice lo psicologo Guy Winch, la solitudine ci rende difensivi, allontanando da noi le altre persone. Ridurre il tuo stato di allerta ti farà sentire più rilassato e pronto a stabilire nuove connessioni costruttive.

FINALMENTE LIBERI

Per liberarci dello stress da solitudine lo psicologo Guy Winch suggerisce i tre passi seguenti:

1 **Prendi l'iniziativa.** Mettiti in contatto con qualcuno che non vedi da tempo. Se ti senti solo, cerca eventi di gruppo, volontariato o attività in cui puoi incontrare persone.

2 **Stabilisci un contatto al giorno** e non te la prendere se non risponde subito.

3 **Sii ottimista e positivo.** Avere timore di un rifiuto è normale, ma dimostrandoti disponibile le possibilità di stare in compagnia aumentano.

Se la solitudine è diventata un'abitudine, parlare con gli altri può essere stressante. Non ti arrendere e vedrai che piano piano diventerà un piacere.

TIRARE FUORI LA GRINTA

PERSEVERANZA E PASSIONE

Che tipo di persona vuoi essere e cosa vuoi dalla vita? Quando lo stress è davvero troppo, l'unica cosa che ti permette di andare avanti è la grinta.

Lo stress associato a situazioni complesse ti opprime, ma in realtà sei più forte di quanto credi. Studi dimostrano che chiunque è dotato del "grit" (la grinta), ossia il coraggio e la forza di creare la vita che vuoi nonostante gli ostacoli.

Grintosi si nasce?
La grinta dipende da un fattore genetico? Secondo uno studio inglese del 2006 non del tutto. I ricercatori hanno rilevato una bassa ereditarietà. I fattori principali invece sono quelli che hai avuto modo di leggere e scoprire in questo libro: la speranza e il desiderio di applicare strategie di coping, la percezione di controllo sullo stress, la sensazione che la vita abbia un significato e la curiosità verso il futuro. Mantenere un atteggiamento aperto e positivo è cruciale quando affronti lo stress, e per fortuna è una cosa che si può imparare a prescindere dai geni che hai.

Le persone grintose affrontano qualunque cosa come se fosse **una maratona**: la chiave è la **perseveranza**.

Angela Duckworth
psicologa americana

Restare saldi
Quali sono le qualità positive che ci aiutano a sviluppare il grit? Uno studio americano del 2007 sul modo in cui la grinta contribuisce a raggiungere i nostri obiettivi è arrivato a delle conclusioni interessanti:

1 **La perseveranza** e l'intelligenza contano. Perfino nei mestieri più duri, come l'avvocato o il medico, la perseveranza ha la stessa importanza dell'intelligenza. Entrambi si possono acquisire.

2 **La coscienziosità** è l'elemento chiave dei Big Five (pp. 30-31): le persone grintose riescono a portare a termine i propri compiti e restare fedeli ai propri obiettivi e ideali. Chi soffre di nevroticismo è portato a credere di avere meno grit e a scoraggiarsi. In realtà, questo genere di persone dimostra la stessa grinta di chi ha bassi livelli di nevroticismo. Insomma, la percezione dello stress ha meno rilevanza della pazienza che ci metti a contrastarlo.

3 **Cosa vuoi dalla vita?** Saperlo aiuta. Coloro che hanno un obiettivo serio, qualcosa che dia senso e significato alla loro vita (pp. 44-45) reggono meglio alle sfide.

Vivere una vita completamente senza stress è impossibile, ma avere grinta e un obiettivo preciso a cui mirare la rende migliore.

ALLENARE IL "GRIT"

Buone notizie per chi vuole avere più grinta: secondo uno studio americano del 2007, col passare degli anni diventiamo più perseveranti (pp. 102-103). Si dice che l'esperienza rende perfetti: così succede anche quando dobbiamo affrontare lo stress. Impariamo dalle esperienze: superare lo stress ci renderà più forti.

Grinta significa perseguire gli obiettivi **con perseveranza e passione,** superando **ostacoli** e **avversità**.

Dan Blalock
psicologo americano

GRINTA NE ABBIAMO?

La "scala della grinta" è un ottimo modo per prendere coscienza delle tue abitudini: sei proprio sicuro di essere sulla buona strada per raggiungere la vita che vuoi, nonostante lo stress? O hai bisogno di fare qualche cambiamento? Sei d'accordo con le frasi qui sotto?

Gli ostacoli **non mi spaventano.**

Resto concentrato sul mio obiettivo.

Quando mi impegno in qualcosa non mollo tanto facilmente.

Si può dire che io sia una persona diligente.

Nuove idee e progetti non mi distolgono da ciò che sto facendo.

Finisco sempre ciò che inizio.

Capire cosa è davvero importante per te (pp. 44-45) e riuscire a dargli priorità (pp. 146-147) ti aiuta a gestire lo stress e a diventare la persona che vuoi essere.

CAPITOLO 5

RESILIENZA E DETERMINAZIONE

TROVARE AIUTO E DIVENTARE FORTI

NON MI SENTO MOLTO BENE

I SINTOMI FISICI DELLO STRESS

Lo stress può provocare disturbi fisici inattesi. A volte il corpo manda al cervello un messaggio: prima lo interpreti, più efficace sarà la tua reazione.

Quando lo stress prende il sopravvento, i primi sintomi sono di natura fisica. Il corpo è un organismo complesso fatto di sistemi correlati con cui lo stress può interferire inaspettatamente (tabella accanto). Fare un'autodiagnosi non è mai consigliato, se hai un dubbio consulta il medico. Se hai sviluppato strani sintomi fisici, prova a ridurre lo stress per sentirti meglio nella mente e nel corpo.

Chiedi aiuto

Lo stress può essere la causa diretta di alcuni sintomi fisici, quindi evita di etichettarli come semplici disturbi e curali. Se alla base del malessere fisico c'è uno stato emotivo non significa che i sintomi te li sei solo immaginati: sono reali e devi dargli l'attenzione che meritano. Medici, psicologi e specialisti del benessere possono aiutarti a stare meglio.

È TUTTO NELLA TUA TESTA

Che fai quando **un medico ti dice** che i tuoi sintomi derivano dallo stress? Pensi che non ti creda? Che sia tutto nella tua testa? Ogni pensiero, emozione e azione è frutto dell'attività cerebrale, quindi anche il dolore, qualunque sia la sua fonte, è sì nella tua testa, ma anche reale. Per tornare a star bene è importante gestirlo in modo corretto indipendentemente dalla sua causa.

? MAL DI TESTA?

Il mal di testa più comune è quello da tensione, tipico dello stress, e si manifesta nei punti seguenti:

- Dietro in alto
- Collo
- Nuca
- Intorno alle orecchie
- Lungo la mascella
- Sopra gli occhi

Per prevenire il mal di testa da stress basta fare attività fisica regolare e dormire bene. Se sei incline a questo tipo di dolore potresti fare una delle seguenti cose:

- ✔ Riposare in un posto tranquillo e buio
- ✔ Mettere del ghiaccio o una borsa di acqua calda, se preferisci, dove ti fa male
- ✔ Fare una doccia tiepida, orientando il getto d'acqua sui muscoli doloranti
- ✔ Massaggiare i punti tesi
- ✔ Prendere un antidolorifico appena avverti il dolore

Se nessuno di questi consigli ti aiuta, consulta il medico.

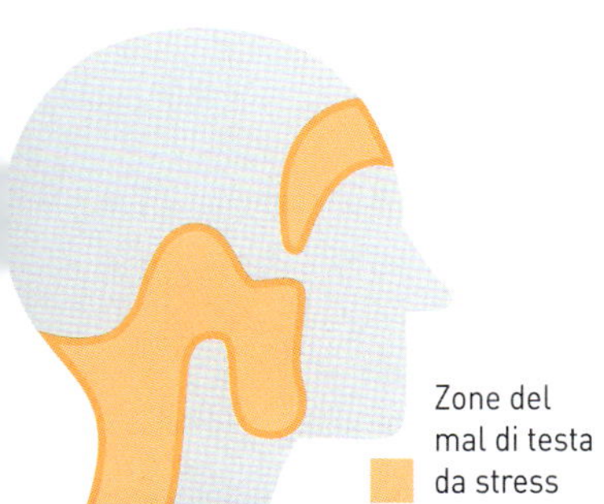

DISTURBI DA STRESS COMUNI

Come il corpo reagisce allo stress e a che punto si scatenano i sintomi è molto soggettivo. Una lista pubblicata nel 2013 dalla Harvard Review of Psychiatry ha individuato i sintomi da tenere sotto controllo. Se soffri di uno di questi, non dimenticare di menzionare lo stress al tuo medico.

Sintomi	Cosa significa
Disturbo del sonno e stanchezza	Il sistema nervoso simpatico su cui agisce lo stress (pp. 20-21) ci rende reattivi, impedendoci di dormire bene (pp. 162-165).
Infezioni frequenti	Gli ormoni dello stress come il cortisolo sono in grado di sopprimere il sistema immunitario (pp. 54-55) provocando leggere infiammazioni come tosse e raffreddore.
Attacchi d'asma, eruzioni cutanee, eczema	Un basso sistema immunitario ci rende più sensibili agli allergeni. Lo stress ci rende vulnerabili a infiammazioni che possono provocare eruzioni cutanee o eczemi.
Sintomi pseudo nervosi	L'iperventilazione da stress (p. 129) provoca sintomi facili da confondere con problemi nervosi, come vertigini, disorientamento, vista appannata, visione a tunnel, lampi di luce, perdita della memoria o svenimento.
Dolore al petto	Un dolore al petto può indicare un problema al cuore e non deve essere ignorato. Tuttavia potrebbe trattarsi di tensione muscolare (vedi sotto), ansia o panico (pp. 204-207).
Dolore all'apparato locomotore	Quando siamo sotto pressione i nostri muscoli sono tesi e fanno male. Questo può provocare mal di testa, mal di collo o dolore alla schiena.
Nausea e vomito	L'ipersensibilità da stress può scatenare sintomi simili all'avvelenamento da cibo o all'influenza intestinale.
Dolore addominale	In questi casi la contrazione dell'intestino può provocare diarrea e crampi.
Difficoltà a urinare	Lo stress tende a sovrastimolare lo sfintere urinario impendendoci di liberarci quando siamo troppo tesi.

IL GRANDE LUPO CATTIVO

SUPERARE GLI ABUSI INFANTILI

Negli anni dell'infanzia abbiamo bisogno di sentirci al sicuro. Se la nostra infanzia è stata segnata da persone negligenti o addirittura temibili, potremmo avere bisogno di un aiuto in più per gestire lo stress da adulti.

Un'infanzia dolorosa può avere conseguenze che durano tutta una vita. Uno studio americano del 2012 su un campione di 6000 bambini maltrattati per 16 anni ha rilevato livelli elevati di disturbi mentali, abuso di sostanze e tentato suicidio. Se hai avuto un'infanzia difficile, gestire lo stress può darti dei problemi, ma puoi comunque migliorare le tue capacità di coping.

Gli effetti di un'infanzia difficile

Secondo uno studio del 2012, un'infanzia stressante provoca cambiamenti epigenetici. I geni determinano chi siamo, le nostre caratteristiche personali come il colore degli occhi, l'altezza e il carattere. Alcuni geni si attivano o disattivano a periodi, tipo durante l'adolescenza o la

1 su 5

Gli abusi infantili non sono casi isolati, un'influente ricerca americana degli anni '90 ha rilevato che più di un soggetto su 5 ha subito traumi infantili.

> I maltrattamenti sono uno **scalpello** che **dà forma al cervello** per lottare contro la sofferenza, al prezzo di **ferite profonde**.
>
> **Martin H. Teicher**
> psicologo americano

gravidanza. Abusi e maltrattamenti possono attivare i geni che spingono all'uso di sostanze, alla depressione, all'ansia e a comportamenti pericolosi come fare sesso non protetto o infrangere la legge. Avere avuto un'infanzia stressante non significa essere stressato da adulto. Ci sono molte cose da fare per prevenirlo.

Cura la tua salute

Le persone che hanno subito maltrattamenti da piccoli sono più vulnerabili alle malattie da adulti. Una ricerca americana del 2016 ha scoperto che le vittime di abusi infantili hanno livelli immunitari bassi. Prenderti cura del tuo corpo, una dieta equilibrata (pp. 158-161) e fare sport regolarmente (pp. 152-153) ti aiuterà a stare meglio.

Cerca sostegno

Certe vittime di abusi sono molto resilienti grazie al supporto delle persone intorno a loro. Come ha osservato il pediatra Davin Rubin nel 2008, le vittime di abusi si riconoscono in tre concetti chiave:

1. **Ho intorno a me** persone che possono aiutarmi.
2. **Sono una persona** che merita amore.
3. **Sono capace** di risolvere i miei problemi.

Se sei cresciuto in un ambiente difficile fidarsi degli altri non è scontato. Accetta questo fatto e prenditi cura di te. Lavora sulla comunicazione e fai sapere agli altri i tuoi bisogni per costruire un rapporto di fiducia.

Cerca aiuto

Se il passato ti impedisce di vivere la vita che vuoi, non avere paura di cercare aiuto. Considera una di queste opzioni:

- **Vai da un analista.** La terapia della parola, la mindfulness o la spiritualità sono ottime per gestire lo stress e sviluppare resilienza.
- **Chiama un numero verde** per vittime di abusi.
- **Entra in un gruppo** di autoaiuto per vittime di abusi o cerca sul web. Alcuni sono meglio di altri, frequenta quello in cui ti senti il benvenuto.
- **Vai dal medico**, potrebbe servirti più sostegno.

Nessuno merita di subire abusi da bambino e non c'è ragione di continuare a soffrire da adulto.

? EMOZIONI FORTI

Un forte stress infantile può portare allo "shut down" emotivo. Col supporto di un professionista puoi riconnetterti coi tuoi sentimenti, per quanto difficili siano da elaborare. La psicologa Ellen McGrath ha individuato quattro tipi di esperienze:

- **Effetto infiltrazione** I sentimenti riemergono piano piano, ma con costanza. Gestibile.
- **Mordi e fuggi** Un'emozione ci travolge e scappiamo. Il supporto di un professionista ci aiuta a gestirla quando torna.
- **Tsunami** Un'emozione repressa da tempo ci travolge e ci sembra di affogare. Ma quando l'onda si ritira siamo ancora vivi e capiamo che è meglio non reprimere i nostri sentimenti.
- **Montagne russe** Sappiamo come ci sentiamo e i sentimenti vanno su e giù alla svelta. La mindfulness (pp. 132-135) e l'esercizio fisico (pp. 152-153) possono stabilizzare la situazione.

VOLERSI BENE

DISTURBI PSICOLOGICI REALI E IMMAGINARI

I disturbi psicologici sono all'ordine del giorno indipendentemente dalle circostanze. Se lo stress ti fa impazzire, identificare il disturbo psicologico ti aiuta a superare lo stigma che grava su di te e a imboccare la via della guarigione.

In passato si pensava che i disturbi mentali fossero dovuti a una debolezza caratteriale, ma le ricerche dimostrano che si tratta di vere e proprie malattie. Se lo stress ti sta facendo impazzire, questo capitolo ti aiuterà a identificare il disturbo associato allo stress più comune e cosa fare per gestirlo. Non avere paura di chiedere consiglio al medico: il benessere mentale è la chiave della felicità e di una vita piena.

FATTORI DI RISCHIO

Un rapporto del 2014 del servizio sanitario nazionale inglese ha individuato i principali fattori di rischio per i disturbi psicologici:

- **Vivere da solo**
- **Condizioni di salute precarie:** persone che soffrono di asma, cancro, diabete, epilessia o pressione sanguigna alta
- **Disoccupazione**

Chiunque può soffrire di un disturbo psicologico prima o poi, quindi non vergognarti e chiedi aiuto.

Le cause

Stabilire le cause è difficile, in genere i disturbi psicologici hanno un'origine biopsicosociale, cioè una combinazione di biologia (come i geni, gli ormoni e i neuroni del cervello), psicologia (vulnerabilità e capacità di coping) e disagio sociale (come povertà e isolamento).
Nessuno sta male per sempre. Migliorare le capacità di coping aiuta la guarigione tanto quanto i farmaci e l'analisi (pp. 208-209).
Gli specialisti ritengono che i disturbi psicologici interferiscano con il "funzionamento" non solo a livello di impegni lavorativi e familiari, ma anche nella nostra capacità di gioire. Se fuori fingi di stare bene, ma dentro stai soffrendo, dovresti chiedere aiuto.

Cose da ricordare

Ogni malattia ha la sua cura, eppure ci sono delle linee guida generali che si applicano a tutte:

- **È importante** scegliere un dottore che ti ascolti e ti comprenda. Se credi che non ti stia prendendo sul serio, cambialo.
- **Lo specialista** deve essere esperto nel trattamento della tua problematica e ti devi trovare bene con lui (pp. 208-209).

È COMUNE, MA QUANTO?

I disturbi mentali fanno parte della vita: nel 2014 il servizio sanitario nazionale inglese ha stimato che un adulto su 6 soffre di un **disordine mentale**.

Secondo un'inchiesta americana del 2015, circa una persona su 5 è affetta da disturbi mentali. Quindi non sentirti solo.

- **Disturbi psicologici** e traumi possono abbassare le tue difese immunitarie e scatenare sintomi fisici (pp. 196-197). Se il dottore sostiene che la causa è da ricercarsi in un disturbo psicologico, non significa che i sintomi siano frutto della tua immaginazione. Se stai male vuol dire che sono abbastanza reali da meritare di essere curati.

Gestire un disturbo psicologico può essere stressante: circondati delle persone giuste, in grado di alleviare la tua sofferenza.

SFATARE I MITI

Per chi combatte un disturbo psicologico i miti e i pregiudizi possono essere fonte di stress. Capire meglio di cosa si tratta dovrebbe aiutare ad approcciarti al problema come una qualsiasi altra malattia.

Mito: Le persone disturbate sono deboli.

Realtà: Anche le persone più forti si ammalano. Le persone affette da un disordine mentale provano una grande sofferenza che li induce ad assumere comportamenti strani agli occhi degli altri e possono provocare imbarazzo. Ricorda sempre che un disturbo mentale non è colpa del paziente.

Mito: Le persone disturbate non hanno una vita produttiva.

Realtà: Le persone disturbate lavorano e ricoprono un ruolo attivo nella società e nella famiglia. Se il disturbo rende la vita impossibile significa che bisogna trovare un nuovo approccio o sostegno.
Non ha senso credere che una persona disturbata si affidi alla carità altrui.

Mito: Le persone disturbate sono violente e un pericolo per la società.

Realtà: Le persone disturbate non sono più violente delle altre. Tendono invece a essere vittime della violenza altrui: un'inchiesta inglese del 2012 ha rilevato che le persone con disturbi erano quattro volte più soggette agli attacchi di chiunque altro. Non bisogna avere paura di qualcuno che ha un disturbo psicologico.

Mito: Le persone disturbate non guariscono mai.

Realtà: I disturbi mentali non se ne vanno via da soli. Pensare che qualcuno debba superarli da solo è sbagliato e ingiusto. Con l'aiuto, il tempo necessari e la cura giusta, la maggior parte delle persone guarisce e conduce una vita soddisfacente.

(Per informazioni su come trovare il giusto aiuto vedi pp. 208-209).

AFFRONTARE LA BESTIA NERA

UMORE A TERRA E DEPRESSIONE

Quando lo stress non è più solo un fastidio passeggero, ma passa il confine sfociando nella malattia e la vita ti sembra inutile, potresti soffrire di depressione clinica.

La depressione non è semplice tristezza, è una condizione clinica che ti prosciuga le energie, gli interessi e la gioia di vivere per mesi o anni interi. Un articolo dell'Annual Review of Clinical Psychology stabilisce un evidente collegamento tra stress cronico e depressione. Se sei arrivato al limite e ti senti depresso, chiedi aiuto.

Depressione vs umore nero

Che differenza c'è tra essere depressi e avere l'umore a terra? La depressione è caratterizzata da una serie di sintomi (vedi "Sono depresso?"), ma fai attenzione a due segnali in particolare:

- **La depressione provoca** tristezza, ma soprattutto anedonia, la mancanza di interesse per le attività che prima ti piacevano, come vedere gli amici o praticare un hobby.
- **La depressione può portare** a istinti suicidi, come pensare che sarebbe meglio morire (vedi "Gli scenari peggiori").

I problemi di lavoro o di relazione sono validi motivi per essere sotto stress, ma l'anedonia e i pensieri suicidi sono chiari avvisi di depressione. Anche se non ne sei sicuro, parla dei tuoi sentimenti con uno specialista. E ricorda, non sei solo: secondo un rapporto dell'Organizzazione

SUCCEDE SPESSO?

Secondo un'inchiesta internazionale del 2005, circa il 30% degli uomini e il 40% delle donne hanno sofferto di almeno **un episodio di depressione** nell'arco della vita.

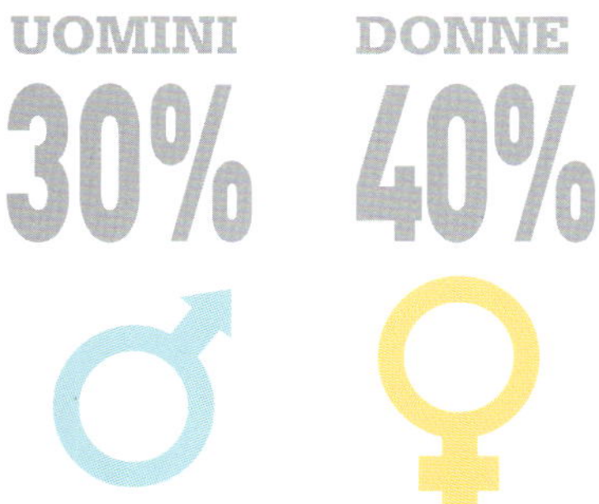

SONO DEPRESSO?

Nelle ultime due settimane ti è capitato di:

- Sentirti a terra, sfiduciato, arrabbiato o infelice?
- Non ti piacciono più le cose che ti davano piacere?
- Avere problemi a prendere sonno o dormire troppo?
- Avere poco appetito, mangiare troppo o troppo poco?
- Essere fiacco?
- Sentirti inutile e un fallito?
- Fare fatica a concentrarti?
- Essere pigro o irrequieto?
- Pensare che sarebbe meglio morire? (vedi "Gli scenari peggiori")

Se ti è capitato, è meglio rivolgersi a uno specialista.

GLI SCENARI PEGGIORI

Avere pensieri suicidi è uno dei sintomi più pericolosi della depressione.
Possono essere pensieri passivi (immaginare e fantasticare sulla morte) o attivi (pianificare il suicidio).
Alcuni esempi di pensieri passivi sono:

- Vorrei non svegliarmi mai più.
- Tutti sarebbero meglio senza di me.
- La mia vita è finita.
- Non sarebbe male se una macchina mi prendesse sotto.
- Se non fosse per le persone che mi vogliono bene, l'avrei già fatta finita.

Si può essere depressi anche senza avere pensieri suicidi, ma se queste frasi ti suonano familiari cerca aiuto subito.

Mondiale della Sanità del 2017, più di 300 milioni di persone in tutto il mondo soffrono di depressione.

Cosa provoca la depressione?

Secondo la Standford School of Medicine, il 50% dei casi di depressione è genetico e, se abbiamo avuto un genitore o un fratello depresso, abbiamo 2-3 possibilità in più di soffrirne anche noi. Un'infanzia difficile ci rende più vulnerabili.
Lo stress di per sé non provoca depressione, ma può avere un ruolo determinante nel suo sviluppo. La depressione tende a diventare cronica perché ogni volta basta uno stress inferiore per scatenarla di nuovo. A volte la depressione arriva dal niente, senza fattori di stress scatenanti. Se sei soggetto alla depressione, impara a riconoscere l'influenza dello stress e migliora le tue capacità di gestirlo.

Buone notizie

La depressione è curabile. Hai diverse opzioni:

- **Antidepressivi.** Ce ne sono molti, devi trovare quello che funziona meglio per te. Forse farai vari tentativi prima di trovare quello adatto.
- **TCC** (pp. 52-53). Numerosi studi hanno dimostrato che la TCC è molto efficace nel trattamento della depressione lieve.
- **Altre forme** di psicoterapia (pp. 208-209).
- **Attività fisica** intensa (pp. 152-153), ha gli stessi benefici di un antidepressivo. In caso di depressioni profonde non si sostituisce ai farmaci, ma può aiutare.

Il trattamento ideale è il risultato di tentativi ed errori, che può richiedere una combinazione di medicinali. L'importante è non soffrire in silenzio: lo stress può scatenare la depressione anche nelle persone più forti, ma con l'aiuto giusto si può superare.

AFFRONTARE I PROPRI DEMONI

QUATTRO DISTURBI D'ANSIA

Tutti hanno paura di qualcosa, ma quando la paura prende il sopravvento sulla tua vita, potresti soffrire di un disturbo d'ansia. Una volta scoperto con cosa hai a che fare, sappi che non lo devi gestire per forza da solo.

La vita ti sembra più stressante e spaventosa di quanto non sia? Potresti essere affetto da un disturbo d'ansia, cioè la naturale risposta alla paura è diventata eccessiva e opprimente, incidendo sulla tua qualità di vita.
Gestire lo stress in condizioni normali non è facile, ma un disturbo d'ansia può renderlo impossibile.
Se le tue paure sono fuori controllo, chiedi aiuto: i disturbi d'ansia non se ne vanno da soli, ma con il sostegno giusto puoi riprendere il controllo della tua vita.

Riconoscere il problema

I quattro disturbi più comuni sono ansia generalizzata, panico, stress postraumatico e ansia sociale.
Provocano grande sofferenza, quindi se riconosci i sintomi descritti nelle pagine seguenti, trova uno specialista che ti possa aiutare. »

L'ansia è fisiologica, ma può **migliorare** o peggiorare a seconda di **come la gestisci**.

Deborah Khoshaba
psicologa americana

DISTURBO D'ANSIA GENERALIZZATA

Il disturbo d'ansia generalizzata (DAG) è caratterizzato da un livello di ansia intrusiva e fuori controllo che rende difficile gestire lo stress quotidiano. Come riconoscerlo:

- Ti senti in preda all'ansia per vari motivi da almeno sei mesi.
- Non riesci a controllare l'ansia.
- L'ansia ti provoca: nervosismo, stanchezza, difficoltà a concentrarti, incapacità di pensare, irritabilità, tensione muscolare, disturbi del sonno.
- Ti fa soffrire rendendo difficile la vita quotidiana.
- I sintomi non sono derivati da una condizione medica o dall'abuso di sostanze.
- Non soffri di disturbi mentali.

Studi medici hanno dimostrato che il DAG reagisce bene alla terapia della parola e ai farmaci.

TROVA I SINTOMI

Il **DAG** si nasconde sotto altri problemi: una ricerca tedesca del 2002 ha scoperto che quasi un paziente su 2 con il DAG soffre di altri **sintomi fisici**.

47.8%

DISTURBO DI PANICO

Questo tipo di disturbo è caratterizzato da attacchi di panico ripetuti e involontari (vedi a destra). Chiunque può avere un attacco di panico quando è soggetto a forte stress o in risposta a una situazione difficile, ma chiedi aiuto allo specialista se:

- Soffri di attacchi ripetuti e involontari.
- La paura di avere un altro attacco ti impedisce di andare avanti nella vita di tutti i giorni. Ad esempio eviti posti o situazioni che pensi ti possano provocare ansia.

Questi segnali tipici del disturbo da panico possono rendere la vita più dura se non li curi adeguatamente. Gli studi dimostrano che la terapia della parola e i farmaci sono molto efficaci, quindi parla con il tuo medico su qual è la soluzione più adatta a te.

Sopravvivere a un attacco di panico

Quando hai un attacco di panico ti sembra di morire, ma con un po' di informazioni puoi imparare a gestirlo meglio.

1 **Ricordati che sei al sicuro.** Gli attacchi di panico sono spaventosi, ma non fatali e passano veloce.

2 **Elimina le distrazioni.** Siediti, chiudi gli occhi e concentrati sul respiro.

3 **Respira piano.** Trattenere il respiro o l'iperventilazione peggiora le cose: respira piano e a fondo fai un respiro ed espira lentamente.

4 **Non scappare.** È un istinto naturale, ma scappare dal luogo in cui stai avendo l'attacco di panico potrebbe indurti a evitarlo per timore di un altro attacco in futuro. Resta dove sei, siediti e aspetta che passi.

GLI ATTACCHI DI PANICO SONO FREQUENTI?

Alcuni sondaggi americani ed europei stimano che **1 su 50** e **1 su 20** ha sofferto di **attacchi di panico**, e che l'aiuto di un medico è fondamentale per tenerli sotto controllo.

2%–5%

DISTURBO DA STRESS POST-TRAUMATICO

Il **DSPT è una malattia** causata da un evento traumatico, come un'aggressione, un incidente, un parto difficile o la guerra, in cui dopo aver provato paura intensa, impotenza e terrore, non si riesce ad abbassare i livelli di stress a prima del trauma. Non tutti sviluppano il DSPT dopo un evento traumatico: un articolo del British Medial Bullettin del 2015 dichiara che i due fattori determinanti avvengono nel periodo immediatamente successivo al trauma:

- **Mancanza di supporto sociale** (pp. 176-179).
- **Mancanza di un ambiente sereno** dove recuperare.

Se hai affrontato un evento traumatico, trova un ambiente tranquillo e incoraggiante prima di chiedere aiuto a uno specialista. Una ricerca olandese del 2002 ha scoperto che il debriefing psicologico dopo un trauma porta a sviluppare il DSPT. All'inizio è meglio prendersi cura di sé, circondarsi di persone che ti vogliono bene e distrarsi con attività costruttive. Ma se hai questi sintomi per più di un mese rivolgiti a un medico.

- **Pensieri persistenti,** immagini, sogni, illusioni, flashback o forte sofferenza emotiva legata a ricordi del passato (persone o luoghi).
- **Desiderio di evitare** di parlare o ricordare l'evento.
- **Due dei sintomi seguenti:**
  - Incapacità di ricordare parti dell'evento.
  - Percezione esasperata delle sue cause e conseguenze.
  - Convinzioni negative su di te, gli altri, il mondo.
  - Perdita di interesse per cose importanti o che amavi.
  - Sensazione di straniamento dagli altri.
  - Incapacità persistente di provare emozioni positive.
  - Rabbia, sconsideratezza, autolesionismo, iperreattività, nervosismo, mancanza di concentrazione, insonnia.

Il DSPT non fa di te un codardo, è una malattia seria e si può curare. La TCC si basa sul trauma e un trattamento noto come EMDR, tecnica del movimento oculare, praticata da uno specialista hanno mostrato ottimi risultati nella cura dei sintomi del DSPT.

CHI CE L'HA?

7-8%

Secondo l'American National Centre per il DSPT **il 10% delle donne e il 4% degli uomini** hanno sviluppato il disturbo nella loro vita. Gli studi indicano che la percentuale sale quando si tratta dei bambini.

DISTURBO D'ANSIA SOCIALE

La timidezza non è una malattia mentale, ma se la paura di incontrare gli altri ti blocca al punto da danneggiare il lavoro, la socializzazione e le relazioni, potresti soffrire di un disturbo d'ansia sociale (DAS). Le principali caratteristiche sono:

- Paura persistente di essere giudicato o rifiutato. (Persone provenienti da culture molto interdipendenti possono sentirsi in imbarazzo per la persona che hanno davanti.)
- Sai che la tua paura è eccessiva, ma continui a evitare situazioni in cui sei in pubblico o le trovi frustranti.
- L'ansia influenza fortemente la tua vita e il tuo benessere.

Uno studio americano del 2011 ha scoperto che le persone che soffrono di DAS hanno il più alto livello di problemi sul lavoro e tendono a essere disoccupate. I farmaci e la psicoterapia si sono dimostrati trattamenti efficaci.

AVVERTENZA

26%

Uno studio americano del 2013 ha scoperto che il 26% di persone con disturbi d'ansia ha pensieri suicidi. Se succede anche a te, **chiedi aiuto subito**.

» Cosa posso fare?

Consulta uno specialista per trovare la cura e le terapie per trattare i disturbi d'ansia. Anche se la TCC (pp. 52-53) è stata identificata come la cura migliore, ogni persona ha bisogno di un trattamento diverso. Molti studi suggeriscono che la combinazione di farmaci e terapia porta a risultati migliori. Prendersi cura di sé con attività fisica, mindfulness e supporto degli altri è un'importante integrazione alla terapia. Più riduci lo stress, più sarà efficace il trattamento.

C'È QUALCOSA CHE TI TRATTIENE?

Ogni disturbo d'ansia è associato a una paura specifica e alcune situazioni possono essere più stressanti di altre. Riconoscere i sintomi e le paure è il primo passo per capire ciò di cui hai bisogno.

Condizione	Sintomo	Paura
Disturbo da ansia generalizzata	Ansia eccessiva, incontrollata e prolungata che influisce sulla qualità della vita e provoca sintomi come affaticamento, mal di testa, problemi di stomaco, irrequietezza o tensione muscolare.	Timore dei fattori di stress quotidiano, come la salute o i soldi, ma a un livello estremo e ingiustificato per almeno sei mesi.
Disturbo di panico	Attacchi di panico frequenti (p. 205) privi di spiegazione medica alternativa.	Durante l'attacco: paura di morire, di avere un infarto o di impazzire. Tra un attacco e l'altro: paura dei luoghi e delle situazioni scatenanti.
Disturbo da stress post-traumatico	Pensieri indesiderati, immagini e sensazioni, rifiuto di ricordare, allerta costante o sensazioni negative legate alle tue emozioni dopo il trauma.	Paura di rivivere un evento traumatico, o percezione di starlo già vivendo.
Disturbo d'ansia sociale	Forte timore delle situazioni sociali in cui vi è il rischio di essere giudicati, provoca sofferenza e il bisogno di evitare certi contesti.	Paura eccessiva di essere umiliati o imbarazzati al punto da interferire con la tua vita e il tuo benessere.

? DOMANDE DI CONTROLLO

Nel tentativo di identificare i disturbi d'ansia i medici hanno stilato una lista di domande. Se senti che c'è qualcosa che non va, prova a rispondere a queste quattro domande:

Ti definiresti un **guerriero?** (Disturbo d'ansia generalizzata)

Hai **picchi di ansia** che arrivano all'improvviso? (Disturbo da panico)

Hai vissuto un **evento traumatico** che ti perseguita? (Disturbo da stress postraumatico)

Hai paura di **essere giudicato dagli altri?** (Disturbo d'ansia sociale)

Rispondere "sì" a una di queste domande non significa che hai un disturbo d'ansia, ma se ti senti particolarmente stressato rivolgiti a uno specialista.

SCIALUPPA DI SALVATAGGIO

PARLARE CON UNO SPECIALISTA SERVE?

A volte ce la facciamo da soli o con l'aiuto delle persone che amiamo, ma quando lo stress diventa eccessivo potresti prendere in considerazione l'idea di parlare con un professionista che ti aiuti a gestirlo.

Se lo stress ti opprime prova a chiedere l'aiuto di un professionista. Psicologi, psichiatri, counselor, assistenti sociali e figure religiose possono fornirti il supporto e la guida di cui hai bisogno per gestire lo stress. Quando ti senti pronto, il semplice fatto di chiedere aiuto può farti stare meglio.

> Lo scopo della terapia è **dare sollievo** e migliorare **la qualità della vita**.
>
> **National Institute of Mental Health, America**

Quando chiedere aiuto

Secondo l'America's National Institute of Mental Health le ragioni possono essere:

- **Tristezza eccessiva** o ansia che non passa.
- **Disturbi del sonno** insoliti.
- **Problemi di concentrazione** sul lavoro e nelle attività di tutti i giorni.
- **Comportamenti potenzialmente pericolosi,** come abuso di alcol, droghe o gioco d'azzardo.
- **Situazioni difficili** in famiglia, lutto o pressioni al lavoro.
- **Desiderio di migliorare** le tue capacità comunicative e relazionali.
- **Bisogno di capirti meglio**. Se pensi di avere bisogno di entrare in terapia, rispetta questo bisogno e cerca la persona migliore che ti possa aiutare.

Scegliere la persona giusta

Trovare un terapeuta con cui instaurare un buon rapporto è fondamentale. Secondo Bruce Wampold, terapeuta affettivo, quello giusto dovrebbe:

- **Avere ottime capacità interpersonali:** sensibilità e facilità a comunicare.
- **Far sentire il paziente** compreso e al sicuro.
- **Creare una relazione professionale** chiara, basata su un obiettivo.
- **Fornire spiegazioni** sul problema del paziente.
- **Offrire un piano di trattamento** in linea con la spiegazione.
- **Esporre il piano** in modo convincente e incoraggiante.

COSA CERCARE?

Serve aiuto per cercare uno specialista? Ottimi posti dove chiedere consiglio sono:

- Referenze di altri medici
- Ricerche online
- Associazioni di quartiere
- Luoghi di culto
- Passaparola

- **Tenere sotto controllo il progresso** del paziente e interessarsi al suo benessere.
- **Essere flessibile** se la terapia non sembra funzionare.
- **Aiutare** a parlare di argomenti spinosi per identificare il problema centrale.
- **Trasmettere** la speranza di potercela fare.
- **Dimostrare tatto** verso il contesto culturale, religioso, l'età e le ragioni del paziente.
- **Saper** mettere da parte i propri problemi personali.
- **Essere aggiornato** sulle ultime ricerche che abbiano un rilievo per il paziente.
- **Cercare di migliorarsi** ascoltando i feedback.

Un cattivo specialista senza abilitazione può provocare molti danni, quindi prendi il primo incontro come una specie di colloquio e sentiti a tuo agio.
Alcuni programmi di stage universitari offrono sedute di counseling a buon prezzo: sono controllati e rappresentano un'ottima scelta. Qualunque strada tu prenda, assicurati che il terapeuta non abbia ricevuto lamentele o feedback negativi: un paio di valutazioni negative possono essere dovute a un attrito personale, ma se sono di più fai attenzione.
Potresti essere costretto a parlare di argomenti che non vuoi affrontare, ma se il tuo problema è il terapeuta trova qualcun altro.
Se vuoi stare meglio, il terapeuta deve essere una persona fidata.

CREDENZIALI?

L'America's National Institute of Mental Health consiglia di fare al proprio terapeuta le seguenti domande. Non essere timido: qualunque specialista che si rispetti sarà felice di rispondere. Ricorda che se non ti senti a tuo agio, è improbabile che tu ne possa trarre dei benefici.

Quali sono le sue credenziali ed esperienze?

Quali sono gli obiettivi di questa terapia?

Quali sono le sue specialità (ad esempio TCC, terapia di famiglia, trauma)?

Quante sedute saranno necessarie?

Ha già lavorato con persone come me?

Dovrò svolgere dei compiti?

Che tipo di terapia pensa di usare? Come funziona? Quali sono i risultati?

Prescrive farmaci? Se no, ma dovessi averne bisogno, come posso fare?

Le sedute sono confidenziali? Può dimostrarlo?

TENERE DURO
VIVERE UNA VITA RESILIENTE

Nessuno, per quanto forte o resiliente, ha una vita priva di stress. Ma perfino nelle avversità possiamo imparare a controllare lo stress e diventare resilienti per affrontare il futuro con coraggio e ottimismo.

Le tecniche descritte in questo libro ti aiutano a essere resiliente, aumentando la capacità di riprenderti alla svelta dallo stress. Lo stress provoca emozioni forti, ma la resilienza ci aiuta a tenerle sotto controllo. Chiunque può acquisirla.

Tieni duro

Ricercare modi per diventare resiliente è come affrontare un viaggio dentro la tua persona, ma la psicologia offre dei riferimenti con cui orientarsi:

- **Nutri le relazioni.** Trova il tempo di vedere chi ami. Dai e cerca il loro supporto, ti sentirai meglio.
- **Pensa positivo.** Essere ottimista in ogni situazione è stancante: fai ciò che ti fa stare bene giorno per giorno.
- **Impara dagli errori.** Gli errori ci insegnano a cambiare ciò che non va. Se davanti a un trauma o a una perdita sfruttiamo le capacità di coping, possiamo resistere anche ai momenti più bui.
- **Stabilisci i tuoi obiettivi.** Perfino una piccola vittoria è un motivo per festeggiare.
- **Affronta i problemi a testa alta.** Ignorarli non farà che ingigantirli. Fatti coraggio, riconosci il problema e agisci per risolverlo. Sentirai il controllo sulla situazione.
- **Credi nelle tue capacità.** Sotto stress è importante comunicare i nostri bisogni e trovare una soluzione.

QUATTRO PASSI VERSO LA RESILIENZA

Le psicologhe cognitivo-comportamentali Christine Padesky e Kathleen Mooney hanno identificato un percorso utile nello sviluppo della resilienza.

1 **Trova i tuoi punti di forza.** Quali sono gli aspetti positivi, i talenti e le buone qualità che fanno di te una persona competente? Non si tratta solo di qualità che emergono in caso di necessità, ma anche di "punti di forza nascosti" che sono indice di resilienza quotidiana.

Ad esempio: "Anche quando sono stanco e non ne posso più, porto i bambini a scuola. Sono una persona responsabile."

2 **Trova la tua resilienza personale (RP).** Metti per iscritto i punti di forza del punto 1 e crea una lista di strategie per promuoverli. Usa le immagini e le metafore che preferisci per delineare un'identità di cui andare fiero.

"Sono un vero cavallo da soma. Devo trovare un modo per usare il mio talento e rendere il lavoro meno stressante."

3 **Immagina** un modo per usare la resilienza personale (RP) quando sei in situazioni di stress e devi mostrarti resiliente. "In ufficio siamo oberati di lavoro. Voglio cercare di essere d'aiuto ai colleghi."

4 **Quando ti capita un ostacolo** prendilo come occasione per testare la tua RP. "Il capo era arrabbiato, ma io ho mantenuto la calma, e io ho controllato che gli altri l'avessero presa bene. Credo di aver agito correttamente."

Sfruttare la TCC per creare una nuova identità capace di gestire le situazioni è una mossa vincente nella vita. Anche in condizioni di stress sarai orgoglioso della tua resilienza.

- **Ama te stesso.** Trova il tempo di riposare, fare attività fisica, mangiare bene e divertirti: è il modo migliore per prenderti cura di te. Non dimenticare di apprezzare i tuoi punti di forza. Se qualcosa è andato bene è anche merito tuo.

La psicoterapeuta Amy Morin sostiene che "Chiunque può migliorare la propria resilienza allo stress. Richiede molto lavoro e dedizione, ma con il tempo puoi prepararti ad affrontare qualunque sfida la vita ti metta davanti". Lo stress non può essere evitato del tutto. Ogni volta che affrontiamo delle avversità, controlliamo i nostri sentimenti, ci prendiamo cura di noi o usciamo da un periodo difficile, dimostriamo resilienza.

MIGLIORARE LA POSITIVITÀ

Essere felice in ogni momento della giornata è impossibile, ma coltivare emozioni positive, come il piacere, l'affetto e l'ottimismo ci aiuta a sviluppare resilienza. Uno studio americano del 2009 ha rilevato che le emozioni positive sono segno di benessere. Quindi goditi la vita il più possibile: a lungo andare diventerai più resistente allo stress.

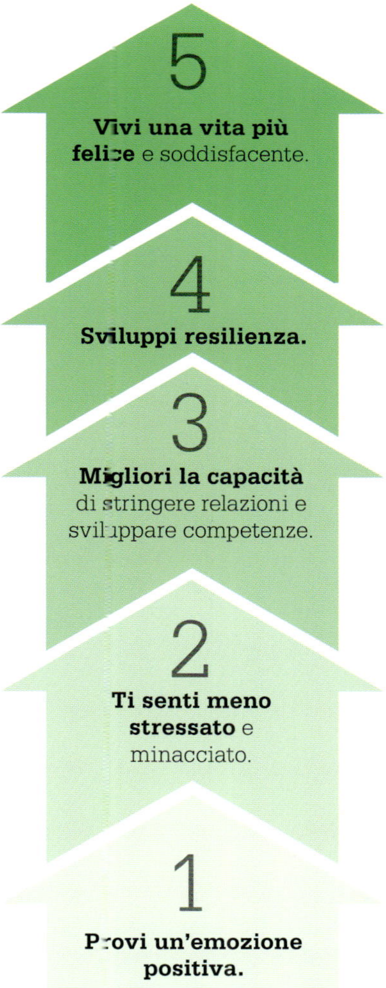

“**Piangerò**,

mi asciugherò le lacrime

e poi

mi rimetterò al lavoro.”

Fred Johnson

sopravvissuto all’uragano Katrina,

intervistato dallo psicologo

Gary Stix

FONTI E BIBLIOGRAFIA

Anche se è stato fatto ogni sforzo per assicurare l'accuratezza dei contenuti, l'Editore si scusa per gli eventuali errori e omissioni e sarebbe grato di ricevere osservazioni e correzioni.
Le fonti sono segnalate prima per il testo principale, quindi per i box.
Tutti i link risalgono a maggio – luglio 2017.

APA: American Psychological Association. Greater Good: The Greater Good Science Center at the University of California, Berkeley. J.: *Journal of*

CAPITOLO 1

12–13 I. M. Marks e R. M. Nesse, "Fear and fitness", *Ethology and Sociobiology* (1994); H. Selye, *The Stress of Life*, McGraw-Hill (1956). **14–15** K. McGonigal, in B. Schulte, "Science shows that stress has an upside", *The Washington Post* (2015); N. B. Schmidt et al, "Anxiety sensitivity", *J. Psychiatric Research* (2006); H. Murakami, *L'arte di correre*, Einaudi (2009); APA (2017), "Stress in America: Coping With Change", Stress in America™ Survey. **16–17** K. McGonigal, citato in D. Grodsky, "Stress as a positive", TED Blog, 2013; D. Kaufer, citato in P. Jaret, "The Surprising Benefits of Stress", *Greater Good* (2015); E. D. Kirby et al, "Acute stress enhances adult rat hippocampal neurogenesis and activation of newborn neurons", *eLife* (2013); F. S. Dhabhar et al, "Stress-induced redistribution of immune cells", *Psychoneuroendocrinology* (2012); A. J. Crum et al "Rethinking stress", *J. Personality and Social Psychology* (2013); D. Kirby, citato in T. Bradberry, "How Successful People Stay Calm", talentsmart.com; J. P. Jamieson et al, "Improving Acute Stress Responses", *Current Directions in Psychological Science* (2013, first reported in 2012); APA (2015), "Stress in America: Stress Snapshot", Stress in America™ Survey. **18–19** B. P. F. Rutten et al, "Resilience in mental health", *Acta Psychiatrica Scandinavica* (2013); G. Bonnaro, citato in G. Stix, "The Neuroscience of True Grit", *Scientific American* (2011); R. Dias et al, "Resilience of caregivers of people with dementia", *Trends in Psychiatry and Psychology* (2015). **20–21** G. S. Everly e J. M. Lating, "The Anatomy and Physiology of the Human Stress Response", *A Clinical Guide to the Treatment of the Human Stress Response* (2013); W. B. Cannon, "The emergency function of the adrenal medulla", American J. Physiology Legacy Content Online; F. Hansen, "Fight or Flight vs Rest and Digest", adrenalfatiguesyndrome.com (2015); D. Goleman, "The Sweet Spot for Achievement", *Psychology Today* (2012); S. A. McLeod, "What is the stress response" (2010), *Simply Psychology*; P. J. Winklewski et al, "Stress Response, Brain Noradrenergic System and Cognition", *Advances in Experimental Medicine and Biology* (2017). **22–23** K. McGonigal, "How to make stress your friend", TED Talk (2013). **24–25** T. H. Holmes e R. H. Rahe, "The Social Readjustment Rating Scale", *J. Psychosomatic Research* (1967). **26–29** A. Wood Brooks, "Get Excited", *J. Experimental Psychology* (2014); E.K. Porensky e S. Wells-Di Gregorio, "Stress Management", Ohio State University; C. S. Carver e J. Connor-Smith, "Personality and Coping", *Annual Review of Psychology* (2010); R. Lazarus e S. Folkman, citato in S.M. Sincero, "Stress and Cognitive Appraisal", explorable.com; J.M. Grohol, "15 Common Defense Mechanisms", *Psych Central*. **30–31** L. R. Goldberg, "An Alternative 'Description of Personality'", *J. Personal and Social Psychology* (1990); O.P. John e S. Srivastava, "The Big-Five Trait Taxonomy", *Handbook of Personality*, The Guilford Press (1999). **32–33** S. E. Taylor et al, "Biobehavioral Responses To Stress In Females", *Psychological Review* (2000); L. Tomova et al, "Is stress affecting our ability to tune into others?", *Psychoneuroendocrinology* (2014); M. Ingalhalikar et al, "Sex differences in the structural connectome of the human brain", *Proceedings of the National Academy of Sciences of the United States of America* (2014); APA (2015), "Stress in America: Stress Snapshot", Stress in America™ Survey; APA (2010), "Stress in America Findings", Stress in America™ Survey. **34–35** K. G. Rice et al, "Meanings of Perfectionism", *J. Cognitive Psychotherapy* (2003); P. L. Hewitt, in E. Benson, "The many faces of perfectionism", *Monitor on Psychology*, APA (2003); R. C. O'Connor e D. B. O'Connor, "Predicting hopelessness and psychological distress", *J. Counseling Psychology* (2003); J. Szymanski, "Perfectionism", *Expert Opinions*, International OCD Foundation; B. Brown, *I doni dell'imperfezione. Abbandona chi credi di dover essere e abbraccia chi sei davvero*, Ultra Editore (2012); "How to Overcome Perfectionism", AnxietyBC®; P. L. Hewitt e G. L. Flett, "Perfectionism and depression", *J. Social Behavior and Personality* (1990). **36–37** K. D. Neff e K. A Dahm, "Self-Compassion", in M. Robinson et al, *Handbook of Mindfulness and Self-Regulation*, Springer (2015). **38–39** P. Gilbert e C. Irons, "Focused therapies and compassionate mind training for shame and self-attacking", in P. Gilbert, *Compassion*, Routledge (2005); K. D. Neff e K. A Dahm (see 36–37 above); P. Gilbert, "Introducing compassion-focused therapy", *Advances in psychiatric treatment* (2009); H. Rockliff et al, "Heart rate variability and salivary cortisol responses to compassion-focused imagery", *Clinical Neuropsychiatry* (2008); K. Neff, "Exercise 2: Self-compassion break", self-compassion.org. **40–41** J. M. Smyth, "Written Emotional Expression", *J. Consulting and Clinical Psychology* (1998); K. J. Petrie et al, "Effect of Written Emotional Expression on Immune Function in Patients with HIV Infection", *Psychosomatic Medicine* (2004); P. M. Ullrich e S. K. Lutgendorf, "Journaling about stressful events", *Annals of Behavioral Medicine* (2002); J. W. Pennebaker, in B. Murray, "Writing to heal", *Monitor on Psychology*, APA (2002); J. W. Pennebaker e S. K. Beall, "Confronting a traumatic event", *J. Abnormal Psychology* (1986); J. W. Pennebaker e C. K. Chung (2011), citato in "James Pennebaker's Expressive Writing Paradigm", psychologyinaction.org. **42–43** M. H. Kernis. "Towards a Conceptualization of Optimal Self-Esteem", *Psychological Inquiry* (2003); R. Y. Erol e U. Orth, "Self-Esteem Development From Age 14 to 30 Years", *J. Personality and Social Psychology* (2011); G. Winch, "5 Ways to Boost Your Self-Esteem", *Psychology Today* (2016); N. Burton, "Building Confidence and Self-Esteem", *Psychology Today* (2012). **44–45** M. E. P. Seligman, "Pleasure, meaning, & eudaimonia", *Authentic Happiness* (2002), University of Pennsylvania; D. A. Vella-

Brodrick et al, "Three Ways to Be Happy", *Social Indicators Research* (2009, online 2008); V. Frankl, citato in "Viktor Frankl", The Pursuit of Happiness, Inc.; A. C. Parks e R. Biswas-Diener, in T. Kashdan e J. Ciarrochi, *Mindfulness, Acceptance, and Positive Psychology*, New Harbinger (2013); R. F. Baumeister, citato in E. Smith, "There's More to Life Than Being Happy" (2013), *The Atlantic*; C. Bailey e A. Madden, "What Makes Work Meaningful", *Sloan Management Review* (2016); L. George e C. L. Park (2016), citato in E. E. Smith e J. Aaker, "Pursue Meaning Instead of Happiness", *Science of Us*, nymag.com (2016). **46–47** J. Lamb et al, "Approach to bullying and victimization", *Canadian Family Physician* (2009); T. A. Field et al, "The New ABCs", *J. Mental Health Counseling* (2015); W. Hofmann et al, "Yes, But Are They Happy?", *J. Personality* (2014, online 2013); C. Pierce Keeton et al, "Sense of Control Predicts Depressive and Anxious Symptoms", *J. Family Psychology* (2008). **48–49** T. D. Borkovec (1983), citato in S. K. McGowan e E. Behar, "A Preliminary Investigation of Stimulus Control Training for Worry", *Behavior Modification* (2013); B. Verkuil, citato in J. Brownstein, "Planning 'Worry Time' May Help Ease Anxiety", livescience.com (2011); W. F. Doverspike, "How to Stop Obsessive Worry", Georgia Psychological Association (2008); L. Saulsman et al, "What? Me Worry!?!" (2015), Centre for Clinical Interventions; S. J. Gillihan, "5 reasons we worry", *Psychology Today* (2016). **50–51** W. James, citato in A. C. Ugural, *Living Better*, Eloquent Books (2009). **52–53** S. G. Hofmann et al, "The Efficacy of Cognitive Behavioral Therapy", *Cognitive Therapy and Research* (2012); F. Ghinassi, in C. Gregoire, "Work Stress", *Huffington Post* (2013); D. D. Burns, *Feeling Good*, William Morrow (1980). **54–55** "Know Your Stress To Manage Your Stress", Pattison Professional Counseling and Mediation Center (2014); B. Cullen et al, "Cognitive function and lifetime features of depression and bipolar disorder", *European Psychiatry* (2015).

CAPITOLO 2

58–59 S. Cohen et al, "Socioeconomic status is associated with stress hormones", *Psychosomatic Medicine* (2006); R. V. Levine e A. Norenzayan, "The Pace of Life in 31 Countries", *J. Cross-Cultural Psychology* (1999); W. Ng et al, "Affluence, feelings of stress, and well-being", *Social Indicators Research* (2009, online 2008); R. Veenhoven, "The Four Qualities of Life", *J. Happiness Studies* (2000); APA (2017), "Stress in America: Coping With Change", Stress in America™ Survey. **60–63** E. Ophir (2009), citato in T. Bradberry, "Multitasking Damages Your Brain and Career", forbes.com (2014); J. M. Kraushaar e D. C. Novak (2010), citato in A. M. Paul, "You'll Never Learn!", *Slate* (2013); L. Rosen, citato in J. Barshay, "How a 'tech break' can help students refocus", Hechinger Ed (2011); K. Lanaj, citato in S. Sleek, "The Psychological Toll of the Smartphone", Association for Psychological Science (2014); D. Derks et al, "Work-related smartphone use, psychological detachment and exhaustion", *J. Occupational Health and Psychology* (2014); R. Balding, citato in "People with smart phones fall victim to social networking stress", British Psychological Society (2012); E. A. Holman et al, "Media's role in broadcasting acute stress following the Boston Marathon bombings", *Proceedings of the National Academy of Sciences* (2013); APA (2017), "Stress in America: Coping With Change", Stress in America™ Survey; University of Cambridge, "Study shows some families have taken steps to avoid feeling overwhelmed by communications technologies", eng.cam.ac.uk (2011), riprododtto sotto licenza Creative Commons Attribution International 4, con adattamenti; R. Balding, citato in A. Kelly, "Student's phone study touches national nerve", *Worcester News* (2012); B. Wood et al, "Light level and duration of exposure determine the impact of self-luminous tablets on melatonin suppression", *Applied Ergonomics* (2013); M. Ritchel, "Attached to technology and paying a price", *The New York Times* (2010); D. Nelson, citato in W. K. Kleinman, "The stress factor of technology", newsok.com (2008); J. Suler, "The online disinhibition effect", *CyberPsychology & Behavior* (2004); A. G. Zimmerman, "Online Aggression", University of North Florida (2012). **64–65** D. Levitin, "Why the modern world is bad for your brain", *The Guardian* (2015); E. K. Miller, citato in J. Naish, "Is multi-tasking bad for your brain?", *Mail Online* (2009); E. M. Hallowell, citato in "The Power of Focus", *Tribal Business Journal*; D. Coviello et al, "Don't Spread Yourself Too Thin', *The National Bureau of Economic Research* (2010); G. Wilson, "The 'Infomania' Study" (2005); K. Foerde (2006), citato in A. Murphy Paul, "You'll never learn!", *Slate* (2013); G.D. Schott, "Doodling and the default network of the brain", *The Lancet* (2011); M. Karlesky e K. Isbister (2013), citato in M. Karlesky, "New widgets let you snap, crackle... and think", livescience.com (2014); D. Meyer, citato in A. Murphy Paul, "You'll never learn!" *Slate* (2013); J. Andrade, "What does doodling do?", *Applied Cognitive Psychology* (2009); J. S. Rubinstein et al, "Executive Control of Cognitive Processes in Task Switching", *J. Experimental Psychology* (2001). **66–67** L. Bernstein, citato in R. Fox with H. Brown, *Creating a Purposeful Life*, Infinite Ideas (2012). **68–69** K. Murray, citato in J. Dodgson, "Body image problems linked to stress", abc.net.au (2009); C. C. Ross, "Why Do Women Hate Their Bodies?", *Psych Central* (2016); National Eating Disorders Association, citato in "Going to extremes", CNN; "Women's Body Image and BMI", rehabs.com; P. Diedrichs, citato in "Body image concerns more men than women", *The Guardian* (2012); S. T. Dunn (2004), citato in M. Dahl, "Six-pack stress", today.com; T. F. Cash et al, "Coping with body-image threats and challenges", *J. Psychosomatic Research* (2005); "New Plastic Surgery Statistics", American Society of Plastic Surgeons (2017). **70–73** J. Bowlby, citato in S. Johnson, *The Love Secret*, Little, Brown (2014); D. Saxbe e R. L. Repetti, "For Better or Worse?", *J. Personality and Social Psychology* (2010); L. A. Neff e B. R. Karney, "Stress and reactivity to daily relationship experiences", *J. Personality and Social Psychology* (2009); S. I. Powers, citato in L. Meyers, "Relationship conflicts stress men more than women", *Monitor on Psychology*, APA (2006); J. M. e J. Gottman, "How to keep love going strong", yesmagazine.org (2011); "Love and money", prnewswire.com (2015), B. R. Karney, "Keeping marriages healthy and why it's so difficult", *Psychological Science Agenda*, APA (2010); E. Lisitsa, "The Four Horsemen", The Gottman Institute (2013). **74–75** "Lack of sexual intimacy", National Healthy Marriage Resource Center; L. E. Savage, "Treating desire discrepancy in couples", goddesstherapy.com; B. W. McCarthy e E. J. McCarthy, *Rekindling Desire*, Routledge (2003); M. Weiner-Davis, "The Sex-Starved Marriage", psychotherapynetworker.org (2016); L. Brotto, citato in S. Auteri, "What you need to know about female sexual desire", American Association of Sexuality Educators, Counselors and Therapists (2014). **76–79** E. Stone (1985), citato in *Reader's Digest* (1989); K. H. Lagattuta et al, "Do you know how I feel?", *J. Experimental Child Psychology* (2012); H. T. Emery et al, "Maternal dispositional empathy and electrodermal reactivity", *J. Family Psychology* (2014); G. Dewar, "Parenting Stress", parentingscience.com (2016); D. M. Teti et al, "Maternal emotional availability at bedtime predicts infant sleep quality", *J.*

Family Psychology (2010); S. Cronin et al, "Parents and Stress", University of Minnesota, *Children's Mental Health eReview* (2015); K. J. Joosen et al, "Maternal overreactive sympathetic nervous system responses to repeated infant crying", *Child Maltreatment* (2013); K. Zolten e N. Long, "Helping Children Cope With Stress", Center for Effective Parenting (2006); C. Carter, "Is Stress-Free Parenting Possible?", *Greater Good* (2011). **80–83** T. L. Lindquist et al, "Influence of lifestyle, coping and job stress on blood pressure", *Hypertension* (1997); "OSH Answers Fact Sheets: Workplace Stress", Canadian Centre for Occupational Health and Safety (2012); J. Ferrari, citato in D. Thompson, "The Procrastination Doom Loop", *The Atlantic* (2014); D. D. Burns, *Feeling Good*, William Morrow (1980); R. Eisenberger, "Learned Industriousness", classweb.uh.edu; P. Steel, "The Nature of Procrastination", *Psychological Bulletin* (2007); F. M. Sirois, "Procrastination and intentions to perform health behaviors", *Personality and Individual Differences* (2004); H. Gardner, "Leadership: A Master Class", youtube.com (2012); "A Passion for Work-Life Balance", Robert Half (2016); APA (2017), "Stress in America: Coping With Change", Stress in America™ Survey. **84–85** R. Bianchi et al, "Comparative symptomatology of burnout and depression", *J. Health Psychology* (2013); J. Montero-Marin et al, "Coping with stress and types of burnout", *PLoS ONE* (2014); P. Sheridan, citato in M. Ahmed, "One in three professionals 'is suffering from burnout'", *The Times* (2013); A. B. Bakker e E. Demerouti, "The Job Demands-Resources model", *J. Managerial Psychology* (2007); "Employee burnout common in nearly a third of UK companies", Robert Half (2013). **86–87** M. K. Gandhi, citato in N. Ramakrishnan, *Reading Gandhi in the Twenty-First Century* (2013). **88–89** K. Yarrow, in T. Klosowski, "How Stores Manipulate Your Senses So You Spend More Money", lifehacker.com (2013); E. W. Dunn et al, "Spending money on others promotes happiness", *Science* (2008); L. B. Aknin et al, "It's the Recipient That Counts", *PLoS ONE* (2011); M. A. Killingsworth e D. T. Gilbert, "A Wandering Mind Is an Unhappy Mind", *Science* (2010); T. Gilovich et al, "Waiting for Merlot", *Psychological Science* (2014); P. Raghubir e J. Srivastava, "The Denomination Effect", *J. Consumer Research* (2009); P. Brickman e D.T. Campbell (1971), citato in M. Binswanger, "Why Does Income Growth Fail to Make Us Happier?", Solothum University of Applied Science, Northwestern Switzerland (2003). **90–91** E. El Issa, "2016 American Household Credit Card Debt Study", nerdwallet.com; E. Y. Chou, citato in "Experiencing Financial Stress May Lead to Physical Pain", *Psychological Science* (2016); M. A. Skinner et al, "Financial Stress Predictors", *Cognitive Therapy and Research* (2004); R. L. Leahy, "Living with financial anxiety", psychotherapybrownbag.com (2009); APA (2017), "Stress in America: Coping With Change", Stress in America™ Survey; M. Amar et al, "Winning the Battle but Losing the War", *J. Marketing Research* (2011). **92–93** D. R. Ames e A. S. Wazlawek, "Pushing in the Dark", *Personality and Social Psychology Bulletin* (2014); V. M. Patrick e H. Hagtvedt (2012), citato in H. Grant Halvorson, "The Amazing Power of 'I Don't' vs. 'I Can't'", forbes.com (2013). **94–95** N. Pelusi, "The Right Way to Rock the Boat", *Psychology Today* (2016); G. A. Abed et al, "The Effect of Assertiveness Training Program on Improving Self-Esteem of Psychiatric Nurses", *J. Nursing Science* (2015); V. K. Bohns, citato in D. Ludden, "Ask and You Shall Receive", *Psychology Today* (2016). **96–97** S. Augustin (2009), citato in S. Whitaker, "The Effects of Population Density and Noise", *A Student of Psychology* (2014); E. C. Kim, "Nonsocial Transient Behavior", *Symbolic Interaction* (2012); R. S. Feldman (1985), citato in J. D. Meier, "Personal Space", sourceofinsight.com (2017); D. Elkin, "Protecting Your Personal Space", debelkin.com (2015). **98–99** R. S. Ulrich, "View though a window may influence recovery from surgery", American Association for the Advancement of Science (1984); O. Kardan, "Neighborhood greenspace and health in a large urban center", *Scientific Reports* (2015); N. M. Wells e G. W. Evans, "Nearby nature", *Environment and Behavior* (2003); B. Cimprich e D. L. Ronis, "An environmental intervention to restore attention in women with newly diagnosed breast cancer", *Cancer Nursing* (2003); B. J. Park (2010), citato in A. Alter, "How nature resets our minds and bodies", *The Atlantic* (2013); R. Kaplan e S. Kaplan, "The Restorative Benefits of Nature", *J. Environmental Psychology* (1995); P. Aspinall et al, "The urban brain", *British J. Sports Medicine* (2015, online 2013); G. N. Bratman et al, "Nature experience reduces rumination", *Proceedings of the National Academy of Sciences* (2015); M. Annerstedt et al "Inducing physiological stress recovery with sounds of nature in a virtual reality forest", *Physiology & Behavior* (2013); R. McCaffrey e P. Liehr, "The Effect of Reflective Garden Walking on Adults With Increased Levels of Psychological Stress", *American Holistic Nureses Nurses Association* (2016). **100–101** M. L. Chanda e D. J. Levitin, "The neurochemistry of music", *Trends in Cognitive Sciences* (2013); S. Chafin et al, "Health can facilitate blood pressure recovery from stress", *British J. Health Psychology* (2004); E. Labbé et al, "Coping with Stress", *Applied Psychophysiology and Biofeedback* (2008); L. Brannon e J. Feist, "Health Psychology", Wadsworth Cengage Learning (2007); H. D. Thoreau, *Journals* IX (1857), citato in J. S. Cramer, "The Quotable Thoreau", Princeton (2011); T. Schäfer et al, "The sounds of safety", *Frontiers in Psychology* (2015); J. S. Verma e S. K. Khanna, "The Effect of Music on Salivary Cortisol", *J. Exercise Science and Physiotherapy* (2010); L. Bernardi et al, "Cardiovascular, cerebrovascular, and respiratory changes induced by different types of music", *Heart* (2006, online 2005); B. Bittman, citato in "How Playing Music Results in Breakthroughs for Inner City Youth", The National Association of Music Merchants (2009); D. Fancourt et al, "Singing modulates mood", *ecancermedicalscience* (2016); B. A. Bailey, "Effects of group singing and performance", *Psychology of Music* (2005); M. V. Thoma et al, "The Effect of Music on the Human Stress Response", *PLoS ONE* (2013). **102–103** R. Peters, "Ageing and the brain", *Postgraduate Medical Journal* (2006); R. Trouillet et al, "Impact of Age, and Cognitive and Coping Resources on Coping", *Canadian Journal on Aging* (2011); J. N. de Souza-Talarico et al, "Stress symptoms and coping strategies in healthy and elderly subjects", *Revista da Escola de Enfermagem da USP* (2009); C. M. Aldwin et al, "Age Differences in Stress, Coping, and Appraisal", *J. Gerontology* (1996); J. Pikhartova et al, "Is loneliness in later life a self-fulfilling prophecy?", *Aging & Mental Health* (2016, online 2105); R. Mushtaq et al, "Relationship between loneliness, psychiatric disorders and physical health", *J. Clinical & Diagnostic Research* (2014); J. Cacioppo, citato in I. Sample, "Loneliness twice as unhealthy as obesity for older people", *The Guardian* (2014); R. C. Atchley, citato in "Stages of Retirement", Families in Action. **104–105** "Key facts about carers and the people they care for", Carers Trust (2015); "Caregiving in the US 2015", National Alliance for Caregiving; M. M. Seltzer, citato in M. Diament, "Autism moms have stress similar to combat soldiers", *Disability Scoop* (2009); National Family Caregivers Association survey (2001), citato in "Caregiver statistics", Caregiver Action

Network; "Facts about carers 2015", Carers UK; Alzheimer's Association®, "Caregiver stress", Alzheimer's and Dementia Caregiver Center. **106–107** APA (2006), "Forgiveness: a sampling of research results", Washington D.C., Office of International Affairs; F. Luskin e B. Bland, "Stanford–Northern Ireland Hope 1 Project", learningtoforgive.com (2000, 2010); J. Orloff, citato in S. Freedman e T. Zarifkar, "The Psychology of Interpersonal Forgiveness", *Spirituality in Clinical Practice* (2015). **108–109** R. A. Emmons e M. E. McCullough, "Counting blessings versus burdens", *J. Personality and Social Psychology* (2003); A. M. Wood et al, "The role of gratitude in the development of social support, stress, and depression", *J. Research in Personality* (2008); A. M. Wood et al, "Gratitude influences sleep", *J. Psychosomatic Research* (2009); P. C. Watkins et al, "Taking care of business?", *J. Positive Psychology* (2008); N. M. Lambert e F. D. Finham, "Expressing gratitude to a partner", *Emotion* (2011); R. A. Emmons, "How Gratitude Can Help You Through Hard Times", *Greater Good* (2013); A. M. Gordon, "Five ways giving thanks can backfire", *Greater Good* (2013); S. Lyubomirsky, citato in J. Marsh, "Tips for keeping a gratitude journal", *Greater Good* (2011).

CAPITOLO 3

112–113 T. J. Strauman et al, "Self-regulatory cognition and immune reactivity", *Brain, Behavior, and Immunity* (2004); S. R. Maddi, *Hardiness*, Springer (2013); J. D. Brown e K. L. McGill, "The cost of good fortune", *J. Personality and Social Psychology* (1989). **114–115** R. M. Nideffer, "Getting Into the Optimal Performance State", enhanced-performance.com; D. Greene, "11 Strategies for Audition and Performance Success", psi.donegreene.com; "America's Top Fears 2016", Chapman University; G. Ramirez e S. L. Beilock, "Writing about testing worries boosts exam performance", *Science* (2011, 2014). **116–117** M. H. Kernis e B. M. Goldman, "A multicomponent conceptualization of authenticity", *Advances in Experimental Social Psychology* (2006); A. L. Sillars et al, "Communication and conflict in marriage", *Communication Yearbook* (1983); R. M. Reznik et al, "Communication During Interpersonal Arguing", *Argumentation and Advocacy* (2010); K. A. Vertino, "Effective Interpersonal Communication", *Online J. Issues in Nursing* (2014); E. L. Deci e R. M. Ryan, "SDT", selfdeterminationtheory.org. **118–119** N. Harrington, "Frustration Intolerance", *J. Rational-Emotive and Cognitive-Behavior Therapy* (2011); A. Lickerman, "How to Manage Frustration", *Psychology Today* (2012); N. Harrington, "The Frustration Discomfort Scale", *Clinical Psychology and Psychotherapy* (2005); M. E. Keough et al, "Anxiety Symptomatology", *Behavior Therapy* (2010). **120–121** D. A. Sbarra et al, "Divorce and Health", *Current Directions in Psychological Science* (2015); L. Kulik e E. Heine-Cohen, "Coping Resources, Perceived Stress and Adjustment to Divorce Among Israeli Women", *J. Social Psychology* (2011); D. A. Sbarra et al, "Divorce and Health", *Current Directions in Psychological Science* (2015). **122–123** M. K. Shear, "Getting Straight About Grief", *Depression and Anxiety* (2012). **124–125** S. Hayes, citato in R. Harris, "Embracing Your Demons", *Psychotherapy in Australia* (2006); K. Strosahl, in K. Kseib, "Pain is inevitable, but suffering is optional", *The Psychologist* (2016); S. Hayes, citato in J. Belmont, "Effective Use of Metaphors in the ACT Theory", belmontwellness.com; H. Brinkborgh et al, "Acceptance and commitment therapy for the treatment of stress among social workers", *Behaviour Research and Therapy* (2011). **126–127** K. Strosahl, in K. Kseib, "Pain is inevitable, but suffering is optional", *The Psychologist* (2016). **128–129** M. Mitchell, "Dr. Herbert Benson's Relaxation Response", *Psychology Today* (2013); A. Meuret, citato in S. Pappas, "To stave off panic, don't take a deep breath", livescience.com (2010); P. Philippot et al, "Respiratory feedback in the generation of emotion", *Cognition & Emotion* (2002), citato in R. P. Brown e P. L. Gerbarg, "Yoga breathing, meditation, and longevity", *Annals of the New York Academy of Sciences* (2009); J. J. Arch e M. G. Craske, "Mechanisms of mindfulness", *Behaviour Research and Therapy* (2006). **130–131** H. A. Hashim e H. H. A. Yusof, "The Effects of Progressive Muscle Relaxation and Autogenic Relaxation on Young Soccer Players' Mood States", *Asian J. Sports Medicine* (2011); P. N. Hui et al, "An Evaluation of Two Behavioral Rehabilitation Programs", *J. Alternative and Complementary Medicine* (2006); C. A. Puskarich et al, "Effects of progressive muscle relaxation training on seizure reduction", *Epilepsia* 33 (1992); A. Heenan e N. F. Troje, "Both Physical Exercise and Progressive Muscle Relaxation Reduce the Facing-the-Viewer Bias in Biological Motion Perception", *PloS ONE* (2014). **132–135** S. R. Bishop et al, "Mindfulness: A Proposed Operational Definition", *Clinical Psychology: Science and Practice* (2004); J. Gu et al, "How do mindfulness-based therapy and mindfulness based stress reduction improve mental health and wellbeing?", *Clinical Psychology Review* (2015); J. Kabat-Zinn e S. F. Santorelli, "Mindfulness-Based Stress Reduction (MSBR) Standards of Practice", The Center for Mindfulness in Medicine, Health Care, and Society, University of Massachusetts Medical School (2014); R. J. Davidson et al, "Alterations in brain and immune function produced by mindfulness meditation", *Psychosomatic Medicine* (2003); E. Goldstein, citato in J. Lin, "Mindfulness reduces stress, promotes resilience", *UCLA Today* (2009). **136–137** J. Frank, "Stress management during the holidays", Clinical Psychology Associates of North Central Florida; G. Rubin "8 Tips to Beat Holiday Stress", gretchenrubin.com (2010); M. C. Daball e P. Kimpton, "How do I deal with seasonal affective disorder?", *The Guardian* (2015); APA (2008), "Financial Concerns Top List of Holiday Stressors for Women, Families with Children"; D. Cotterell, "Pathogenesis and management of seasonal affective disorder", *Progress in Neurology and Psychiatry* (2010); P. Regan e T. Orbuch citato in A. Ossola, "Why Are Holidays With Your Family So Stressful?", *Popular Science* (2015); K. Duckworth, citato in "Beat Back The Holiday Blues", National Alliance on Mental Illness (2008); P. Wiegartz, "10 Common Holiday Stresses", *Psychology Today* (2011). **138–139** L. Boschloo et al, "Heavy alcohol use", *Drug and Alcohol Dependence* (2011); A. Ostroumov et al, "Stress Increases Ethanol Self-Administration", *Neuron* (2016); A. Hassanbeigi et al, "The Relationship between Stress and Addiction", *Social and Behavioral Sciences* (2013); "Facts About Alcohol", National Council on Alcohol and Drug Dependence (2015). **140–141** A. Boyes, "Avoidance Coping", *Psychology Today* (2013). **142–143** D. L. Musselman (2001), citato in M. Wei, "The surprising psychology of the common cold", *Psychology Today* (2015); M. Schoen, *When Relaxation is Hazardous to Your Health*, Mind Body Health Books (2001); P. S. Chandra e G. Desai, "Denial as an experiential phenomenon in serious illness", *Indian J. Palliative Care* (2007); A. Vingerhoets, citato in E. Saner, "Sick on arrival", *The Guardian* (2007), M. Schoen, citato in S. Colino, "The Real Reason You Get Sick After A Stressful Period Has Ended", *Huffington Post* (2016).

CAPITOLO 4

146–147 T. Ballard et al, "Departures from optimality when pursuing multiple approach or avoidance goals", *J. Applied Psychology* (2016); N. Liberman e Y. Trope, "The Psychology of Transcending the Here and Now", *Science* (2008); A. Winch et al, "Unique associations between anxiety, depression and motives for approach and avoidance goal pursuit", *Cognition and Emotion* (2015, online 2014); J. Szymanski, "The Real Curse of Being a Perfectionist", *CNBC* (2011). **148–149** C. A. Higgins et al, "Coping With Overload and Stress", *J. Marriage and Family* (2010); J. M. Patterson e H. I. McCubbin, "Gender Roles and Coping", *J. Marriage and Family* (1984); S. Behson, "How to Cope with Work-Family Conflict and Stress (part 2)", *Fathers, work and family* (2013); Bureau of Labor Statistics 2016, "Employment Characteristics of Families Summary", bls.gov (2017); G. W. Bird e A. Schnurman-Crook, "Professional Identity and Coping Behaviors in Dual-Career Couples", *Family Relations* (2005). **150–151** C. R. Martell, "Behavioral Activation Therapy", christophermartell.com; S. Dimidjian et al, "The Origins and Current Status of Behavioral Activation Treatments for Depression", *Annual Review of Clinical Psychology* (2011); "Choose Your Actions, Choose Your Mood", Harley Therapy (2014). **152–153** G. M. Cooney et al, "Exercise for depression", *Cochrane Database of Systematic Reviews* (2013); J. C. Smith, "Effects of emotional exposure on state anxiety after acute exercise", *Medicine and Science in Sports and Exercise* (2013); H. Guiney e L. Machado, "Benefits of regular aerobic exercise for executive functioning in healthy populations", *Psychonomic Bulletin & Review* (2013, online 2012); T. J. Schoenfeld et al, "Physical Exercise Prevents Stress-Induced Activation of Granule Neurons", *J. Neuroscience* (2013). **154–155** M. Teut et al, "Effectiveness of a mindfulness-based walking programme in reducing symptoms of stress", *European J. Integrative Medicine* (2012); R. L. McMillan et al, "Ode to positive constructive daydreaming", *Frontiers in Psychology* (2013); M. Opezzo e D. L. Schwartz, "Give Your Ideas Some Legs", *J. Experimental Psychology* (2014); R. Biswas-Diener, in "Mindlessness Can Be Just as Productive as Mindfulness", *New Republic* (2014); M. G. Berman et al, "The Cognitive Benefits of Interacting With Nature", *Psychological Science* (2008), citato in A. Arbor, "Going outside–even in the cold–improves memory, attention", University of Michigan (2008); W. Bumgardner, "How to Get the Best Walking Posture", verywell.com (2017); T. W. Puetz, citato in S. Fahmy, "Low-intensity exercise reduces fatigue symptoms", University of Georgia (2008). **156–157** H. Cramer et al, "Yoga for depression", *Depression and Anxiety* (2013); F. Wang et al, "The Effects of Tai Chi on Depression, Anxiety, and Psychological Well-Being", *International J. Behavioral Medicine* (2014); R. P. Brown e P. L. Gerbarg, "Surdarshan Kriya Yogic Breathing in the Treatment of Stress, Anxiety, and Depression", *J. Alternative and Complementary Medicine* (2005); M. Greenberg, citato in A. Novotney, "Yoga as a practice tool", *Monitor on Psychology*, APA (2009). **158–161** E. Epel et al "Stress may add bite to appetite", *Psychoneuroendocrinology* (2001); C. A. Maglione-Garves et al, "Cortisol Connection", University of New Mexico; M. F. Dallman et al, "Chronic stress and comfort foods", *Brain, Behavior, and Immunity* (2005); C. A. Shively et al, "Social stress, visceral obesity, and coronary artery atherosclerosis", *American J. Primatology* (2009); A. J. Tomiyama et al, "Low Calorie Dieting Increases Cortisol", *Psychosomatic Medicine* (2010); D. E. Pankevich et al, "Caloric Restriction Experience Reprograms Stress", *J. Neuroscience* (2010); D. Cummins, "This is Why We're Fat and Sick", *Psychology Today* (2013); APA (2017), "Stress in America: Coping With Change", Stress in America™ Survey; *Intuitive Eating*, citato in M. Allison, "Lesson three – How does hunger feel?", *The Fat Nutritionist* (2011); A. S. Cain et al "Refining the Relationships of Perfectionism, Self-Efficacy, and Stress to Dieting and Binge Eating", *International J. Eating Disorders* (2008); T. Mann et al, "Medicare's search for effective obesity treatments", *American Psychologist*, APA (2007); M. Greenberg, "The 5 Best Ways to Manage Your Weight and Eating", *Psychology Today* (2011); A. J. Bradshaw et al, "Non-dieting interventions for overweight and obese women", *Public Health Nutrition* (2009); A. Burokas, citato in D. Ahlstrom, "Irish-based scientists find a way to beat stress by eating", *The Irish Times* (2017); F. N. Jacka et al, "Western diet is associated with a smaller hippocampus ", *BMC Medicine* (2015); A. Sánchez-Villegas et al, "Mediterranean dietary pattern and depression", *BMC Medicine* (2013). **162–163** National Sleep Foundation , "Insomnia & You"; M. Hirshkowitz et al, "NSF sleep time duration recommendations", *Sleep Health* (2015); P. Alhola e P. Polo-Kantola, "Sleep deprivation", *Neuropsychiatric Disease and Treatment* (2007); American Academy of Sleep Medicine, citato in S. Schutte-Rodin et al, "Clinical Guideline for the Evaluation and Management of Chronic Insomnia in Adults", *J. Clinical Sleep Medicine* (2008); NSF 1991 survey, citato in S. Ancoli-Israel e T. Roth, "Characteristics of insomnia in the United States", *Sleep* (1999); M. M. Ohayon, "Epidemiology of insomnia", *Sleep Medicine Reviews* (2002); M. Smolensky e L. Lamberg, *The Body Clock Guide to Better Health*, Holt (2001); NHIS 2010, citato in "Short Sleep Duration Among Workers", *Morbidity and Mortality Weekly Report*, Centers for Disease Control and Prevention (2012); M. R. Rosekind et al, "The cost of poor sleep", *J. Occupational and Environmental Medicine* (2010); B. Riedel et al, "A comparison of the efficacy of stimulus control for medicated and nonmedicated insomniacs", *Behavior Modification* (1998); T. Morgenthaler et al con l'American Academy of Sleep Medicine, "Practice parameters for the psychological and behavioral treatment of insomnia", *Sleep* (2006). **166–167** K. D. Vohs, citato in "A messy desk encourages a creative mind?", *Monitor on Psychology*, APA (2013); S. McMains e S. Kastner, citato in E. Doland, "Scientists find physical clutter negatively affects your ability to focus", unclutterer.com (2011); D. Kahneman e A. Tversky (1979) e D. Kahneman (1990), citato in A. Castel, "Declutter NOW!", *Psychology Today* (2016); J. E. Arnold et al, *Life at Home in the 21st Century*", Cotsen Institute of Archeology Press, UCLA (2012); S. Gannon, "Hooked on Storage", *The New York Times* (2007); R. O. Frost e G. Steketee, *Tengo tutto. Perché non si riesce a buttare via niente*, Erickson (2012); **168–169** R. F. Baumeister et al, "Ego Depletion", *J. Personality and Social Psychology* (1998); M. Muraven et al, "Daily fluctuations in self-control demands and alcohol intake", *Psychology of Addictive Behaviors* (2005); D. Spears, "Economic decision-making in poverty depletes behavioral control", Princeton University (2010); V. Job et al, "Ego Depletion–Is It All In Your Head?", *Psychological Science* (2010); M. Muraven, "Practicing Self-Control Lowers the Risk of Smoking Lapse", *Psychology of Addictive Behaviors* (2010); M. Friese et al, "Mindfulness meditation counteracts self-control depletion", *Consciousness and Cognition* (2012); D. J. A. Jenkins et al, "Glycemic index: implications in health and disease", *American J. Clinical Nutrition* (2002); APA (2011), "Stressed in America", Stress in America™ Survey; T. F. Heatherton e D. D. Wagner, "Cognitive Neuroscience of Self-Regulation Failure", *Trends in Cognitive*

Sciences (2011). **170–171** L. Schwabe et al, "Simultaneous Glucocorticoid and Noradrenergic Activity", *J. Neuroscience* (2012); P. Lally et al, "How habits are formed", *European J. Social Psychology* (2010); P. M. Gollwitzer e G. Oettingen (1999), in M. Gellman e J. R. Turner, *Encyclopedia of behavioural medicine*, Springer (2013); K. D. Vohs et al, "Making choices impairs subsequent self-control", *J. Personality and Social Psychology* (2008). **172–173** V. E. Frankl, *L'uomo in cerca di senso. Uno psicologo nei lager e altri scritti inediti*, FrancoAngeli (2019). **174– 175** M. e I. S. Csíkszentmihályi, *Optimal Experience*, Cambridge University Press (1988); R. Larson e M. Csíkszentmihályi, "The Experience Sampling Method", *Flow and the Foundations of Positive Psychology*, Springer (2014); O. Schaffer, "Crafting Fun User Experiences", Human Factors International (2013); D. Goleman, "How to Achieve a Flow State", linkedin.com (2013). **176–179** J. Holt-Lunstad et al, "Social Relationships and Mortality Risks", *PLoS Med* (2010); L. Beckes et al, "Familiarity promotes blurring of self and other in the neural representation of threat", *Social Cognitive and Affective Neuroscience* (2013); E. B. Raposa et al, "Prosocial Behaviour Mitigates the Negative Effects of Stress in Everyday Life", *Association for Psychological Science* (2016, online 2015); R. E. Adams et al, "The Presence of a Best Friend Buffers the Effects of Negative Experiences", *Developmental Psychology* (2011); M. Trudeau, "Human Connections Start With A Friendly Touch", npr.org (2010); R. I. M. Dunbar, "Do online social media cut through the constraints that limit the size of offline social networks?", The Royal Society Publishing (2016); J. H. Fowler e N. A. Christakis, "Dynamic spread of happiness in a large social network", *BMJ* (2008); S. Degges-White, "13 Red Flags of Potentially Toxic Friendships", *Psychology Today* (2015); O. Ybarra et al, "Friends (and Sometimes Enemies) With Cognitive Benefits" *Social Psychological and Personality Science* (2011, online 2010). **180–181** J. Lohr, citato in S. Boardman, "Conscious complaining", *Huffington Post* (2016); R. M. Kowalski, *Aversive Interpersonal Behaviors*, Springer (1997); B. Smyth, "Why We Complain and How to Make It More Effective", *NST Insights* (2016). **182–183** R. I. M. Dunbar et al, "Social laughter is correlated with an elevated pain threshold", *Proceedings of The Royal Society B* (2011); A. C. Samson e J. J. Gross, "Humour as emotion regulation", *Cognition and Emotion* (2012, received 2010); R. Provine, "The Science of Laughter", *Psychology Today*, (2000); M. P. Bennett et al, "The Effect of Mirthful Laughter on Stress and Natural Killer Cell Activity", *Alternative Therapies in Health and Medicine* (2003); J. Rotton e M. Shats, "Effects of State Humor, Expectancies, and Choice on Postsurgical Mood and Self-Medication", *J. Applied Psychology* (1996); W. Fry, citato in P. Doskoch, "Happily Ever Laughter", *Psychology Today* (1996). **184– 185** S. Scott, "Why we laugh", TED Talk (2015). **186–187** G. Kaimal et al, "Reduction of cortisol levels and participants' responses following art making", *J. the American Art Therapy Association* (2016); D. Siegel (2010), citato in C. Malchiodi, "Expressive arts therapy and windows of tolerance", *Psychology Today* (2016); R. van der Vennet e S. Serice, "Can coloring mandalas reduce anxiety?", *J. American Art Therapy Association* (2012); University of Otago, "Creative activities promote day-to-day wellbeing", *Science Daily* (2016); J. Leckey, "The therapeutic effectiveness of creative activities on mental well-being", *J. Psychiatric and Mental Health Nursing* (2011). **188–189** K. Allen et al, "Cardiovascular reactivity and the presence of pets, friends and spouses", *Psychosomatic Medicine* (2002); L. Wood et al, "The Pet Factor", *PLoS One* (2015); F. Moretti et al, "Pet therapy in elderly patients with mental illness", *Psychogeriatrics* (2011); P. Donelly, "How pets make us MORE stressed", *Mail Online* (2014); S. Shiloh et al, "Reduction of state-anxiety by petting animals", *Anxiety, Stress and Coping* (2003); H. Nittono et al, "The Power of Kawaii", *PLoS One* (2012); D. Wells, "The value of pets for human health", *The Psychologist* (2011). **190–191** N. I. Eisenberger et al, 'Does rejection hurt?", *Science* (2003); J. T. Cacioppo et al, "Lonely traits and concomitant physiological processes", *International J. Psychophysiology* (2000); L. C. Hawkley e J. T. Cacioppo, "Loneliness Matters", *Annals of Behavioral Medicine* (2010); G. Winch, citato in R. Marantz Henig, "Guess I'll Go Eat Worms", *The Archipelago* (2014); M. Burke e R. E. Kraut, "The Relationship Between Facebook Use and Well-Being", *J. Computer-Mediated Communication* (2016); G. Winch, "Why Loneliness Is a Trap and How to Break Free", *Psychology Today* (2013). **192–193** K. Rimfield et al, "True Grit and Genetics", *J. Personality and Social Psychology* (2016); A. L. Duckworth et al, "Grit", *J. Personality and Social Psychology* (2007); E. V. Blalock et al, "Stability amidst turmoil", *Psychiatry Research* (2015).

CAPITOLO 5

196–197 K. Kozlowska, "Stress, Distress and Bodytalk", *Harvard Review of Psychiatry* (2013). **198–199** M. Jonson-Reid (2012), citato in A. M. Jackson e K. Deye, "Aspects of Abuse", *Current Problems in Pediatric and Adolescent Health Care* (2015); N. R. Nugent et al, "The Emerging Field of Epigenetics", *J. Pediatric Psychology* (2016); D. M. Rubin (2008), citato in Jackson e Deye (2015), above; E. McGrath, "Recovering from Trauma", *Psychology Today* (2001); M. H. Teicher (2000), citato in Jonson-Reid et al, "Child and adult outcomes of chronic child maltreatment", *Pediatrics* (2012). **200–201** S. McManus et al, "Mental health and wellbeing in England", *Adult Psychiatric Morbidity Survey*, NHS (2014); National Institute of Mental Health, "Any mental illness among U.S. adults", nimh.nih.gov (2015); K. Hughes et al, "Prevalence and risk of violence against adults with disabilities, *The Lancet* (2012). **202–203** C. Hammen, "Stress and depression", *Annual Review of Clinical Psychology* (2005); World Health Organization, "Depression: Let's talk", who.int (2017); D. F. Levinson e W. E. Nichols, "Major depression and genetics", *Genetics of Medicine*, Stanford Medicine. **204–207** H. U. Wittchen (2002), citato in H. Combs e J. Markman, "Anxiety Disorders in Primary Care", *Medical Clinics of North America* (2014); E. D. Paul et al, "The Deakin Graeff hypothesis", *Neuroscience and Biobehavioral Reviews* (2014); D. Khoshaba, "Are you living with chronic worry and fear?", *Psychology Today* (2012); N. Greenberg et al, "Latest developments in post-traumatic stress disorder", *British Medical Bulletin* (2015); A. A. Van Emmerik (2002), citato in Greenberg (2015), above; E. Moitra et al, "Occupational impairment and Social Anxiety Disorder in a sample of primary care patients", J. *Affective Disorders* (2011); J. Bomyea (2013), citato in Combs e Markman (2014), above. **208– 209** National Institute for Mental Health, "Psychotherapies" (2016); B. E. Wampold, "Qualities and actions of effective therapists", *Continuing Education in Psychology*, APA Education Directorate. **210–211** A. Morin, "Are You Mentally Strong Enough to Combat Stress?", *Psychology Today* (2015); C. A. Padesky e K. A. Mooney, 'Strengths-Based Cognitive-Behavioural Therapy", *Clinical Psychology and Psychotherapy* (2012); M. A. Cohn et al, "Happiness Unpacked", *Emotion* (2009). **212–213** F. Johnson, in G. Stix, "The neuroscience of true grit", *Scientific American* (2011).

INDICE

I numeri di pagina in **grassetto** si riferiscono alle voci principali..

A

B

C

P

Q

R

S